JN017402

ITO
MAKOTO
FAST
TRACK
SERIES

伊藤 真ファーストトラックシリーズ 1

憲法

第2版

伊藤 真 監修／伊藤塾 著

弘文堂

シリーズ刊行に際して──今こそ法律を学ぶチャンス

法律の勉強を始めるのに決まった時期などありません。年齢、性別、学歴、国籍などもいっさい関係ありません。中学生や高校生でも、社会人、シニアでも、いつからでも法律は学べます。学び始めるのに早すぎることも、遅すぎることもありません。

やってみよう、読んでみようと思ったときが始めるのに一番いいタイミングなのです。

今、日本は大きく変わろうとしています。

経済成長、エネルギー、安全保障、TPP、社会保障、少子化、超高齢社会等、科学技術や芸術の発展、変化だけでなく、国のあり方や社会のあり方も大きく変わろうとしています。こうした社会の変化はすべて法律問題として現れてきます。今、法律を学び、こうした問題を法的に見る目を養っておくことは、将来こうした問題に的確に対処するうえで不可欠です。これからますます法律が重要になってきます。

**法律は、私たちの生活にとても身近で、
興味深いものです。**

コンビニでおにぎりを買うことも、就職することも、結婚することも、ベンチャー企業を起こすことも、NPO・NGOを立ち上げることも、SNSに動画や文書をあげることも、何もかもすべて法律が関わっています。そして、それは日本国内にとどまりません。法は世界のあらゆるところで顔をだします。コンプライアンスの意味がわからなければ、民間企業で働くことはできません。就活にも不可欠の知識です。

法律を学ぶとどう変わると思いますか？

人気テレビ番組の法律クイズに答えられるような知識はもちろん身につきますが、一番は、社会との関わりのなかで答えがわからない問題について、自分で考えて結論をだせるようになるのです。そして、その結論を事実と論理と言葉で説得できるようになります。

実は法律は説得の道具なのです。

世の中は何が正しいのかわからない問題であふれています。たとえば、原発、普天間、TPP、年金、地方活性化などの国政や行政に関わる問題から、新商品開発、新しい営業や新会社の設立などの企業に関わる問題や、就活、結婚、育児、相続など個人的な問題まで、何が正しい答えなのかわからない問題ばかりです。

そうした問題に対して、インターネットから答えを探してくるのではなく、自分の頭で考えて、自分の価値観で判断して答えを創りだすことができるようになります。しかも、かぎられた情報と時間のなかで決断する能力を身につけることができるようになります。その結果を、感情に訴えて説得するのではなく、論理的に事実に基づいて、正確な言葉で説得できるようになるのです。

法的な思考方法は世界共通です。

この国で生活する良き市民として、企業人として、世界で活躍する地球市民として、法的思考方法は不可欠な素養となっていきます。本シリーズ「伊藤真 Fast track」ではこうした力を身につけるきっかけとして、法律に気軽に触れ、楽しみながら学習できるようにさまざまな工夫をこらしました。これから遭遇するエキサイティングな法律の世界を、楽しんでめぐってみてください。

伊藤　真

第 2 版　はしがき ●●●●●●●●●●●●●●●●●●●●●●

　知ること、知識を得ることは楽しいと感じる人がほとんどだと思います。この本を読んでいるあなたも、法律を知りたい、勉強したいという思いが起きたから手に取ったのではないでしょうか。人間は、知りえたことを次に活かすことによって進歩してきました。

　このファーストトラックシリーズは、発売以来多くの方から感想をいただきました。たとえば、60代の方からは「Caseが大変興味深い内容で、読み進めると自然にAnswerに導かれるところが面白かった」、20代の講師の方からは「わかりやすくタメになった」、また「自身の再勉強と甥・姪にも読ませたい」という方もあり、学生やビジネスマンはもちろん、法律に興味のあるさまざまな方に読んでいただくことができました。

　これは、First Track——はじめて法律の世界を知る人たちに、難しく感じる法律の知識や議論を迅速に理解してもらえるように、という本書のコンセプトが受け入れられたのだろうと嬉しく思います。

　さて、初版の刊行から10年が経ち、その間に、さまざまな社会変化がありました。日本の憲法は改正されていませんが、刑法や民法などの個別法は社会変化に伴い、何度も改正されています。裁判所がだす判例も、以前のものと異なった判断をしているものがあります。第2版では、これらのうち、憲法に関わる部分を反映するとともに、初版を見直し、よりわかりやすく、適切な表現に改めました。

　今、AI（人工知能）やIoT（Internet of Things）ばかりでなく、新型コロナ（Covid-19）の世界的な感染蔓延によって、社会はめまぐるしく変わっています。より便利になることも多いでしょう。ただ、その変化を漫然と受け入れるのではなく、日本の基本法である日本国憲法を物差しとして、受け入れてよいかどうかを一度立ち止まって考えてみてください。

　たとえば、日本国憲法は、1人ひとりの個人を尊重するという個人の尊厳を究極の価値としています。その個人の尊厳を侵すものではないかどうか。

　また、日本国憲法は、世界に誇れる平和憲法です。2022年2月にロシアによるウクライナへの軍事侵攻が始まり、これを契機に日本の防衛力を強化する方向に傾いていますが、それは憲法にそったものなのかどうか。

と、いうようにです。最初は難しいかもしれませんが、1つクリアすると、あれはどうなんだろうとか、もっと考えてみようと思えて、楽しくなることでしょう。億劫がらずに、本書ですばやく、楽しく学んでいきましょう。

　今回の改訂にあたっては、多くの方に関わっていただきました。特に、伊藤塾（法学館）の書籍出版において従前から貢献していただいている弁護士近藤俊之氏には、細部にわたって目を通していただきました。そして、2021年に予備試験に合格し、翌2022年に司法試験に合格された速水壮太さんをはじめとする伊藤塾の誇る優秀なスタッフ、ならびに弘文堂のみなさんのご協力があり刊行となりました。ここに改めて感謝の意を表します。
　　　2023年2月

伊藤　真

伊藤塾ホームページ

はしがき──だれでも楽しめる法律の世界へ ●●●●●●●●

1 何が不安ですか？

　法律に興味はあるのだけれど、法律の勉強は量も多くて難しそうだし、大変だと思い込んでいませんか。ですが、法律の勉強ほど実は楽しく、ある意味で簡単なものはありません。こういうと誤解を受けそうなのですが、ほかの分野の勉強と比較してみるとわかります。まず、物理や数学という自然科学の世界は、まさに自然がつくったものを人間が解明しようとするのですから、これは理解するだけでも相当大変だとわかります。文学、哲学、心理学などの人文科学の世界は、人間の心の問題を扱います。人間とは何か、人は何のために生きるのか、複雑奇怪な人間の感情を問題にします。自分の感情さえわからないことがあるのですから、これまた極めるのは大変なことです。社会科学の分野でも、経済は高等数学が必要ですし、政治学は現実の政治を相手にするのですから、相当の覚悟が必要です。

　ですが、法律の勉強は、たかだか百数十年前に人間がつくった**法律という道具を使いこなせるようになればいいだけ**です。基本的には対立する利益を調整するための道具ですから、どうバランスを取ればいいのかという常識的な判断と、どのように説明すればいいのかという多少の理屈を学べば、だれでも使いこなすことができます。

　私はよく、法律の勉強は語学と同じだと言っています。学び始める前はとても難しく感じる言葉であっても、慣れるとそれなりに使えるようになります。日本では日本語を、アメリカやイギリスでは英語を、その国では子どもでもその国の言葉を使って生活をしています。学べばだれでも身につけることができるものなのです。法律もまったく同じです。難しく思える法律用語がたくさんありますが、日本語ですから、ほかの国の言語より簡単に学べます。

　では、法律が難しいと感じてしまう原因はどこにあるのでしょうか。私は、3つあると思っています。**1つ目は勉強する量が多くて途中で挫折してしまうこと**、**2つ目は何が重要なのかわからずに全体が見えなくなること**、**3つ目は、抽象的な議論が多いうえに言葉が難しいこと**です。ですから、この3つの原因を解決してしまえば、簡単に楽しく勉強できるのです。

　1つ目の量の多さに関しては、**本当に重要なものに絞り込んで全体の学習量を**

圧縮してしまえばいいだけです。ただ、量を減らすだけでは意味がありません。**まずは木の幹にあたる部分だけをしっかりと学びます。**すると木の幹が見えてきて、その法律のフォームが見えてきます。そうすると、法律の勉強を続けようという意欲も沸いてきます。

　2つ目ですが、知らない分野の勉強を始めると、どこが重要かわからず、メリハリがつけられないためにわかった気がしないということがよくあります。ここも、学習当初から**適切なメリハリを意識しながら学べば大丈夫**です。まずこのシリーズで法律の幹を学習することで、その**法律の全体像、体系**というものが浮かび上がってきます。こうなったらもうこっちのものです。あとは枝を身につけ、最先端の議論をその枝の先に位置づけて学習すればいいだけです。このシリーズはできるだけ適切なメリハリをつけて法律の幹の部分の学習に重点をおいていますから、法律の森に迷い込んで方向がわからなくなってしまうことがありません。

　3つ目の抽象的な議論が多いうえに言葉が難しいという点は、このシリーズは具体的なケース（Case）をもとに具体例を意識しながら、**わかりやすい言葉で解説**していますから安心してください。難しいことを難しく説明することはだれでもできます。簡単なことを平易に解説することも容易でしょう。難しいことをわかりやすく説明するところにこのシリーズの役割があります。

2　試験対策で必要なことはたった3つだけ

　法律の勉強は語学と同じだとお話ししましたが、もう1点、語学と同じところがあります。それは、法律を学んで何をしたいのかを常に考えてみようということです。語学を学ぶときも、ただ学ぶだけでなく、その語学を使って何をしたいのかという目的意識をもって学んだほうが圧倒的に速く身につきます。法律も、試験をめざして勉強する、学部成績をアップさせる、就活に有利に使う、実際のトラブルを解決するために使う、などの目的意識がはっきりしていたほうがより速く、効果的に学習できます。

　ですから、このシリーズで基本を学んだあとは、必ず次のステップに進んでほしいと思います。

　行政書士や司法書士、そして司法試験などの法律資格の取得に、公務員などの

就職筆記試験の合格に必要な勉強で身につけるべきことは3つだけです。

1つ目は**盤石な基礎固め**です。曖昧な100の知識よりも正確な10の知識のほうがずっと役に立ちます。知ったかぶりするための曖昧な知識を振りかざすことができても試験には絶対に合格できません。**知識は量ではなく質、精度で勝負**すべきなのです。

2つ目はその**基礎から考えて決断する訓練**です。知らない問題がでても対処できるように自分の頭で考えて**答えを創りだせるような力をつける**必要があります。

3つ目は答案を書いたり、問題を解いたりして**表現方法を訓練する**必要があります。アウトプット（答案作成力）の訓練です。これをやっておかないと、**頭ではわかっているのだけれど書けない**という悔しい思いをすることがあります。

この3つのステップにおいてもっとも重要なものはいうまでもなく、**盤石な基礎**です。どの分野の勉強でもスポーツでも音楽でもほかの芸術でも同じだと思います。基礎なくしては絶対に先に進めません。特に、これから公務員試験、司法試験、就職試験、司法書士試験、行政書士試験などさまざまな分野に進もうと決意したときに、しっかりとした基礎固めさえしておけば、後悔しないですみます。勉強を始める段階では、将来の可能性を広げておくような勉強をしておかなければなりません。このシリーズはあなたの将来の可能性を広げる役割を果たします。

3 Fast Track のめざすところ

最後に、このシリーズの名称がなぜ Fast Track なのかお話ししておきます。

Fast Track とは、ほかとは別扱いのルート＝track を通って、重要なものとか大切なもののための特別の早道とか抜け道、追い越し車線、急行列車用の線路を通るという意味です。つまり、難しく感じる法律の知識や議論を迅速に理解してもらえるようにという意味でつけました。また、はじめて法律の世界を知る人たちにとっては法律という競技場トラックの1周目ですから、First Track ともかけています。

このシリーズで、法律の世界をすばやく、楽しく1周してみてください。

】 このシリーズの構成

(1) Case と Answer でイメージしてみよう

　このシリーズの大きな特徴として、特に重要な項目については、具体的なイメージをもって理解できるように、その冒頭に、具体的な事実関係をもとにした設例を示す Case とその解答となる Answer を設けています。Case については、まずは法律の知識を気にすることなく、常識としてどのような結論になるのだろうかという視点から考えてみてください。そのうえで Answer を読むことによって、その項目について興味をもちながら読み進めることができるはずです。

(2) 法律初学者を迷わせない判例・通説に基づく説明

　法律では、たとえばある条文の解釈について考え方が何通りかに分かれている、いわゆる論点とよばれるものがいくつもあります。この論点については、裁判所の確立した先例（判例）や通説、少数説など考え方の対立が激しいものもあり、深く学習しようとすると初心者にとってはわかりにくくなってしまいがちです。そこで、このシリーズでは、論点については原則として判例・通説をより所として説明をするにとどめています。例外として、判例・通説以外の考え方を理解しておかないと、そのテーマについての正確な理解をすることができないなどの場合にかぎって、判例・通説以外の考え方も説明しています。

(3) ビジュアル化で理解を手助け

　法律の学習においては、図や表を活用することで理解を助けます。たとえば、具体的な事例を図に描いてみたり、さまざまな知識を表に整理したりしてビジュアル化することにより、理解がしやすくなることが多いはずです。このシリーズでは、そのような観点から、各所に図・表を用いています。

(4) 側注でも理解を手助け

　側注には、本文に判例を示した場合の判例の事件名または『伊藤真試験対策講座』のページ、条文、用語の説明、ほかの章やページへのリファレンスが書かれ

ています。そのなかでも特に注目しておくものには、色の罫線による囲みがあります。側注は、基本的に本文を補助するものですから、丁寧に読む必要はありません。本文で気になる箇所やわかりにくい箇所があったら、参照することで理解を助けてくれるでしょう。

（1）判例の事件名

　判例については、その判例の内容が具体的にわかるように、側注に『伊藤真試験対策講座』または『伊藤真の判例シリーズ』に掲載している事件名を入れました。これらに事件名がないものは、その表題を入れました。

　このシリーズは基本となる事項を厳選して説明しているため、判例の判決文をそのまま引用するという方法は極力避けています。そのため、このシリーズを読んで判例を更に詳しく学習してみたいと思ったときに、判例の詳細を学習することができるように、その判例が掲載されている『伊藤真試験対策講座』の事件名を入れました。なお、最新の判例でこれに登載されていないものについては、星マークを付けたうえでその判例の内容を端的に示す事件名を入れています。「☆」付きは、『試験対策講座　憲法［第3版］』に掲載されていない判例で、「★」付きは、『同　憲法［第4版］』にて名称を付す予定のものです。

（2）条文

　条文は、法律をはじめて学習する場合、慣れるまでは読みにくく感じてしまいがちです。そこで、このシリーズでは、本文では条文をそのまま引用せずに、要約をするなど条文の内容がわかるように努めました。理解を助けるために必要と思われる条文は、側注に入れています。実際の条文がどのように書かれているのかを確認したい場合は、側注を参照してください。

（3）法律等の用語説明

　法律の学習では、あるテーマを学習するにあたり、他のテーマの知識が必要になる場合があります。また、法律には多くの法律用語があり、その意味を正しく理解することがとても重要なので、本文で学習する法律用語や知識の意味をすぐに確認することができるように、側注にその説明を加えました。すでに説明された用語でも、法律をはじめて学習するときには理解しにくい用語や一般的な意味とは異なる用語などは≪復習 Word ≫として表記しています。

また、法律用語にとどまらず、少し難しい一般用語の説明もしています。

（4）リファレンス

　本文や側注で説明をするよりも、関連する項目を説明している箇所を読んだほうが適切である場合には、リファレンスする箇所を示しています。ただし、意識が散漫になるため、どうしても気になるとき以外は、すぐにリファレンス先のページを読むよりも学習している章や項目が読み終わってからリファレンス先を読むほうがよいでしょう。

【*5*】　２色刷りを有用してメリハリづけ

　キーワードや特に重要な文章は色文字で強調しています。これによって、メリハリをつけた学習や効率のよい復習が可能です。

　冒頭でお話ししたメリハリづけの重要性というのと、キーワードや重要な文章のメリハリづけとは少し違いますが、各テーマや各項目を理解するためには、色文字で強調されているところを意識して読み、記憶しておくことで、学習が進みやすくなります。

　ちなみに、冒頭でお話しした法律の森に迷い込んで方向がわからなくなってしまわないようにメリハリづけしているというのは、このシリーズで取り上げた章をさしています。法律には、このシリーズでは取り上げていないものも多くあります。法律の幹の部分となる各章の学習をして、法律の森で迷わないようにしましょう。

【*6*】　学習の難易度（ランク）でメリハリづけ

　このシリーズでは、メリハリをつけて効率よく学習することができるように、キ・ス・デという３段階のランクを表示しています。この３つの意味は次のとおりです。

　　キ　ここは基本！：法律の学習を始めたばかりであっても、しっかり理解する
　　（キホン）　　　　必要のある基本的な事項です。まずはここを確実に理解で
　　　　　　　　　　きるようにしましょう。

　　ス　できたらスゴイ！：重要な論点やそれについての判例などを含んでおり、

法律の学習を始めたばかりの時期に理解できたらす
ごいといえる事項です。法律の学習を進めていくう
えで重要な事項ばかりですので、早くから理解して
おきたい事項になります。

テ 君ならできる！：このシリーズのなかでは難易度の高い事項であるもの
（**デ**キル） の、がんばって取り組めば法律の学習を始めたばかりで
あっても理解することができると考えられる事項です。
一読して難しいと感じた場合には読み飛ばしてもかまい
ませんが、何度か繰り返し読んでいくうちに理解できる
ようになるでしょう。

(7) プラスα文献を利用してステップアップ

　各章の末尾に、このシリーズの上位本である『伊藤真試験対策講座』、『伊藤真
の判例シリーズ』、『伊藤真の条文シリーズ』、『伊藤真新ステップアップシリーズ』
の対応箇所を示しています。本書を学習し終え、次の段階へ進む場合や、法律関
係の資格試験や公務員試験にチャレンジする場合には、これら姉妹シリーズを活
用して法律学習のステップアップを図ってください。

(8) Exercise で試験問題にチャレンジ

　各章の末尾に、関係する国家試験問題を Exercise として紹介しています。○か
×かで答えられるように、少し手を加えたものもあります。これによって、知識
の認識をしたり、国家試験で実際にどのような問題が出題されているのかを確認
したりすることができます。

　問題には、試験名と出題年度（行政書士試験については出題年度と問題番号）
を示しているため、受験を考えている試験の問題だけを解いていくという使い方
も有益でしょう。

　問題文の側注には、正誤だけでなく本文へのリファレンスも示しています。こ
のリファレンスによって、間違えてしまった場合などにはすぐに本文を参照する
ことができます。また、×の場合は、どこが誤りなのか下線を引いてあります。

本書の内容だけでは解答できない少し難しい問題も含まれていますが、それらには解答の根拠をつけています。次のステップのために意欲があればチャレンジしてみましょう。

　なお、各種試験の名称は、次のように略記しています。

司法書士⇒司書、行政書士⇒行書、国家一種・二種⇒国Ⅰ・国Ⅱ、国家総合職⇒国家総合、国家一般職⇒国家一般、裁判所事務官⇒裁事、国家専門職財務⇒財務、労働基準監督官⇒労基、国税専門官⇒国税、国家専門職⇒国専門、新司法試験⇒司法西暦年、旧司法試験⇒司法元号年、東京都職員⇒都庁、地方公務員上級⇒地方上級、東京都特別区⇒特別区

2 このシリーズの使い方

(1) 体系を意識した学習

　このシリーズは法律の体系に従って章を構成しているため、はじめて法律を学習するなら第1章から順番に読み進めるのが効果的です。

　ただし、法律は、複数の分野が絡み合っている場合も少なくありません。その場合には、側注に用語説明やリファレンスを設けているため、上手に活用してください。それによって理解が進むはずです。

　しかし、それでもよくわからないという場合には、あまり気にすることなく読み飛ばしてしまってかまいません。法律の学習を始めたばかりのうちは、わからない箇所は読み飛ばしていき、最後まで一読した後で読み直してみれば、意外にもすんなり理解することができるということが多々あります。**法律は全体像を把握してはじめて真に理解することができるものです。**

(2) 記憶よりも理解が重要

　法律の学習は覚えるものと誤解しているかもしれませんが、法律の学習で一番重要なのは、記憶することではなく理解することです。たとえば、ある条文を学習する場合に、単にその条文を覚えるのではなく、その条文はなぜそのような定めをしているのか（このような、条文などの存在理由・目的などを趣旨といいま

す）を理解することが重要なのです。このように理解する方法が身につけば、繰り返し学習をしていくなかで重要事項については自然に覚えてしまうものです。

　条文の趣旨は何だろうかと考えたり、判例はなぜそのような結論をとったのかと考えたり、なぜそうなるのかという点を考え、**理解する姿勢**があれば、無味乾燥な記憶の学習にならず、興味をもちながら楽しく法律の学習をすることができるでしょう。

（3） 条文を読むときのルール

　条文を読む際に、意味を正確に理解しておくべき接続詞があります。「又は」と「若しくは」、「及び」と「並びに」の4つです。これらは法律では非常によくでてくるので、ここで理解しておきましょう。

　「又は」と「若しくは」は、複数のものを選択する場合に使われます。基本的には「又は」を使いますが、選択するものに段階がある場合には「若しくは」も使います。たとえば、「A 又は B 若しくは C」という場合、まずは B と C が選択の関係にあり（B 若しくは C）、そのうえでこれらが A と選択の関係にあります（「A」又は「B 若しくは C」）。

　「及び」と「並びに」は、複数のものを併合する場合に使われます。基本的には「及び」を使いますが、併合するものに段階がある場合には「並びに」も使います。たとえば、「A 及び B 並びに C」という場合、まず A と B が併合の関係にあり（A 及び B）、更にこれらと C が併合の関係になります（「A 及び B」並びに「C」）。

A 又は　B 若しくは C	A 及び B　並びに C

　このシリーズの作成にあたっては、今回も弘文堂のみなさんに大変お世話になりました。また、伊藤塾の司法試験合格者を中心とする優秀な多くのスタッフの協力がなければこのシリーズが世にでることはなかったでしょう。ここに改めて感謝の意を表します。

2014年5月　**伊藤　真**

各章のテーマ名です。法律の世界で広く使われているものです。

サブタイトルです。各章の内容がイメージしてもらえると思います。

第3章

生命・自由・幸福追求権
——憲法に書かれてない自由は保障されないの？

学習の難易度をアイコンで示しています。
→詳しくは、1(6)を見よう！

キ……ここは**基**本！
ス**テ**…君なら**でき**る！
∴ できたら**ス**ゴイ！

1 幸せを追い求めた先には？
——幸福追求権——

| **Case 1** | ある日、A男が公道を歩いていると、警察官が正当な理由がないのにA男の写真を電信柱の陰からこっそり撮影していました。「写真を撮られない権利」は憲法の条文に明記されていません。この場合、警察官が、A男が嫌がっているにもかかわらずA男の写真を撮ることは、許されるのでしょうか。 |

| **Answer 1** | 警察官が正当な理由がないのにA男の写真を撮ることは、13条の趣旨に違反するため、許されません。 |

(1)　幸福追求権ってどんな権利？

① 　13条後段は、幸福追求権を保障しています。生命・自由および幸福追求権は、生命権・自由権・幸福追求権と3つに区別して考える必要はなく、統一的な権利と捉えられています。ここでは、生命・自由および幸福追求権をまとめて幸福追求権とよぶことにします。

　憲法は、14条以下に個々の人権を保障する規定をおいていますが、幸福追求権は、憲法に列挙されていない新しい人権を導き出す根拠となるすべてをひっくるめた人権（包括的な人権）であると考えられています。平等権、選挙権、表現の自由などは、男女平等の問題や、普通選挙実現の問題、戦時中の言論弾圧など、歴史的に侵害されることが多かった重要な権利・自由であるため、特に憲法に規定されましたが、そ

第13条
すべて国民は、個人として尊重される。生命、自由及び幸福追求に対する国民の権利については、公共の福祉に反しない限り、立法その他の国政の上で、最大の尊重を必要とする。

法律の条文では、上のように条項が2つの文から成っている場合、1文目を前段、2文目を後段とよびます。

重要な項目は、具体的にイメージをもてるようにCase（設例）とAnswer（解答）があります。
→詳しくは、1(1)を見よう！

広く一般に知られている判例には名称が付いています。
→詳しくは、1(4)(1)を見よう！

(3)　最近の最高裁判所はどんな判決をだしているんだろう？

　2009年に実施された衆議院議員選挙に対して起こされた一人一票裁判で、判例は、投票価値の不平等の原因になっている一人別枠方式は憲法に違反する状態になっているとして、できるかぎりすみやかに一人別枠方式を廃止し、憲法の要請にかなう立法をするように命じました。

　また、2010年に実施された参議院議員選挙に対して起こされた一人一票裁判で、判例は、参議院の選挙においても衆議院選挙と同じく投票価値の平等が要請され、現在の都道府県

10

12

☆一人別枠方式違憲状態判決

当時の一人別枠方式とは、衆議院の小選挙区300議席のうち、まず47都道府県に1議席ずつを「別枠」として割り当て、残り253議席を人口に比例して配分する方式をいいます。

☆参議院議員定数不均衡事件

憲法は人の上に人を作らず？　　*37*

第2章 Exercise

各章に関連する国家試験問題とその解答です。
→詳しくは、1(8)を見よう！

1	憲法 21 条 1 項は、「集会、結社及び言論、出版その他一切の表現の自由は、これを保障する」と定めるが、最高裁判例は「公共の福祉」を理由とした制限を許容する立場を明らかにしている。 (行書 H22-3)	○ 1【1】
2	間接適用説は、憲法の人権規定は民法の公序良俗規定のような私法の一般条項を介して私人間に間接的に適用されるものであり、私人間に直接適用される憲法の人権規定は存しないとする説である。 (都庁 H19 年)	× 2【2】
3	信条による差別待遇を禁止する憲法の規定は、国または地方公共団体の統治行動に対する個人の基本的な自由と平等を保障するだけでなく、私人間の関係においても適用されるべきであり、企業者が特定の思想、信条を有する者をそのゆえをもって雇い入れることを拒むことは、当然に違法である。 (特別区 H26 年)	× 2【2】
	合には私法が、それ以れるべきで 書 H25-4)	× 2【2】

(2) フランスではこうなっている！

一方、フランスでは、圧制的な支配者であった国王と、国王のもとで権力を振るった裁判所に対する抗争を通じて、近

知識を整理したり、具体例をイメージさせる図表です。
→詳しくは、1(3)を見よう！

国家に生まれ変わりました。そこで、司法権へのため、三権の地位は平等ではなく立法権が中心的されました。そのため、フランスでは、権力分立が、裁判所の違憲審査権を否定する根拠となりました。

14-4

アメリカ型　　　　　　　フランス型

立法権　　　　　　　　　立法権

司法権　　行政権　　　　司法権　　行政権

違憲審査制は　　　　　　違憲審査制は
権力分立と矛盾しない　　権力分立と矛盾する

(3) 日本ではこうなっている！

議院内閣制については、第 18 章 行政権と内閣の 4 で詳しく学習します。

第 81 条
最高裁判所は、一切の法律、命令、規則又は処分が憲法に適合するかしないかを決定する権限を有する終審裁判所である。

日本は、議院内閣制という国会と内閣が協調関係にあること**が前提となる制度を採用しているため、立法権と行政権の間で抑制と均衡を期待するのは困難です。しかし、81 条によって裁判所に違憲審査権を認めているので、どちらかといえば、アメリカ型の権力分立**を採用しているといえます。

重要な用語や文は色字になっています。
→詳しくは、1(5)を見よう！

プラスα文献
試験対策講座 16 章 1 節①
条文シリーズ 4 章■序①
ステップアップ No. 22

更に学習したい場合、それぞれの書籍の見るべきところを示しています。
→詳しくは、1(7)を見よう！

特に注目しておく条文や判例、内容には囲みがあります。
→詳しくは、1(4)を見よう！

条文の構造

条名

1号

第7条　天皇は、内閣の助言と承認により、国民のために、左の国事に関する行為を行ふ。

① 憲法改正、法律、政令及び条約を公布すること。

2号

② 国会を召集すること。

③ 衆議院を解散すること。

3号

（以下略）

1項

第58条　両議院は、各々その議長その他の役員を選任する。

2項本文

2　両議院は、各々その会議その他の手続及び内部の規律に関する規則を定め、又、院内の秩序をみだした議員を懲罰することができる。但し、議員を除名するには、出席議員の3分の2以上の多数による議決を必要とする。

2項ただし書

伊藤 真
ファーストトラック
シリーズ 1

憲法

第 2 版

1 私たちは憲法に守られている!?

(1) 憲法ってなんだろう？

「憲法」と聞くとどのようなことを思い浮かべるでしょうか。たとえば、憲法には9条に戦争放棄という条文があったなぁということや、最近は憲法を変えるべきだという話があったような……ということ、はたまた、憲法は日本で一番偉い法律だったな、ということをぼんやり思い浮かべるかもしれません。しかし、「憲法」と聞いてもなかなか具体的なイメージを思い浮かべることは難しいのではないでしょうか。

そこで、憲法とは一体何なのかを最初に考えてみましょう。

(2) 憲法と法律って一緒なの？

まず、「憲法」と聞いたあなたは、「憲法も法律の仲間でしょう」と思うかもしれません。しかし、憲法と法律とでは大きく違う点が1つあります。それは、**私たち国民は法律を守る必要はあるけれど、憲法を守る必要はない**という点です。つまり、法律は、私たち国民に対して、守るべきルールを定めています。たとえば、刑法では、人を殺してはいけないというルールが定められています。これに対して、憲法は、私たち国民に対してではなく、**国家権力に対して、守るべきルールを定めているのです。たとえば、憲法は、国家権力に対して、9条によって、戦争をしてはいけないというルールを定めたり、27条3項によって、労働者として児童を酷使してはいけないというルールを定めたりしています。

法律は、私たち国民に対してルールを定めているので、私

法律とは、1つの国家機関（国会）がつくる、国民の権利や自由などを制約するための決まりをいいます。

国会については、第15章から第17章で詳しく学習します。

第9条
1　日本国民は、正義と秩序を基調とする国際平和を誠実に希求し、国権の発動たる戦争と、武力による威嚇又は武力の行使は、国際紛争を解決する手段としては、永久にこれを放棄する。
2　前項の目的を達するため、陸海空軍その他の戦力は、これを保持しない。国の交戦権は、これを認めない。

第27条
3　児童は、これを酷使してはならない。

たちは法律を守る必要はありますが、憲法は国家権力に対してルールを定めているので、私たち国民は、憲法を守る必要はないのです。

序-1 ●

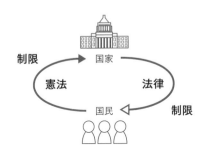

制限 → 国家

憲法 **法律**

国民 ← 制限

(3) 憲法ってどんな役割があるの？

それでは、憲法にはどのような役割があるのでしょうか。

憲法は、国家権力に対して守るべきことを定めているとお話しました。そして、法律は、憲法を守るべき国家がつくるものですから、憲法に違反するものであってはなりません。したがって、憲法に違反する法律は効力をもたないことになります（98条1項、最高法規性）。④

たとえば23条は、学問の自由を私たちに保障し、さまざまな研究活動の自由を保障しています。これは、国家に対して、国民が研究活動を自由にできなくするような法律をつくってはいけない、ということを定めているのです。ですから、たとえば、将来、ドラえもんのような高性能ロボットが開発されたとして、国が、それに頼りきりになる人が増えると予想し、そのような高性能ロボットの研究を禁止する法律をつくったとします。その場合、高性能ロボットの研究者は、憲法を盾に、そのような法律は効力をもたないと主張することができるのです。

このように、私たちは、**憲法に定められていることを根拠に法律と戦うことができる**のです。要するに、**憲法は、私た**

4 憲法は、日本の法律のピラミッドの頂点に位置しています。これを**最高法規性**とよびます。つまり、最高法規性とは、もっとも強い効力をもつ法規のことをいいます。

5 **第23条**
学問の自由は、これを保障する。

ち国民の自由を守る盾としての役割をもっているということ
です。

序-2

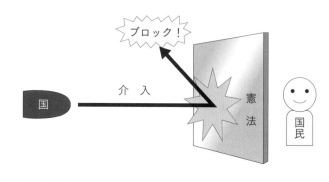

(4) 憲法って凄い！！！

　ここまでの話をまとめると、憲法は、国家権力に対して、
守るべきルールを定めた法であって、私たち国民の自由を
守ってくれる盾のようなものであるといえます。私たちは普
段、さまざまなことを自由に行っていますが、これは憲法が
あるからこそなのです。まさに憲法は、私たちが自由である
ための縁の下の力持ちといえます。

2 具体例で考えてみよう！

Case　日本に住む外国人のルパン五世は、著名な怪
盗であったアルセーヌ・ルパンの玄孫です。ル
パン五世は、高祖父を誇りに思っていたので、アルセーヌ・
ルパンの偉業を伝記としてまとめて、世界中で発売しまし
た。アルセーヌ・ルパンの伝記は海外でも大ヒットを記録
し、日本でも発売され、瞬く間に大ベストセラーになりま
した。世はまさに大怪盗時代です。そうしたところ、日本
では、小中高生を対象とした将来なりたい職業ランキング
で、医師や弁護士、プロスポーツ選手、芸能人アイドルを

おさえて、なんと怪盗が1位になりました。小中学生はまだしも高校生までもが怪盗をめざしているという事態を重くみた日本政府は、このままでは怪盗が増え、窃盗罪による被害が甚大なものになると考え、「人の物を盗むことを格好よく表現してはならない」とするA法律をつくりました。このA法律によって、ルパン五世は、伝記の続きを執筆することができなくなってしまいました。

このような場合、憲法上何が問題となるでしょうか。

(1) ルパン五世の立場で考えてみよう！

憲法を具体的にイメージするためには、事件の当事者になりきり、当事者の立場に立ってどんなことを言いたいのか、ということを考えなければなりません。ですから、ここでは、Case のルパン五世の立場に立って、何が問題となるのかを考えてみましょう。

Case では、ルパン五世はもちろん、伝記の続きを執筆することができないということに不満をもつでしょう。そこで、憲法を使ってどうにかこの不満を解消することができないかという問題を考えることになります。

(2) ルパン五世の主張はこうなる！

ルパン五世は、高祖父であるアルセーヌ・ルパンが偉大だったことを表現したいのに、それをすることができません。どうしてそれができないかといえば、A法律に「人の物を盗むことを格好よく表現してはならない」と定められているからです。したがって、ルパン五世がアルセーヌ・ルパンの偉大さを格好よく表現するためには、A法律が効力をもたないことを主張すればいいのです。

そこで、ルパン五世はA法律をつくった国に対して憲法を盾に戦う必要があります。つまり、ルパン五世は、憲法を盾に、「A法律は効力をもたない」ということを主張すればいい

6 窃盗罪に関しては、刑法235条で、「他人の財物を窃取した者は、窃盗の罪とし、10年以下の拘禁刑〔懲役〕又は50万円以下の罰金に処する」と定められています。

なお、2022年法律第67号によって「懲役」は「拘禁刑」と改正されましたが、この名称となるのは公布日から3年以内に政令で定めた日からです。

のです。

(3) どんなときに憲法に違反してるっていえるの？

（1）憲法上保障されていること！

憲法に違反していることを、違憲といいます。また、憲法に違反していないことを合憲といいます。

⑦　ルパン五世が、A法律が憲法に違反すると主張するためには、ルパン五世のこの行為が、憲法という盾によって守られるものでなければなりません。言い換えると、人の物を盗むことを格好よく表現するというルパン五世の行為が、憲法によって保障される行為でなければならないのです。

　ここでは2つのことが問題となります。

　まずは、そもそも、ルパン五世は外国人なので、外国人になんらかの権利や自由が保障されるのかということが問題となります。これは**外国人の人権享有主体性**とよばれる問題です。ここは、第1章で詳しく学習します。

第1章 人権の享有主体の3 を見よう！

　次に、ルパン五世の表現行為は、**表現の自由を定めた21条1項により**、憲法で保障される行為なのかどうかが問題となります。これは、第8章 表現の自由の意味・内容で詳しく学習します。

第21条
1　集会、結社及び言論、出版その他一切の表現の自由は、これを保障する。

⑧　この2つの問題をクリアすると、人の物を盗むことを格好よく表現するというルパン五世の行為が憲法によって保障されているということができます。

（2）保障されているだけでいいの？

　では、かりに先ほどあげた2つの問題をクリアした場合には、どんな表現行為も自由なのでしょうか。

　たとえば、ルパン五世が書いた伝記は、世界中で大ヒットしていて、日本中の子どもたちも読んで怪盗に憧れてしまっているため、このまま放置すれば本当に日本中怪盗だらけになってしまうかもしれません。

　このように、**多くの人に迷惑をかけるような場合であって**も、人の物を盗むことを格好よく表現するというルパン五世の表現の自由を制約することは許されないのでしょうか。こ

の問題は、第2章で詳しく学習します。

　なお、このようにルパン五世の表現の自由を制約することが許されるかどうかは、**違憲審査基準**というものによって判断します。表現の自由について、どのような違憲審査基準を使うのかという問題は、第9章で詳しく学習します。

第2章 基本的人権の限界の1を見よう！

第9章 表現の自由の限界の1を見よう！

（4）　ルパン五世の勝利？

　ルパン五世が、A法律は効力がないことを主張し、国に勝利するためには、①ルパン五世に人の物を盗むことを格好よく表現するという自由が保障されていること、②A法律がルパン五世の表現の自由を制約しているので憲法に違反するといえること、という2つの条件をみたす必要があります。

　この2つの条件がみたされるかどうかは、これからの章を読み進めながら考えてみてください。

3　合憲か違憲かはだれが判断するんだろう？

　ところで、A法律が憲法に違反するかどうかを判断するのは裁判所になります。裁判所については、第20章から詳しく学習します。

　先ほどの **Case** はもちろん架空のものですが、実際の事件では、裁判所が、判決などのかたちで、合憲・違憲の判断を示します。このように、裁判所（特に最高裁判所）によって示された判断を判例といいます。判例は、一度示されると、その内容は滅多に変わることがなく、その後も同様の判断がなされることが通常です。なぜならば、同じような問題点について、事件によって異なる判断がなされたのでは不公平だからです。したがって、判例は、今後の同じような問題について判断をするための指針となるのです。

　このように、判例は、憲法を学習するときに重要な意味をもちます。この本のなかでも、各章で重要な判例について触

第20章 司法権、第21章 裁判所の構成と権能、第22章 司法権の独立を見よう！

9　判例とは、裁判所の先例、つまり、ある事柄に対する裁判所としての見解をいいます。

れています。判例が説明されているところは特に注意して読んでみてください。

4 もう少しあるぞ！憲法で学習すること

憲法の役割はほかにもあります。

ほかにどのような自由を私たちに保障しているかということを、第3章から第13章までで学習していきます。

また、憲法は、国会、内閣、裁判所や財政、地方自治といった統治機構についても定めています。これらについては、第14章から第27章までで学習します。

それぞれの章でも **Case** があるので、できるかぎり当事者になりきって具体的にイメージをしながら読み進めてみてください。

プラスα文献

試験対策講座 1章3節、5章4節④、6章1節、9章2節、3節、23章2節⑥

条文シリーズ 序章■序1⑤、3章■序④3、21条、81条、98条

ステップアップ №.4、№.5、№.11、№.13、№.30、№.31

人権の享有主体
──生まれたときから持っているもの

1 人権はだれにでも保障されるの？

キ……ここは基本！
スデ…君ならできる！
……できたらスゴイ！

① 自然人とは、私たち生きた人間をいいます。

② 法人とは、法によって人格を与えられた団体をいいます。たとえば、株式会社や社団法人などがこれにあたります。

　人権は、人種・性別等の区別に関係なく、平等にだれにでも保障されている権利です。しかし、憲法第3章のタイトルは「国民の権利」となっていて、日本国民のみが人権を保障されているような規定ぶりとなっています。そこで、そもそも自然人ではない法人①、自然人ではあるけれども日本国民ではない日本にいる外国人、日本国民ではあるけれども特別の扱いをされる天皇・皇族や、特別の保護を必要とする未成年者には人権が保障されているといえるのかどうかが問題となります。

freedom？

人権？

2 法人にも人権があるの?!
──法人の人権──

Case 1　株式会社A社は、新商品のB車をPRするため、新商品の宣伝を記載した看板を街中に設置する計画を立てました。ところが、A社が看板の設置を計画しているC市では、条例で、そのような行為が禁止されています。A社は、このような条例は、A社の表現の自由を侵害している、と考えています。A社が、自社の表現の自由を主張することは認められるでしょうか。

　A 社が表現の自由を主張することは認められ
ます。

(1)　法人にも人権は保障されるの？

　人権は、個人の権利なので、本来は自然人に保障されているものです。しかし、法人という概念が社会の発展に伴って登場したため、法人にも人権が保障されるのではないかが問題となりました。

八幡製鉄政治献金事件 ③

　この問題が争われた事件において、判例は、性質上可能なかぎり、法人にも人権が保障されるとしています。わかりやすくいうと、法人であっても、できるかぎり人権が保障されるというように考えるけれども、自然人のみに保障されると考えることができる人権の部分については、法人には保障されていないと、判例は判断しているのです。

　たとえば、会社という法人は自然人と違って肉体をもっていないため、会社が逮捕されることはありません。ですから、会社には、自然人であることを前提とする、不法な逮捕からの自由（33条）という人権は保障されていないと考えるのです。

33条については、第11章
人身の自由の3*(1)*（1）
で詳しく学習します。

(2)　法人にはどんな人権が保障されるの？

　まず、法人は、主に経済活動のために生みだされた概念なので、経済活動をする自由などは法人にも保障されます。たとえば、**Case 1** の A 社が営業活動をすることは、営業の自由（22条1項）として保障されます。

経済活動をする自由については、第10章 経済的
自由の1*(2)*で詳しく学習します。

　また、精神的自由については、思想・良心の自由、信仰の自由のように人の心のなかにとどめるものは法人には保障されません。他方で、信教の自由（20条1項前段、2項）、表現の自由（21条1項）のように言葉や行動に表れる自由については、

精神的自由については、
第5章から第9章までで
詳しく学習します。

**博多駅テレビフィルム
提出命令事件** ④

法人にも保障されると考えられています。法人たる報道機関には、報道の自由（21条1項）が保障されています（判例）。し

たがって、**Case 1** の場合でも、A 社には表現の自由が保障されるので、A 社が表現の自由を主張することは認められることになります。

そのほかに、13 条によって保障されるプライバシーの権利および名誉権なども法人に保障されると考えられています。

これに対して、一定の人身の自由（18 条、33 条、34 条、36 条）や、生存権をはじめ社会権（25 条から 28 条まで）などは、自然人にのみ保障される人権で、法人には保障されません。選挙権・被選挙権（15 条 1 項）も同じく保障されません。

13 条については、第 3 章生命・自由・幸福追求権で詳しく学習します。

法人に対する保障の有無

保障される人権	表現の自由・報道の自由・集会・結社の自由（21 条 1 項） 宗教法人の信教の自由（20 条 1 項前段、2 項） 学校法人の学問の自由・教育の自由（23 条） 財産権（29 条 1 項）、営業の自由・居住・移転の自由（22 条 1 項） 法の下の平等（14 条 1 項）、請願権（16 条）、国家賠償権（17 条）、裁判を受ける権利（32 条）のような国務請求権、通信の秘密（21 条 2 項後段）、適正手続（31 条）、住居の不可侵（35 条）、公平な裁判所の迅速な公開裁判・証人尋問権・弁護人依頼権（37 条）、事後法・二重処罰の禁止（39 条）
保障されない人権	一定の人身の自由（18 条、33 条、34 条、36 条） 生存権をはじめとする社会権（25 条から 28 条まで） 選挙権・被選挙権（15 条 1 項）

3 日本国籍がないと人権が保障されないの？ ── 外国人の人権 ── ⑤

5 ここにいう外国人とは、日本に在住する日本国籍をもっていない者のことです。

Case 2	C 男は、日本で暮らしていますが、日本国籍ではありません。

C 男は、自分自身の日本での暮らしについて書いた本を出版しようとしています。しかし、そのなかには知人の D 子のプライバシーに触れるような記載がありました。そのため、C 男の本の出版に対し、D 子から差止めの請求がされ

ました。C男は、出版が差し止められれば、自分の表現の自由の侵害となると考えています。このとき、日本国籍をもっていないC男が、自分の表現の自由を主張することは認められるでしょうか。

Answer 2 C男が表現の自由を主張することは認められます。

(1) 外国人にも人権は保障されるの？

外国人は、日本国籍をもっていないので、日本国民ではありません。このような外国人にも、憲法が「国民の権利」とする人権は保障されるのでしょうか。

この問題が争われた事件において、判例は、権利の性質上日本国民のみを対象としていると考えられるものを除き、日本に在留する外国人に対しても人権の保障が及ぶとしています。つまり、原則として外国人に対しても人権は保障されますが、日本国民のみを対象とする権利については、例外的に保障されないということです。たとえば、**Case 2** で問題となった表現の自由 (21条1項) は、その性質上、日本国民のみを対象としているとはいえないので、外国人であるC男にも保障されます。

外国人にも人権が保障される理由として、人権は国家や憲法がなくとも存在する権利なので、このような権利は国家や憲法の存在によって制限されないということ、日本国憲法が国際協調主義をとっていること (98条2項) があげられます。

(2) 外国人にはどんな人権が保障されないの？

それでは、日本国民のみを対象とし、外国人に保障されない人権にはどのようなものがあるのでしょうか。まずは、特に問題となる人権とされている、参政権、社会権、入国の自由についてみていきましょう。

マクリーン事件

国際協調主義とは、自国のことだけを考えるのではなく、他国のことも同じく考えようという発想をいいます。98条2項は、この国際協調主義の立場から、日本が締結した条約と確立された国際法規を遵守することを求めています。

参政権とは、国民が主権者として、直接、または、代表者を通じて国の政治に参加する権利をいいます。

詳しくは、第13章 受益権・参政権の2で学習します。

社会権とは、社会的経済的弱者が国に積極的な配慮を求める権利をいい、生存権、教育を受ける権利、労働基本権がこれにあたります。

詳しくは、第12章 社会権で学習します。

（1）参政権は保障されるの？

　まず、憲法が国民主権を採用していることから考えれば、日本の政治については、あくまでも日本国民が決めるべきことであり、外国人が決めることではないといえるので、衆参両院議員選挙のような国政レベルの選挙権・被選挙権は、外国人には保障されません。また、外国人に与えることも禁止されると考えられています。判例も、国会議員の選挙権は日本国民のみに保障されていると1993年に判断しています。

　次に、地方議会議員選挙のような地方レベルの選挙についても、国政レベルの選挙と同じく選挙権・被選挙権は保障されません。しかし、外国人に選挙権・被選挙権を与えることは禁止されていないと考えられています。なぜなら、地方の政治は、国政と比べて、住民の声を反映させることが望ましいと考えられており、日本国籍の住民と同じぐらい地方と関わりのある外国人の住民の声を反映させることも認められてよいと考えられるからです。判例も、93条2項は外国人の選挙権を保障したものではないけれども、地方公共団体での選挙権を、地方公共団体と緊密な関係をもつ外国人に法律で付与することは憲法上禁止されないという判断をしています。

（2）社会権は保障されるの？

　社会権は、外国人にも保障されているのでしょうか。たとえば、外国人には、生活保護や障害者年金をもらう権利があるのでしょうか。

　外国人にも障害福祉年金をもらう権利があるのかどうかが争われた事件において、判例は、かぎられた財源のもとで福祉的給付を行うにあたり、日本国民を外国人より優先的に扱うことも、特別の条約がないかぎり、許されるとしています。

（3）出国・入国の自由は保障されるの？

　外国人には、日本に入国したり、または日本から出国したりする自由は保障されるのでしょうか。

　この問題について、外国人に日本への入国の自由は保障さ

国民主権については、終章 憲法学習の最後にの4で詳しく学習します。

地方の政治については、第25章 地方自治で詳しく学習します。

10　**定住外国人地方参政権事件**

11　**塩見訴訟**
> 訴訟とは、訴える者と訴えられる者とが当事者となり、裁判所が第三者としての立場から裁判をする手続をいいます。

生まれたときから持っているもの　　*13*

れないとした 1957 年の判例があります。なぜなら、外国人に
日本への入国を許可するかどうかは、国家が決めるものだと
国際慣習法上考えられているからです。

これに対し、出国の自由は、「外国に移住」する権利として、
22条2項により保障されると考えられています（1957 年判例）。
もっとも、外国人に再入国の自由は保障されないと考えられ
ています（判例）。つまり、日本に在留する外国人が、旅行な
どで一時的に日本を離れる場合に、再び日本に戻ってきて入
国できるという権利は保障されていないということです。

第 22 条
2　何人も、外国に移住
し、又は国籍を離脱する
自由を侵されない。

森川キャサリーン事件

外国人に対する保障の有無

人権保障される	平等権（14 条 1 項） 精神的自由 出国の自由（22 条 2 項）
人権保障されない	国会議員の選挙権・被選挙権 地方議会議員の選挙権・被選挙権 入国の自由 再入国の自由

〈3〉　外国人の人権はどのくらい保障されるの？

ここまでみてきたように、外国人にも一定の人権が保障さ
れます。それでは、その保障の程度や範囲は日本国民と同じ
なのでしょうか。

外国人に政治活動の自由が保障されるのかが争われた事件
で、判例は、外国人にも政治活動の自由が保障されるとしま
したが、その保障の範囲について、日本の政治に影響を及ぼ
す活動など、外国人という立場からして認めるべきでないと
考えられるものを除くとしています。つまり、日本人に保障
される政治活動の自由の範囲と外国人に保障される政治活動
の自由の範囲とは異なるということです。

一方、日本に住んでいる外国人の登録に際して、外国人に
指紋の押捺を義務づけていた点が問題となった事件で、判例
は、指紋の押捺を強制されないという自由を、13 条によって

マクリーン事件

指紋押捺拒否事件

保護されている個人の私生活上の自由のひとつであるとして、この自由の保障は、外国人にも日本人と同じように及ぶと判断しました。この判例によって、現在はこの指紋押捺の制度は廃止されています。

4 天皇には特別な人権があるの？
―天皇・皇族の人権―

天皇や皇族も日本国籍をもっていますから、日本国民にあたります。もっとも、第23章で学習するように、天皇や皇族は特殊な地位にあります。そこで、天皇や皇族も憲法第3章にいう「国民」に含まれるものの、皇位の世襲制や職務の特殊性から、特別な例外が認められると考えられています。たとえば、天皇は国事行為のみを行い、政治的な行為を行うことができないため、天皇や皇族に選挙権は認められないと考えられています。

天皇の特殊な地位については、第23章の1で詳しく学習します。

5 乳児には人権があるの？
―未成年者の人権―

(1) 未成年者にも人権は保障されるの？

未成年者であっても日本国民であれば、当然に人権が保障されます。[16]

しかし、成熟した人間を前提としている権利や自由については、未成年者の人権保障が制限されることがあります。たとえば、憲法では、成年者の選挙権は保障されますが（15条3項）、未成年者には保障されていません。また、法律では、婚姻の自由（24条1項）について、年齢制限を設けていますし（民法731条）、医師や税理士などの職業については成年者であることが要件とされていますから、職業選択の自由（憲法22条1項）が制限されているのです。[17]

未成年者とは、18歳未満の者をいいます。

第15条
3 公務員の選挙については、成年者による普通選挙を保障する。

(2)　なぜ未成年者の人権に制約があるの？

　未成年者は、心身の発達途上の段階にあります。そのため、未成年者が未熟な判断力に基づいて判断し、その心身の健全な発達を妨げることのないよう、配慮する必要があります。ですから、未成年者の人権の制約は、未成年者の心身の健全な発達を図るためのものならば許されると考えられています。たとえば、未成年者の喫煙は未成年者喫煙禁止法で禁止されていますが、これは、喫煙によって未成年者の健康や成長を妨げないようにするという配慮に基づいています。

プラスα文献
試験対策講座 5 章 4 節
判例シリーズ 1 事件～ 3 事件、5 事件、38 事件
条文シリーズ 3 章■序④
ステップアップ No. 4

Exercise

1	法人は、現代社会におけるその役割の重要性からすると、<u>全ての人権について、自然人と同程度の保障を受ける</u>。 （司法 2012 年）	× 2【2】
2	憲法 13 条以下で保障される諸権利のなかで、<u>明示的に「国民」を主語としている権利については、日本に在留する外国人に対して保障が及ばないとする</u>のが、判例である。 （行書 H18-6）	× 3【1】
3	最高裁判所は、外国人の選挙権について、定住外国人へ地方公共団体における選挙の権利を付与しないことは合憲であり、<u>法律で定住外国人に地方公共団体における選挙の権利を付与することはできない</u>とした。 （都庁 H20 年）	× 3【2】(1)
4	社会保障上の施策において在留外国人をどのように処遇するかについては、国は、当該外国人の属する国との外交関係、変動する国際情勢、国内の政治・経済・社会的諸事情に照らしながら、できるかぎりその保障を及ぼすべきであって、<u>自国民を在留外国人より優先的に扱うことは許されない</u>。 （裁事 H26 年）	× 3【2】(2)
5	外国移住の自由は、その権利の性質上外国人にかぎって保障しないという理由はなく、外国への移住が後にわが国へ帰国ないし再入国することを前提としていることからすれば、わが国に在留する外国人は、憲法上、<u>外国へ一時旅行する自由を保障されている</u>。 （裁事 H26 年）	× 3【2】(3)
6	わが国の政治的意思決定またはその実施に影響を及ぼすなど、外国人の地位に照らして認めるのが相当でないと解されるものを除き、外国人にも政治活動の自由の保障が及ぶ。 （行書 H29-3）	○ 3【3】
7	国家機関が国民に対して正当な理由なく指紋の押なつを強制することは、憲法 13 条の趣旨に反して許されず、また、この自由の保障はわが国に在留する外国人にも等しく及ぶと解される。 （行書 H19-6）	○ 3【3】

第2章

基本的人権の限界
——自由だったら何をしてもいいの？

キ……ここは基本！
ステ·君ならできる！
……できたらスゴイ！

1 公共の迷惑だからやめてくれ！ —公共の福祉—

キ ス デ

Case 1 A男は、ある日の深夜、住宅街の路上で、スピーカーを使い大音量で演説をしました。この演説に対して、多くの苦情があったことから、市は、深夜の住宅街ではスピーカーを使用した演説を禁止するという条例を制定することにしました。これに対して、A男は、こ
1 のような対応は表現の自由を定めた21条1項①に違反していると主張しています。
この主張は認められるでしょうか。

第21条
1 集会、結社及び言論、出版その他一切の表現の自由は、これを保障する。

Answer 1 A男の主張は認められません。

(1) 公共の福祉ってなんだろう？

2 11条後段②は、「基本的人権は、侵すことのできない永久の権利」であると定めています。これは、基本的人権が、法律はもちろん、憲法改正によっても侵すことのできない権利として絶対的に保障されているということを意味します。

第11条
国民は、すべての基本的人権の享有を妨げられない。この憲法が国民に保障する基本的人権は、侵すことのできない永久の権利として、現在及び将来の国民に与へられる。

しかし、基本的人権も制約される場合はあります。

たとえば、日本人の生活を研究しているM教授がいたとします。M教授には、学問の自由として、日本人の生活を研究する自由が23条③により保障されています。しかし、このM
3 教授が、「私には日本人の生活を研究する自由が保障されているのだ」と言って、勝手にあなたの部屋に入ってきてあなたの生活を観察し始めたらどうでしょうか。おそらく、あな

学問の自由については、第7章 学問の自由で詳しく学習します。

第23条
学問の自由は、これを保障する。

たは警察に通報するでしょう。そして、警察は、M教授を住居侵入罪〔刑法130条前段〕で逮捕することでしょう。では、このような逮捕は、M教授の学問の自由の侵害になるから許されないのでしょうか。もちろん、そんなことはありません。他人に迷惑をかける場合には、どのような人権であっても制約されることがあります。したがって、研究のためとはいえ、他人に迷惑をかけているM教授を逮捕することは、学問の自由の侵害とはならず、許されるのです。

このように、私たちは、**他人に迷惑をかけないかぎり、人権を制約されません。** この他人に迷惑をかけないかぎりという歯止めのことを、憲法では「公共の福祉」という言葉で表現します。

憲法の条文上、この「公共の福祉」という言葉が4か所で使われています。右側にある条文を一度、読んでみてください。

それでは、**Case 1** のような場合を考えてみましょう。

A男には、21条1項にある表現の自由、この場合は演説を行う自由が保障されています。しかし、表現の自由も、他人に迷惑をかけないかぎり、という制約があります。ですから、他人に迷惑をかける場合には、表現の自由を制約しても憲法に違反するとはいえないのです。

そして、**Case 1** のような場合、深夜の住宅街で大音量で演説をするということは、付近の住民からすれば間違いなく大迷惑な行為といえます。ですから、A男の表現の自由を制約することは憲法に違反するとはいえません。

したがって、A男の主張は認められないのです。

(2) 人権を制約するのは公共の福祉だけ？

他人に迷惑をかける場合には、人権が制約されることもあるということは、前述のとおりです。では、他人に迷惑をかけるという理由以外で、人権が制約されることはあるので

---

④ 刑法第130条　住居侵入等

正当な理由がないのに、人の住居若しくは人の看守する邸宅、建造物若しくは艦船に侵入し、又は要求を受けたにもかかわらずこれらの場所から退去しなかった者は、3年以下の拘禁刑〔懲役〕又は10万円以下の罰金に処する。

2022年法律第67号によって「懲役」は「拘禁刑」と改正され、公布日から3年以内に施行。

⑤ 憲法第12条

この憲法が国民に保障する自由及び権利は、国民の不断の努力によって、これを保持しなければならない。又、国民は、これを濫用してはならないのであって、常に公共の福祉のためにこれを利用する責任を負ふ。

⑥ 第13条

すべて国民は、個人として尊重される。生命、自由及び幸福追求に対する国民の権利については、公共の福祉に反しない限り、立法その他の国政の上で、最大の尊重を必要とする。

⑦ 第22条

1　何人も、公共の福祉に反しない限り、居住、移転及び職業選択の自由を有する。

⑧ 第29条

1　財産権は、これを侵してはならない。

2　財産権の内容は、公共の福祉に適合するやうに、法律でこれを定める。

しょうか。

　これについては、公務員であることを理由とする制約や、自分自身を傷つけてしまうということを理由とする制約があると考えられています。

　自分自身を傷つけてしまうということを理由とする制約とは、たとえば、未成年者の飲酒、喫煙の制約などです。これらの制約は、心身の発達が未熟な未成年者が健康に成長していくことができるようにするための制約なのです。

　このように、私たちに保障される人権は、他人に迷惑をかけるという理由以外によっても制約される場合があります。

2 憲法は私とあなたの間でも適用される──私人間効力──

私人間は「しじんかん」と読みます。 私人間効力というのは、私人間、つまり国民と国民との間で、憲法上の人権規定が適用されるのかどうか、適用されるとして、どのように適用されるのかという問題のことをいいます。

14条については、第4章法の下の平等で詳しく学習します。

Case 2　B男は、憲法教育を施すことを目的とするC会社の採用面接を受けました。この面接で、C社は、「あなたは憲法についてどう考えていますか」と質問をしたところ、B男は、憲法は一部改正すべきだと以前から考えていたので、そう答えました。すると、C社は、「わが社では、今の憲法を改正するという考え方は受け入れられないので、あなたを採用しません」と言い、B男の採用を拒否しました。そこで、B男は、憲法を改正すべきだという思想をもっていることを理由に採用を拒否することは、信条による差別を禁止した14条1項に違反していると主張しています。

B男の主張は認められるのでしょうか。

Answer 2　B男の主張は認められません。

(1)　憲法ってどんな場合に適用されるの？

　そもそも憲法は、だれに対して向けられたものだったで

しょうか。序章で学んだように、憲法は国家権力に対して守るべきルールを定めたものです。したがって、私たちは、国家に対して、憲法で保障されている権利や自由を侵害するな、と主張することができるわけです。つまり、憲法は、国家と国民との間で適用されるものなのです。

(2) 憲法は国民と国民との間では適用されないの？

では、憲法は国民と国民との間、つまり、私人間では適用されないのでしょうか。たとえば、私たちには表現の自由が21条1項で保障されています。そこで、あなたが、自分の家の庭で弁論大会のために演説の練習をして表現活動を楽しんでいたところ、お隣さんが、「うるさいからやめてくれ」と言って妨害してきたとしましょう。このとき、あなたは、この妨害行為が表現の自由（21条1項）を侵害し、違法であると主張することができるのでしょうか。

憲法は、すべての法秩序の基本原則であって、すべての法領域に妥当するものです。つまり、どのような法律関係も憲法に違反してはならないのです。したがって、なんらかのかたちで国民と国民との間にも憲法が適用されなければなりません。ただし、国民と国民との間に、直接憲法を適用すると、市民社会の基本原則である私的自治の原則が害されるおそれがあります。つまり、国民が、他の国民との間で、どのような法律関係を設定するかということも憲法が保障する自由のひとつであるにもかかわらず、憲法が直接適用されてしまうと、その自由が害されてしまうおそれがあるということです。

そこで、憲法は、国民と国民との間に直接適用されるのではなく、民法のような国民と国民との間の関係を規律する法律をとおして間接的に適用されると考えられています。要するに、憲法上の人権を考慮しながら、民法などを解釈・適用するということです。

国民と国民との間に憲法が適用されるのかが問題となった

10 契約関係や親子関係などが法律関係の代表例です。

11 私的自治の原則とは、私法上の法律関係を、個人が自由に決定することができるという原則をいいます。

12 このような法律のことを総称して私法といいます。私法の代表的なものとして、民法や商法があげられます。

13 事件で、判例も、社会的に許容しうる限度を超える人権侵害があった場合には、民法を適切に解釈・適用することによって解決することができるとしています。

　それでは、**Case 2** の場合はどうでしょうか。

　C社もB男も私人ですから、この場合、憲法が民法をとおして間接的に適用されることになります。そして、特定の思想をもっていることを理由に採用を拒否することができるかどうかについて、判例は、会社はどのような人を採用するかを自由に決めることができるということを理由に、特定の思想をもっている者の採用を拒否することも当然に違法とはならないとしています。この判例からすると、C社が、憲法を改正すべきだという思想をもっていることを理由に、B男の採用を拒否したとしても、14条1項に違反するとは必ずしもいえません。

　ですから、B男の主張は認められません。

プラスα文献
試験対策講座 6章1節、3節
判例シリーズ 6事件
条文シリーズ 3章■序6、13条2 1
ステップアップ No. 5

1	憲法 21 条 1 項は、「集会、結社及び言論、出版その他一切の表現の自由は、これを保障する」と定めるが、最高裁判例は「公共の福祉」を理由とした制限を許容する立場を明らかにしている。 (行書 H22-3)	○ 1【1】
2	間接適用説は、憲法の人権規定は民法の公序良俗規定のような私法の一般条項を介して私人間に間接的に適用されるものであり、私人間に<u>直接適用される憲法の人権規定は存しない</u>とする説である。 (都庁 H19 年)	× 2【2】
3	信条による差別待遇を禁止する憲法の規定は、国または地方公共団体の統治行動に対する個人の基本的な自由と平等を保障するだけでなく、私人間の関係においても適用されるべきであり、企業者が特定の思想、信条を有する者をそのゆえをもって雇い入れることを拒むことは、<u>当然に違法である。</u> (特別区 H26 年)	× 2【2】
4	私人間においては、<u>一方が他方より優越的地位にある場合には私法の一般規定を通じ憲法の効力を直接及ぼすことができる</u>が、それ以外の場合は、私的自治の原則によって問題の解決が図られるべきである。 (行書 H25-4)	× 2【2】

第3章

生命・自由・幸福追求権
――憲法に書かれてない自由は保障されないの？

キ……ここは基本！
ステ…君ならできる！
……できたらスゴイ！

1 幸せを追い求めた先には？
――幸福追求権――

| Case 1 | ある日、A 男が公道を歩いていると、警察官が正当な理由がないのに A 男の写真を電信柱の陰からこっそり撮影していました。「写真を撮られない権利」は憲法の条文に明記されていません。この場合、警察官が、A 男が嫌がっているにもかかわらず A 男の写真を撮ることは、許されるのでしょうか。 |

| Answer 1 | 警察官が正当な理由がないのに A 男の写真を撮ることは、13 条の趣旨に違反するため、許されません。 |

(1) 幸福追求権ってどんな権利？

① 13 条後段は、幸福追求権を保障しています。生命・自由および幸福追求権は、生命権・自由権・幸福追求権と 3 つに区別して考える必要はなく、統一的な権利と捉えられています。ここでは、生命・自由および幸福追求権をまとめて幸福追求権とよぶことにします。

憲法は、14 条以下に個々の人権を保障する規定をおいていますが、幸福追求権は、憲法に列挙されていない新しい人権を導き出す根拠となるすべてをひっくるめた人権（包括的な人権）であると考えられています。平等権、選挙権、表現の自由などは、男女平等の問題や、普通選挙実現の問題、戦時中の言論弾圧など、歴史的に侵害されることが多かった重要な権利・自由であるため、特に憲法に規定されましたが、それ以

第 13 条
すべて国民は、個人として尊重される。生命、自由及び幸福追求に対する国民の権利については、公共の福祉に反しない限り、立法その他の国政の上で、最大の尊重を必要とする。

法律の条文では、上のように条項が 2 つの文から成っている場合、1 文目を前段、2 文目を後段とよびます。

外にも憲法に規定されていない重要な権利・自由は数多く存在しますし、時代の移り変わりに伴って、新しい人権も生まれていくでしょう。そこで、憲法に列挙されていない新しい人権を憲法上の権利として認めて保障する役割を幸福追求権が担っているのです。たとえば、憲法には直接規定されていないプライバシー権は、13条で保障されていると考えます。

Case 1 のA男の「写真を撮られない権利」は、14条以下の人権として憲法には直接規定されていません。しかし、幸福追求権を根拠に導き出される新しい人権のひとつとして認められるならば、警察官が正当な理由なくA男の写真を撮る行為は、写真を撮られない権利を侵害するものとして憲法違反となり、A男は裁判でこれを争うことができます。

プライバシー権については、2(3)で詳しく学習します。

(2) 「写真を撮られない権利」は新しい人権に含まれるの？

それでは、A男の「写真を撮られない権利」は、幸福追求権から導き出される新しい人権に含まれるのでしょうか。

幸福追求権から導き出される人権の範囲については考え方が複数あり、一般的行為自由説と人格的利益説の2つが対立しています。

一般的行為自由説は、幸福追求権は広く一般的な行為の自由を保障しているという考え方です。つまり、あなたが好きな服装をしたり、ドライブに行ったり、お酒を飲んだり、タバコを吸ったりする行為も憲法上で保障されているとして、個人の自由を広く保護しようとする考え方です。

人格的利益説は、幸福追求権は人格的生存に不可欠な利益を保障するという考え方です。つまり、人が個人として生きていくためになくてはならない行為であれば、そのような行為をする権利・自由はすべて13条で保障されているとする考え方です。この考え方によれば、たとえばお酒を飲む行為は、人が個人として生きていくためになくてはならないもの

ではないので、そのような自由は13条で保障されるもので
はないということになります。

Case 1のA男の「写真を撮られない権利」は、一般的行為
自由説からすれば、もちろん幸福追求権から導かれる新しい
人権として保障されます。

また、人格的利益説に立ってみても、本人が同意をしてい
ないにもかかわらず容ぼう・姿態を勝手に撮影されることが
許されてしまうと、常に写真を撮られているのではないかと
いう緊張状態になり、生きていくうえで大きなストレスを受
けてしまいます。したがって、A男の「写真を撮られない権
利」は、人としてなくてはならない新しい人権（肖像権）とし
て保障されます。

つまり、Case 1の警察官が、正当な理由がないのにA男の
容ぼうを撮影することは、これら2つの考え方のどちらに
よっても13条の趣旨に違反するため許されません。

2 私たちはこんなにも自由だ！
─その他の新しい人権─

Case 2	B男は、事故に遭って輸血を伴う手術をしなければ死んでしまうほどの大けがを負いました。しかし、B男は、医師に対して「宗教上の理由から、輸血を伴う手術は受けない」とはっきり伝えました。B男の、宗教的信念により輸血を拒否する権利は、新しい人権として尊重されるべきでしょうか。

Answer 2	新しい人権である「人格権」の一内容である自己決定権として尊重されるべきです。

(1) その他の新しい人権にはどんなものがあるの？

幸福追求権を根拠に導き出される新しい人権には、どのよ
うなものがあるのでしょうか。

最高裁判所で認められたものには、人格権、プライバシー権などがあります。そのほかにも、最高裁判所が認めたわけではありませんが、実際の争いで主張されてきたものとして、環境権、日照権、静穏権、眺望権、嫌煙権、アクセス権、平和的生存権、自己決定権などがあります。

次から、人格権とプライバシー権、そして **Case 2** で問題となっている自己決定権について学習していきます。

(2) 人格権ってどんな権利？

人格権とは、身体・名誉・信用・肖像など、個人の人格に関わる利益について保護を求める権利の総称をいいます。

人格権のなかでも、個別の人格的利益が独立した権利として扱われることがあります。たとえば、名誉権や **Case 1** で学習した肖像権などです。

(3) プライバシー権ってどんな権利？

プライバシー権の意義は時代とともに変化してきました。

当初は、ひとりで放っておいてもらう権利や、「私生活をみだりに公開されないという法的保障ないし権利」(裁判例)と考えられていました。

2 「宴のあと」事件

その後、インターネットが普及して情報化社会の時代になると、国家などの組織が個人に関する情報を収集・管理することが個人にとっての脅威であると考えられるようになりました。そこで、プライバシー権の内容も「**自己に関する情報をコントロールする権利**」とされるようになりました。この権利は、**情報プライバシー権**ともよばれます。つまり、自分のプライバシーを勝手に公開されない権利というだけでなく、そもそも自分の個人情報は自分自身が管理するという権利に変わってきているということです。

現在では、自己に関する情報についての閲覧を求め、それが誤りである場合には訂正や抹消を求めることが、情報プラ

イバシー権により保障されるべきであると考えられています。このように、自分の情報の流出を守るという側面から、自分の情報を積極的にコントロールするという側面が重視されるようになってきているのです。

(4) 自己決定権ってどんな権利？

自己決定権とは、個人が一定の私的な事柄について、国や地方公共団体がもつ権力（公権力）からの干渉を受けずに自分自身で決定する権利のことをいいます。

日常生活のなかでも、自己決定権を行使する場面はたくさんあります。たとえば、子どもを産む・産まない自由、避妊などの自由は私的な事柄なので、個人が自由に決めることができます。結婚、離婚など家族のあり方を決めることも、個人の自由です。

Case 2 では、B 男は宗教的信念により輸血を伴う手術をするか否かという私的な事柄について、自分自身で決定する権利をもっていますので、それは尊重されるべきです。

③　公権力とは、国や地方公共団体が、国民に対してもっている権力をいいます。行政権などが公権力の典型例です。

プラスα文献
試験対策講座 7 章 1 節
判例シリーズ 32 事件
条文シリーズ 13 条
ステップアップ No. 6

1	個人の容ぼうや姿態は公道上などで誰もが容易に確認できるものであるから、個人の私生活上の自由の一つとして、警察官によって本人の承諾なしにみだりにその容ぼう・姿態を撮影されない自由を認めることはできない。　　　　　　　　　　　　　（行書 R3-4）	× 1【2】
2	幸福追求権は、個別的基本権を包括する基本権であり、個人の人格的生存に不可欠な利益を内容とする権利にかぎらず、服装の自由、趣味の自由を含む広く一般的行為の自由を保障する権利であると解するのが通説である。　　　　　　　　　　　　（都庁 H18 年）	× 1【2】
3	学説における人格的利益説の場合、どのような権利・自由が「人格的生存にとって不可欠な利益」であるかは、必ずしも明らかでない。例えば、自己決定権としての髪型の自由について、人格的利益説を採る論者の間でも「人格的生存にとって不可欠な利益」であるか否か、見解が分かれる。　　　　　　　　　　　　（司法 2007 年）	○ 1【2】
4	幸福追求権から導き出される人権として、最高裁判所の判例が認めたものには、プライバシー権のほかに、環境権、アクセス権、自己決定権がある。　　　　　　　　　　　　　　　（都庁 H14 年）	× 2【1】
5	自己決定権とは、自己の個人的な事柄について、公権力から干渉されることなくみずから決定することができる権利のことをいうが、この権利が憲法上の権利であることを、学説のみならず最高裁判所も明確に認めている。　　　　　　　　　　　　（都庁 H18 年）	× 2【1】、【4】

第4章

法の下の平等——憲法は人の上に人を作らず？

キ……ここは基本！
スデ君ならできる！
……できたらスゴイ！

1 本当の平等ってなんだろう？
―法の下の平等―

| Case 1 | A 子は、公務員をめざして憲法の勉強をしている女性です。ところが、20XX 年、少子高齢化対策の一環として、男性のみが公務員になれるとする法律が成立しました。女性であることを理由に公務員試験の受験資格が認められなかった A 子は、このような法律は憲法に違反するため無効だと主張しています。A 子の主張は認められるのでしょうか。 |

Answer 1 このような法律は、「法の下に平等」と定める14 条 1 項に違反して無効なので、A 子の主張は認められます。

第 14 条
1　すべて国民は、法の下に平等であって、人種、信条、性別、社会的身分又は門地により、政治的、経済的又は社会的関係において、差別されない。

(1)　どうして「法の下に平等」が必要なんだろう？

　14 条 1 項は、「すべて国民は、法の下に平等」であると規定しています。この規定は、私たちに平等権という権利が保障されていることを示しています。平等権は、人権のなかでもっともイメージしやすい権利のひとつです。たとえば、私たちが公務員や行政書士になるために試験を受けるとします。そのとき、出身地の違いだけで減点されるとしたらどうでしょうか。そんな試験だとしたら、どんなに努力しても出身地のせいで不合格になるかもしれません。これではあまりに不合理な試験となってしまいます。このような取扱いを受けないように、私たちには平等権が保障されているのです。

　もちろん、**Case 1** の A 子にも 14 条 1 項により平等権が保

障されています。

このように、イメージしやすい権利である平等権ですが、実は、14条1項の規定にはさまざまな問題があるのです。

(2) 「法の下に」ってどんな意味だろう？

14条1項は、国民は「法の下に」平等であると定めていますが、「法の下に」とはどのような意味なのでしょうか。

「法の下に」の意味を素直に捉えると、法律を国民に平等に適用することを意味しているようにも考えられます。しかし、法律に不平等な取扱いが定められていた場合、そのような法律をいくら平等に適用してもそれは無意味です。

たとえば、ある法律が、1月から6月までに生まれた人に対しては減税すると規定していたとします。この法律は、だれがみても不平等な法律です。このような法律をいくら国民全員に平等に適用しても、法律自体が不平等であるため国民が不平等に取り扱われることに変わりはありません。

したがって、「法の下に」とは、法律を国民に平等に適用することを意味しているだけではなく、法律の内容も平等でなければならないということを意味すると考えられているのです。

Case 1 では、男性のみが公務員となれるとする法律が平等といえるかどうかを考えることになります。

(3) 「平等」ってどんな意味だろう？

(1) みんな一緒に扱われるってこと？

14条1項は、国民が「平等」であることを保障しています。では、「平等」とはどのような意味なのでしょうか。

「平等」とは絶対的平等を意味するという考え方もあります。要するに、国民すべてを同様に扱わなければならないという考え方です。しかし、人にはさまざまな個性や特徴がありますから、そのような違いを無視して全員を同様に扱うこ

とはかえって不合理です。

　たとえば、現実に、20歳未満の者の飲酒は禁止されていますが、20歳以上の者が飲酒をすることは許されています。もし絶対的平等を達成しようとすると、20歳以上の者に飲酒を認める以上は20歳未満の者にも飲酒を認めなければ「平等」ではない、ということになります。しかし、これではかえって不合理です。

　そこで、「平等」とは、相対的平等、つまり、同一の事情と条件のもとでは均等に取り扱うことを意味すると考えられています。したがって、社会通念からみて合理的な区別は不平等とはいえず、14条1項違反とはいえません。先ほどの例では、20歳未満の者に対して飲酒を禁止することは、健康的な成長のために必要なことで、社会通念からみて合理的な区別であるといえるため14条1項に違反するとはいえません。

> **②** 社会通念とは、社会一般に受け入れられ通用している常識をいいます。

　それでは、**Case 1**の場合はどうでしょうか。

　A子は、女性であるために公務員になれないという扱いを受けています。はたしてこれは社会通念上合理的な区別といえるのでしょうか。どれだけ少子高齢化が進んだとしても、女性が公務員となることができないというのは合理的とはいえないでしょう。したがって、A子の主張は認められるのです。

（2）スタートが平等なの？ゴールが平等なの？

> **Case 2**
>
> B子は、公務員になることをめざして憲法の勉強をしている女性です。B子は、男性公務員の数が女性公務員の数に比べて多いことを知りました。そこで、公務員の仕事にもっと多くの女性の意見を取り入れたほうがいいと考えたB子は、どうにかして女性公務員の数を増やしたいと思っています。B子は、14条1項に基づいて女性公務員の数を増やすよう国に要求したいと考えていますが、国は女性公務員の数を増やす義務を負うのでしょうか。

Answer 2 国は女性公務員の数を増やす義務を負っていません。

　「平等」の意味については、もう1つ問題があります。それは、平等とは、実質的平等なのか、または形式的平等なのか、という問題です。

　実質的平等とは、格差がある場合に格差の是正を行うこと、要するに、結果（ゴール）が平等であることを意味します。結果の平等が保障されていると考えると、なんらかの格差がある場合にはその格差の是正を国に要求することができることになります。

　たとえば、所得について格差がある場合、その格差を是正するために、国に低所得者の税率を高所得者に比べて低くするなどの措置を要求することができます。具体的には、所得が1000万円であれば税金を200万円（税率20パーセント）、所得が500万円であれば税金を50万円（税率10パーセント）とするような措置を要求することによって、格差を小さくすることができます。このような措置がなされると両者の格差は段々となくなるため、結果の平等が実現されます。このように、実質的平等が保障されていると考えると格差が是正されるため、社会的・経済的に弱い立場にある人々にとってはありがたいでしょう。

　20世紀以降になると、社会国家・福祉国家の思想のもと、平等の理念において実質的平等が重視されるようになってきましたが、14条1項の規定する「平等」は、形式的平等を意味するにとどまると考えられています。もっとも、実質的平等の思想を無視するわけにもいかないので、14条1項の「平等」の意味に、実質的平等の趣旨をある程度加味することは許容されると考えるのが一般的です。

　それでは、**Case 2**の場合はどうでしょうか。

　男性公務員の数が女性公務員の数に比べて多いことを知ったB子は、その格差の是正という実質的平等の実現を国に要

求したいと考えています。しかし、14条1項は形式的平等を保障しているにとどまると考えると、国は、実質的平等を達成するために格差を是正する憲法上の義務を負っていないことになります。要するに、国は、女性公務員の数を増やすことについて、憲法上の義務を負っていません。

ところで、「平等」に実質的平等の趣旨を一定程度加味することは許容されると考えられていますから、女性公務員の数を増やすことが、ただちに憲法違反を意味するわけでもないことには注意をしてください。

2 人・信・性・社・門！
―14条1項後段列挙事由―

(1) 人・信・性・社・門、以外は平等ではないの？

14条1項後段は、国民は、人種、信条、性別、社会的身分または門地によって差別されないと定めています。このように、14条1項後段は、いくつかの具体例をあげていますが、列挙されてある人種、信条、性別、社会的身分または門地による差別のみを禁止しているのでしょうか。

尊属殺重罰規定違憲判決 3 　判例は、これらの具体例は単なる例示にすぎないため、人種、信条、性別、社会的身分または門地以外の事由による差別も許されない場合があるとしています。たとえば、学歴や所得といった事由は、人種、信条、性別、社会的身分または門地にはあたりません。しかし、学歴や所得などによる不合理な差別は許されないのです。

(2) 人種、信条、性別、社会的身分または門地ってどんなもの？

（1）人種

人種とは、皮膚の色、世系または民族的もしくは種族的出身をさします。

《復習 Word》
後段
1つの条項が2つの文から成り立っている場合に、前の文を前段とよぶのに対して、後ろの文を後段とよびます。

たとえば、ユダヤ人差別やウイグル人差別、黒人差別・黄色人種差別などが人種による差別の代表例といえます。

（2）信条

　信条とは、宗教上の信仰のみならず、広く思想上・政治上の主義をも含むと考えられています。要するに、物事に対する考え方だとイメージしておけばよいでしょう。たとえば、キリスト教を信仰していることや、各政党を支持していることなどが「信条」に含まれます。

（3）性別

　性別による差別は、歴史的には世界各国で広く行われていていました。戦前の日本では、女性に選挙権が与えられていなかったことなどが、性別による差別の代表例といえます。

（4）社会的身分

　社会的身分とは、社会において占める継続的な地位をさします。たとえば、特定の地域の出身者であることなどがあげられます。

　この社会的身分による差別に関連する判例として、非嫡出子相続分規定事件があります。2013（平成25）年に民法が改正されるまで、嫡出でない子の相続分は、嫡出である子の相続分の2分の1とすると民法900条4号ただし書に定められていました。このように、非嫡出子を不利に扱うことが憲法14条1項に違反しないかどうかが問題となりました。

　この問題点について、従来の判例は、この条文は憲法14条1項に違反せず、合憲であるとしてきました。

　しかし、2013年にだされた判例は、今日の現代社会での家族に対する考え方の変化を理由に、嫡出でない子の相続分を嫡出である子の相続分の2分の1とすることは不合理な差別であるとして、この条文は憲法14条1項に違反するため、違憲であるとしました。

　そして、この判例をうけて民法900条4号ただし書は改正され、現在では嫡出でない子の相続分は嫡出である子の相続

4　嫡出でない子（非嫡出子）とは、法律上婚姻関係にない男女から生まれた子をいいます。

5　嫡出である子（嫡出子）とは、法律上の婚姻関係にある男女から生まれた子をいいます。

6　非嫡出子相続分規定事件

7　☆非嫡出子相続分規定違憲判決

分と等しくなっています。

（5）門地

　門地とは、家系・血筋等の家柄を意味します。たとえば、戦前の華族・士族・平民等があげられます。

3 重要な判例を知っておこう

(1) 尊属殺重罰規定違憲判決

<aside>尊属とは、血族のうち、父母、祖父母など自分より前の世代に属する者をいいます。</aside>

8　以前の刑法 200 条は、尊属を殺した場合には死刑または無期懲役に処すと規定し、尊属ではない普通の人を殺した場合より重い刑罰を科していました。そこで、尊属殺を特別に扱うことが法の下の平等に違反しないかどうかが問題となりました。

尊属殺重罰規定違憲判決　9　これについて判例は、尊属殺を通常より厳重に処罰すること自体は不合理ではないとしつつ、刑罰が極端に重すぎることを理由に、憲法に違反するとしました。

　この判例をきっかけに、この条文は削除されました。

(2) 一人一票裁判

（1）一人一票裁判ってなんだろう？

　一人一票裁判とは、投票価値が不平等となってしまう公職選挙法は憲法 14 条 1 項に違反するため違憲であり、そのような公職選挙法のもとで行われた選挙は無効であるとの判決を求める裁判をいいます。

（2）投票価値の不平等ってなんだろう？

　選挙では、私たちに等しく 1 票が与えられています。しかし、同じ 1 票でも実は価値が違うというのが投票価値の不平等という問題なのです。たとえば、人口 10 万人につき議員 1 人という地域の住民が投じた 1 票に対して、人口 20 万人につき議員 1 人という地域の住民が投じた票は、その半分の 0.5 票分の価値しかない、といったような不平等が生じてい

ます。このように、住んでいる場所によって1票の価値が異なるという事態が、いろいろなところで起きているのです。

4-1 ●

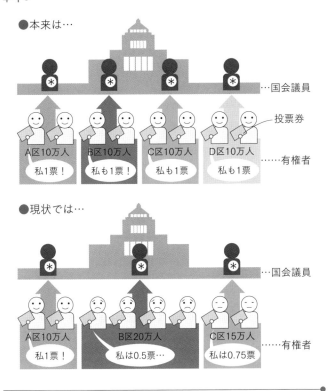

●本来は…

……国会議員

投票券

A区10万人　B区10万人　C区10万人　D区10万人　……有権者

私1票！　私も1票！　私も1票　私も1票

●現状では…

……国会議員

A区10万人　B区20万人　C区15万人　……有権者

私1票！　私は0.5票…　私は0.75票

（3）最近の最高裁判所はどんな判決をだしているんだろう？

2009年に実施された衆議院議員選挙に対して起こされた一人一票裁判で、判例は、投票価値の不平等の原因になっている一人別枠方式は憲法に違反する状態になっているとして、できるかぎりすみやかに一人別枠方式を廃止し、憲法の要請にかなう立法をするように命じました。

また、2010年に実施された参議院議員選挙に対して起こされた一人一票裁判で、判例は、参議院の選挙においても衆議院選挙と同じく投票価値の平等が要請され、現在の都道府県

10 ☆一人別枠方式違憲状態判決

11 当時の一人別枠方式とは、衆議院の小選挙区300議席のうち、まず47都道府県に1議席ずつを「別枠」として割り当て、残り253議席を人口に比例して配分する方式をいいます。

12 ☆参議院議員定数不均衡事件

による選挙区割りは憲法上の要請ではないとする画期的な判断をしました。

　このように、判例も一人一票を実現するために徐々に前進してきたといえる状況が続いてきました。実際に、参議院議員選挙や、小選挙区制が導入されて以降の衆議院議員選挙について起こされた裁判では、投票価値が不平等であり、違憲状態である旨を判示するものが増えています。

　しかし、投票価値の不平等に関して、違憲状態であることを超えて、違憲であるとまでした判例は、中選挙区制がとられていた1983年の衆議院議員選挙について起こされた裁判の判決以降、2021年の衆議院議員選挙についての最高裁判所がだしたものまで見られません。投票価値の平等という重要な憲法上の要請にかんがみれば、本来最高裁判所は、違憲判決をだすところまで踏み込むべきだといえるでしょう。

衆議院議員定数不均衡事件85年判決 13

　この問題は、真の民主主義の実現に向けて、国民1人ひとりが主体的に考え、関わるべき問題です。あなたも、一度よく考えてみてください。

(3)　再婚禁止期間違憲判決

　以前の民法733条1項は、「女は、前婚の解消又は取消しの日から6箇月を経過した後でなければ、再婚をすることができない」と規定していました。この条文の趣旨は、子の父親の推定が重複しないようにするためとされていました。

　しかし、民法772条2項が、婚姻の成立の日から200日を経過した後または離婚の日から300日以内に生まれた子を、その離婚前の夫の子と推定する、と規定していたことから、前の離婚の日から300日以内であったとしても、次の婚姻の日から200日以降に子が生まれるという事態を避ければ、子の父親の推定が重複しないではないか、という批判がありました。そこで判例は、女性について6か月の再婚禁止期間を定める民法733条1項の規定のうち100日を超えて再婚禁止

☆再婚禁止期間違憲判決 14

期間を設ける部分は、憲法 14 条 1 項、24 条 2 項に違反するとの判断を示しました。

　この判例を受けて、民法 733 条は改正されました。そして、更に 2022 年 12 月 10 日に改正されて、再婚禁止期間に関する民法 733 条は削除されました。

参考
一人一票実現国民会議
https://www2.ippyo.org/

プラスα文献
試験対策講座 7 章 2 節
判例シリーズ 14 事件
条文シリーズ 14 条
ステップアップ No. 7

1	法の下の平等とは、<u>法の前における平等</u>という意味であるから、すでに定立されている法を前提として、それらの法を適用するにあたってその対象たる人を差別してはならないということを意味しており、行政権、司法権についてはこれを拘束するが<u>立法権をも拘束するものではない</u>とするのが通説である。　（国家総合改題）	× 1【2】
2	憲法第14条第1項は、国民に対し絶対的な平等を保障したものではなく、差別すべき合理的な理由なくして差別することを禁止している趣旨と解すべきであるから、事柄の性質に即応して合理的と認められる差別的取り扱いをすることは、何ら同項の否定するところではない。　（国家一般H30年）	○ 1【3】(1)
3	憲法第14条第1項は、合理的理由のない区別を禁止する趣旨であるから、事柄の性質に即応して合理的と認められる区別は許されるが、<u>憲法第14条第1項後段に列挙された事由による区別は例外なく許されない</u>。　（裁事R1年）	× 2【1】
4	尊属に対する殺人を、高度の社会的非難に当たるものとして<u>一般殺人とは区別して類型化</u>し、法律上刑の加重要件とする規定を設けることは、それ<u>自体が不合理な差別</u>として憲法に違反する。　（行書H28-7）	× 3【1】
5	選挙権の平等には各選挙人の投票価値の平等も含まれるが、国会によって定められた選挙制度における投票価値が不平等であっても、その不平等が国会の有する裁量権の行使として合理的と認められるのであれば、憲法第14条に違反しない。　（司法2016年）	○ 3【2】(2)

思想・良心の自由──妄想だけなら自由

１ 何を考えても自由なの？
─思想・良心の自由─

キ……ここは**基本**！
ス デ…**君なら**できる！
：……できたら**ス**ゴイ！

Case | A男は、世界の戦争の歴史を学び、戦争は争いを本質的に解決する手段にはならないし、戦争を禁止する９条を改正してはならないと考えるようになりました。しかし、政府は、国際情勢に対応するために９条を改正することを決定し、改正反対者に対しては税率を引き上げるという措置をとることを決めました。そして、政府は、９条の改正反対者かどうかを確認するために「あなたは９条の改正に反対ですか」というアンケートを実施し、回答しない場合には、拘禁刑を科すことを決めました。A男は、このような政府の対応は思想・良心の自由を定めた 19 条 に違反すると主張しています。
A男の主張は認められるのでしょうか。

Answer　A男の主張は認められます。

1　第9条
1　日本国民は、正義と秩序を基調とする国際平和を誠実に希求し、国権の発動たる戦争と、武力による威嚇又は武力の行使は、国際紛争を解決する手段としては、永久にこれを放棄する。
2　前項の目的を達するため、陸海空軍その他の戦力は、これを保持しない。国の交戦権は、これを認めない。

2　第 19 条
思想及び良心の自由は、これを侵してはならない。

(**1**)　どうして思想・良心の自由が保障されてるの？

19 条は、思想および良心の自由はこれを侵してはならないと定めています。これは私たちに、思想・良心の自由が保障されていることを示しています。

それでは、なぜ、憲法はわざわざ思想・良心の自由を保障したのでしょうか。その答えは、日本の歴史のなかにあります。日本では、戦前、治安維持法によって、特定の思想、たとえば戦争に反対する思想などが徹底的に弾圧されました。

その当時は、戦争に反対する思想をもっているだけで逮捕され、処罰を受ける場合すらあったのです。

このような歴史を二度と繰り返さないために、憲法はわざわざ19条で思想・良心の自由を保障したのです。

(2) 思想および良心ってなんだろう？

19条は、思想と良心の2つの自由を定めていますが、この2つは明確に区別されるわけではありません。両者は、一体的なものとして考えられているのです。

それでは、「思想及び良心」とは具体的にどのような意味なのでしょうか。

思想・良心の自由の範囲について明確に判断した判例はありません。しかし、一般的に、「思想及び良心」とは、世界観、人生観、主義、主張など個人の人格的な内面的精神作用をいいます。要するに、物事に対する見方、考え方などを広く含むと考えられています。

たとえば、自分がどの政党を支持しているか、ということをはじめ、人は生きている間に何をすべきなのか、人は死んだらどうなるのか、という物事に対する考えなども、「思想及び良心」に含まれることになります。

Case の場合はどうでしょうか。A男は、戦争を禁止する9条を改正してはならないと考えています。これは、戦争に反対するという主義あるいは主張だといえるでしょう。ですから、戦争を禁止する9条を改正してはならないというA男の考えは「思想及び良心」に含まれることになります。

2 なぜ思想・良心の自由を「侵してはならない」の？

(1) 何を考えてもOK！

19条は、思想および良心の自由を「侵してはならない」と

規定しています。この「侵してはならない」とは具体的にどのような意味なのでしょうか。

思想・良心は、心のなかで思っているだけ、つまり内心にとどめているかぎりはだれにも迷惑をかけません。

たとえば、江戸時代の義賊といわれているねずみ小僧のように、盗みを行うことで世界は幸福にみたされると考えている者がいたとします。その者が、そのような考えに基づいて実際に盗みをした場合には、盗まれた者は大変な迷惑を被るでしょう。しかし、そのような考えが内心にとどまっているだけなら、だれも盗みの被害に遭うことはありません。つまり、どんなに危険な考えであっても、考えをもっているだけではだれにも迷惑をかけないのです。

思想・良心の自由は、内心にとどまっているかぎり絶対的に保障されると考えられています。言い換えれば、思想・良心の自由は、それが内心にとどまっているかぎり、公共の福祉による制約を受けないのです。

公共の福祉については、第2章 基本的人権の限界の1 を見よう！

そして、この思想・良心の自由が絶対的に保障されることは次の3つを意味します。

(2)　思想や良心を強制してはダメ！

1つ目は、国が個人に対して、特定の思想をもつように強制してはいけないということです。

たとえば、天皇崇拝を強制された場合、思想・良心を強制するものとして、19条に違反することになります。

本文では、わかりやすくするために国としましたが、もちろん国だけでなく、国家権力全般との関係について、憲法は適用されます。
序章1(2)を見よう！

(3)　思想や良心が違っていても不利益に取り扱ってはダメ！

2つ目は、思想や良心を理由に、国が国民を不利益に取り扱ってはいけないということです。具体的には、国が、特定のものの見方や考え方を国民に押しつけ、強制したり、あるいは、内心の思想に基づいて不利益を課したりすることはで

きないということを意味します。

中学校内での政治的主張が書かれたビラ配りなどの政治的活動が内申書に記載されたため高校入試で不合格となったことが、思想・良心を理由とした不利益な取扱いにあたらないかどうかが問題となった事件があります。この事件で、判例は、そもそも内申書への記載は思想・良心を記載したものとはいえないとし、19条には違反しないとしました。

麹町中学内申書事件 ③

それでは **Case** の場合はどうでしょうか。

政府は、9条改正に反対する者に対しては税率を引き上げるという措置をとることを決めました。これは、9条を改正すべきではないという思想・良心をもっていることを理由に、税率を引き上げるという不利益を課すものです。ですから、国がこのような措置をとることは 19 条に違反することになります。

そのため、9 条の改正に反対する者に対して税率を引き上げるという措置が 19 条に違反する、という A 男の主張は認められます。

(4)　黙っていても OK！

3 つ目は、思想・良心の自由は人の内心の告白を強制されない、沈黙の自由をも含むものであるということです。

たとえば、キリスト教信者を見つけるために江戸時代に行われた踏絵のように、国民の信仰を強制的に調査することは、宗教的な考え方という思想・良心を無理矢理表現させることになるので、沈黙の自由の侵害として、19 条に違反することになります。

それでは **Case** の場合はどうでしょうか。

政府は、9 条の改正に反対する者かどうかを確認するために「あなたは 9 条の改正に反対ですか」というアンケートを実施し、回答しない場合には拘禁刑という刑罰を科すことにしています。拘禁刑を受けてはたまりませんから、国民はこ

のアンケートに回答するしかありません。このようなアンケートの実施は、9条の改正に反対するかどうかという思想・良心を強制的に聞きだすものであるため、19条によって保障されている沈黙の自由を侵害しているといえます。

　そのため、このようなアンケートを行うことは19条に違反しているというA男の主張は認められます。

プラスα文献
試験対策講座 8章1節
判例シリーズ 18事件
条文シリーズ 19条
ステップアップ No. 8

1	「良心」とは宗教的良心、「思想」とはそれ以外の人間精神の活動を示すものと、両者は厳格に区別する必要があり、憲法上信教の自由が保障されていることから、本条を定めた法的意味は、「思想」の自由を保障したことにあると解するのが通説である。 （国家総合改題）	× 1【2】
2	憲法19条の「思想及び良心の自由」は、「信教の自由」（20条1項）の保障対象を宗教以外の世俗的な世界観・人生観等にまで拡大したものであるため、信教の自由の場合と同様に、固有の組織と教義体系をもつ思想・世界観のみが保護される。 （行書H21-5）	× 1【2】
3	思想および良心の自由は、絶対的に保障されるものではなく、憲法そのものを否認したり、憲法の根本理念である民主主義を否定するような思想については、それが内心にとどまる場合であっても、制約することが許される。 （特別区R1年）	× 2【1】
4	公立中学校の校長が、同校の生徒について、大学生の政治集会に参加しているなどと記載した内申書を作成提出することは、同記載が生徒の思想、信条そのものを記載したものでなく、同記載に係る外部的行為によっては生徒の思想、信条を了知し得るものではないし、また、生徒の思想、信条自体を高等学校の入学者選抜の資料に供したものと解することはできないから、憲法第19条に違反しない。 （司法2021年）	○ 2【3】
5	思想および良心の自由には、国家権力が人の内心の思想を強制的に告白させ、またはなんらかの手段によってそれを推知することまでは禁止されておらず、内心における思想の告白を強制されないという意味での沈黙の自由は含まれない。 （特別区R1年）	× 2【2】、【4】

第6章

信教の自由——あなたも私も教祖になれる

1 クリスマスも初詣も両方 OK！
―信教の自由―

Case 1 A男は新興宗教 X 教の信者です。A男の息子 B太は、病気にかかり入院していました。その病気は、退院の許可がでないほどの重病でした。ある日 A男は、X 教の教祖 C 男から「息子 B 太を治療するから、私のもとへ連れてくるように」と指示を受け、B 太を C 男のもとに連れて行きました。ところが、C 男による治療は、B太の体に手を当ててエネルギーを送るというまったく治療効果のないものでした。C 男は治療中、このままでは B 太の命が助からないと思いましたが、救急車を呼ぶことなく、あとは X 教の信仰する神様に委ねようと B 太を放置したところ、1 日後に B 太は死んでしまいました。
命を奪うような X 教を A 男は信仰し続けてもよいのでしょうか。

Answer 1 A男は X 教を信仰し続けることができます。

(1) 信教の自由ってなんだろう？

信教の自由 (20条1項前段、2項) は、信仰に関する個人の自由を広く保障しています。具体的には、信仰の自由、宗教的行為の自由、宗教的結社の自由の3つがあげられます。つまり、なんらかの宗教を信じることも、その宗教に基づくなんらかの行動をすることも、同じ宗教を信じる者たちで宗教団体をつくることも、権利として 20 条 1 項前段、2 項で保障さ

① **第20条**
1 信教の自由は、何人に対してもこれを保障する。(省略)
2 何人も、宗教上の行為、祝典、儀式又は行事に参加することを強制されない。

あなたも私も教祖になれる　　47

思想・良心の自由については、第5章 思想・良心の自由を見よう！

れているということです。

(2) 信仰の自由が必要なのはなぜ？

　信仰の自由とは、そもそも宗教を信仰するかしないかを個人が自由に決定でき、宗教を信仰するとした場合にどの宗教を信仰するかを個人が自由に選べる権利をいいます。ですから、**Case 1** でA男が新興宗教のX教を信仰することも、当然にA男の自由なのです。たとえば、X教ではなく、毎月22日にショートケーキを食べると自分の望みが叶うという非現実的な教えのY教を信仰することを選択したとしても、A男の自由ですから問題ありません。

　信仰は、人が心のなかで行う行為です。ですから、信仰の自由は思想・良心の自由と同様に、制約されることは絶対に許されません。したがって、X教を信仰しているA男が、X教を心のなかで信仰しているという理由だけで、たとえば刑罰を科されるなどの不利益を受けたり、ショートケーキを食べるY教を信仰しなさいとだれかに強制されたりすることは、絶対にあってはなりません。

　このような信仰の自由が保障される結果として、自分が何を信仰しているのかを告白しない自由も保障されることになります。したがって、江戸時代にキリスト教徒を摘発するために幕府が行った踏絵は、信仰の告白を強制しているため、信仰の自由を侵害しているといえます。

(3) 宗教的行為の自由ってなんだろう？

　宗教的行為の自由とは、個人が単独で、またはほかの人とともに礼拝や祈とうなどの信仰に関する行為をしたり、宗教上の祝典、儀式や行事に任意で参加したりすることができる自由をいいます。また、無理矢理に宗教的な行為をさせられない自由も含まれます。

(4) 宗教的結社は自由につくれる！

　宗教的結社の自由とは、同じ宗教を信仰し、その宗教の活動をする人たちが集まって団体を結成することができる自由をいいます。たとえば、自分が教祖となって新しい宗教団体を結成することも宗教的結社の自由として保障されます。

　なお、宗教的結社の自由は、20条2項のほかに、21条1項②の結社の自由としても保障されています。

2 信教の自由はどんなときでも 守られるの？

(1) 明治憲法下での信教の自由はどうだったの？

　明治憲法においても信教の自由は保障されていましたが、日本国憲法に比べて弱い保障しかなされていませんでした。それゆえ、明治憲法下では、法律を設けることなく信教の自由を制限することも許されると考えられていました。そして、昭和期の天皇制ファシズム④により国教的地位を与えられていた神道以外の宗教は弾圧されました。

(2) 日本国憲法下での信教の自由をみてみよう！

　このような過去の反省に基づいて制定された日本国憲法のもとでは、信教の自由はどれほど保障され、どれほどの制限を受けているのでしょうか。

（1）宗教的行為の自由の保障と制限がある

　たとえば、人を殺せば殺すほど幸せになれるということを内容とする宗教が存在するとしたらどうでしょう。もちろん、心のなかで信仰すること自体は自由です。しかし、この信仰に基づいて殺人行為を好き勝手に行うことは許されるべきではないということは、いうまでもありません。つまり、宗教的行為の自由も、これまでの人権と同じく他人に迷惑をかける場合には制約されるのです。

②　**第21条**
1　集会、結社及び言論、出版その他一切の表現の自由は、これを保障する。

③　明治憲法は「大日本帝国憲法」の俗称です。1890（明治23）年11月29日に発布され、1947（昭和22）年5月2日まで施行されていました。

④　ファシズムとは、極右の国家主義的、全体主義的な政治形態をいいます。日本においては天皇を中心とするファシズムであったことから、天皇制ファシズムといわれます。天皇制ファシズムは、第1次世界大戦（1914年から1918年まで）の終了したころから、第2次世界大戦終結時（1945年）までとられていました。

あなたも私も教祖になれる　　*49*

たとえば、仏教徒の M が行った宗教的行為が刑法で禁止されている行為にあたる場合に処罰されるとなると、M の宗教的行為の自由は制約を受けていることになります。そこで、その制約が許されるかどうかが問題となります。

⑤ 判例では、宗教的行為の一種として加持祈とうが行われたとしても、その加持祈とうが命を奪うほど危険なものであれば、それは信教の自由の保障の限界を超えるものなので、刑法で処罰されたとしても信教の自由に違反しないとしています。

また、別の判例では、キリスト教の牧師が、警察に追われて逃走していた 2 人の高校生を牧師としての業務である「魂への配慮」をとおして社会に奉仕するという牧会活動の一環

⑥ ということで教会に 1 週間泊まらせましたが、その後、2 人を説得し、警察に任意出頭させた場合に、この牧会活動は

⑦ 犯人蔵匿罪という犯罪行為にあたるとしながらも、このような活動を行うことは信教の自由として憲法上保障され、犯人蔵匿罪は成立しないとしています。

（2）宗教的結社の自由の保障と制限がある

大量殺人を目的として毒ガスのサリンを計画的、組織的に生産した宗教法人に対し、国が宗教法人の解散を命じた事件では、この解散命令が宗教的結社の自由を侵害し違憲かどうかが争われました。

⑧ 判例は、その解散命令は宗教団体や信者の精神的・宗教的側面に口出しをする意図によるものではなく、解散命令によってその宗教や信者たちの宗教上の行為に支障が生じても、それは解散命令に伴う間接的で事実上のものにすぎず、「必要でやむをえない法的規制」であるため、この解散命令は宗教的結社の自由を侵害しないとしました。

つまり、解散命令がだされても、法人格をもたない宗教団体を存続させることや、新たに結成したりすることが妨げられるわけではないので、解散命令の制度は、違憲ではないと

加持祈禱事件
仏教徒 M は、病気の N をよくしようと、N の手足をしばって火をあびせるという危険な手法による加持祈とうをしました。その結果、N は全身に熱傷と皮下出血を負い、これにより二次性ショックと急性心臓マヒを起こし、死亡しました。

牧会活動事件

刑法第 103 条　犯人蔵匿等
罰金以上の刑に当たる罪を犯した者又は拘禁中に逃走した者を蔵匿し、又は隠避させた者は、3 年以下の拘禁刑〔懲役〕又は 30 万円以下の罰金に処する。
2022 年法律第 67 号によって「懲役」は「拘禁刑」と改正され、公布日から 3 年以内に施行。

宗教法人オウム真理教解散命令事件

いうことです。

3 政教分離はなぜ必要なんだろう？

Case 2
D神社では、とある宗教行事が開催されます。D神社のあるE県は、この宗教行事を支援するために、お金を支出し、運営のためのスタッフを派遣しました。E県の住民であるF子は、E県のこのような行為は許されないと考えています。F子の主張は認められるでしょうか。

Answer 2
E県の行為は政教分離に反すると考えられるため、F子の主張は認められます。

(1) 国家と宗教を深く関わり合わせてはダメ！

国が宗教団体に特権を与えたり、政治上の権力を使うことは許されません（20条1項後段）。

また、国が、宗教教育やその他のいかなる宗教的活動をすることや、宗教上の組織や団体に公金を支出することも禁止されています（20条3項、89条前段）。

これらの規定は、国家と宗教とが深く関わり合わないようにするために定められているものです。では、なぜ国家と宗教が深く関わり合うことが禁止されるのでしょうか。政教分離がどんな原則なのかをみていきましょう。

（1）政教分離ってなんだろう？

政教分離とは、国家の非宗教性または宗教的中立性のことをさしています。つまり、国家が特定の宗教と結びついたり、染まったりすることがなく、特定の宗教を優遇することがないように、政治と宗教の結びつきを切ることをいいます。

政教分離を定める目的は、政教分離という制度を通じて信教の自由を保障することにあります。

たとえば、国家とM宗教が結びついて、全国にある国公立

9 特権とは、いっさいの優遇的地位・利益をいいます。特定の宗教団体に特権を与えることが許されないだけでなく、宗教団体すべてに対し他の団体から区別して特権を与えることも禁止されています。

10 宗教教育には、特定の宗教を布教・宣伝する目的で行われる教育だけでなく、宗教一般を宣伝する目的で行われる教育、宗教を排斥するために行われる教育が含まれます。

11 **憲法第20条**
1 信教の自由は、何人に対してもこれを保障する。いかなる宗教団体も、国から特権を受け、又は政治上の権力を行使してはならない。
3 国及びその機関は、宗教教育その他いかなる宗教的活動もしてはならない。

12 **第89条**
公金その他の公の財産は、宗教上の組織若しくは団体の使用、便益若しくは維持のため、又は公の支配に属しない慈善、教育若しくは博愛の事業に対し、これを支出し、又はその利用に供してはならない。

の学校の授業に国語や算数などと並んでM宗教の授業が必修科目となったとしたら、少数派のN宗教を信仰する人たちが、M宗教の教徒から迫害を受けたり、反対に、N宗教がM宗教に攻撃をしたりすることを発端として宗教戦争がもたらされる危険もあります。このような危険を避けるため、憲法で政教分離が定められています。

　実際に、明治政府は「神社は宗教にあらず」として神道を優遇し、キリスト教などは弾圧されてしまいました。それだけではなく、神道は国家主義や軍国主義の精神的な支柱となって、天皇制ファシズムと戦争を正当化させました。

　このような沿革をふまえて、憲法は信教の自由の保障と政教分離原則を宣言しているのです。

（2）政教分離って人権なの？

13　政教分離原則は、人権ではなく制度的保障であると考えられています。つまり、信教の自由を保障するための手段として、政教分離を制度として定めているのです。判例も、政教分離の規定は、信教の自由を直接保障するものではなく、国家と宗教とを分離することを制度というかたちにして保障することによって、間接的に信教の自由の保障を確保しようとするものであるとしています。

⒉　政教分離の限界を考えてみよう！

（1）完全に宗教と国家とを離すことはできるの？

14　政治と宗教を分離するといっても、実際のところ、これらを完全に分けることは不可能に近いといえます。

　たとえば、神社で火事が発生している場合を考えてみましょう。この場合、消防署が神社の消火活動をすることは政教分離に違反するからといって、消防署は火事を黙って見ていることしかできないのでしょうか。そうであればそれは、妥当な結論とはいえないでしょう。このように、ある程度、国家と宗教は関わりをもたざるをえないのです。

制度的保障とは、憲法が、人権を保障するために特定の制度を保障することをいいます。制度的保障のもとでは、法律によっても、その制度の核心や本質的部分を変更することはできません。
たとえば、23条が学問の自由とともに大学の自治を、29条1項が財産権とともに私有財産制を、制度的保障として保障しています。

津地鎮祭事件

そこで、国家と宗教との分離といっても、国家と宗教との関わり合いをいっさい排除する趣旨ではないと考えられています。

（2）どこまでの関わり合いなら許されるの？

それでは、国家と宗教との関わり合いはどの程度まで許され、どの程度の関わり合いになると政教分離原則に違反するのでしょうか。

判例は、市が市の体育館の建設にあたって、神式の地鎮祭という行事を行ったことが政教分離に違反しないかが問題となった事件において、宗教との関わり合いがわが国の社会的・文化的諸条件を考慮すると、信教の自由の確保という制度の根本的な目的との関係で「相当とされる限度を超えるもの」である場合は、その行いは20条3項で禁止される「宗教的活動」にあたるとしています。

そして、「相当とされる限度を超えるもの」であるかどうかは、国の行為の目的が宗教的意義をもち、その行為の効果が宗教に対する援助、助長、促進、または圧迫、干渉等になるかどうかによって判断されます。

この判断基準を、目的効果基準とよびます。

Case 2 では、E県は宗教行事の支援という宗教的意義のある目的で、神道に対し、お金の支出やスタッフの派遣をしています。そのため、E県の行為は政教分離の原則に違反すると考えられます。ですから、F子の主張は認められます。

（3）具体例を見てみよう！

政教分離は国民の信教の自由を保障するための制度なのですから、政教分離原則違反は、国民の側から主張されることがほとんどです。しかし、国家の側から政教分離原則が主張される場合もあります。そのような事例をみてみましょう。

O教を信仰する公立高校の生徒であるPは、信仰上の理由から、剣道実技を実際に行う代わりにレポートの提出をしていました。しかし、学校側から単位を認定してもらえず、単

> **津地鎮祭事件**
> 津市が市体育館の建設にあたって神式の地鎮祭に公金を支出したことが政教分離に違反するかが争われました。最高裁判所は、目的効果基準を用いて、公金支出の目的はもっぱら世俗的なもので、その効果は神道を援助するものではないため、公金支出は「宗教的活動」とはいえず、政教分離に違反しないとしました。

> ほかにも、総合考慮基準といわれる基準があります。それを採用した判例としては、砂川政教分離（空知太神社）訴訟や孔子廟政教分離違反訴訟があげられます。

位数不足を理由に留年し、更に退学処分となりました。そこで、Pが学校に退学処分の取消しを求めたところ、学校側は、レポート提出による単位認定を認めてしまうと、O教を信仰していることを理由にPに対して教育上有利な扱いをすることになり、政教分離に違反すると反論しました。

　レポートを提出するという代替措置をとることは、「相当とされる限度を超える」関わり合いにあたり、政教分離原則に違反するのでしょうか。

剣道実技拒否事件

17　判例は、次のように判断しています。

　まず、実技の代わりにレポートを提出させてその成果に応じた評価をするという代替措置は、O教を優遇する目的ではないので、宗教的意義は認められません。

　そして、このような代替措置は、特定の宗教を援助、助長、促進する効果があるとはいえず、他の宗教または無宗教者に圧迫、干渉を加える効果があるともいえません。

　ですから、学校側がレポート提出による単位認定を認める代替措置をとっても、学校とO教との関わり合いが「相当とされる限度を超えるもの」にはあたらないため、政教分離に違反しません。

　なお、この判例では、代替措置が可能であるのに何ら代替18措置について検討をしないばかりか、生徒が剣道を履修しない理由や生徒のその他全体の成績を考慮せずに生徒を退学にした処分は、校長の裁量権の範囲を超える違法なものであるとして、退学処分を取り消しました。

行政庁の裁量権とは、法律の規定が不明瞭（曖昧）な場合に行政庁が独自に判断することができる権限をいいます。

プラスα文献
試験対策講座 8章2節
判例シリーズ 21事件、23事件、24事件
条文シリーズ 20条、89条
ステップアップ No.9

1	内心における信仰の自由は絶対的に保障されるものであり、たとえ俗悪な邪教であっても、その宗教への信仰それ自体を問題として、国家がその宗教を信仰することを禁止することは許されないと一般的に考えられている。　　　　　　　　　　　　　　　（国ⅡH22年）	◯ 1【2】
2	憲法20条が保障する信教の自由とは内心における信仰の自由および宗教的行為の自由のことであり、特定の宗教を宣伝し、または共同で宗教的行為を行うことを目的とする団体を結成する自由（宗教的結社の自由）は同条から<u>直接導き出せる権利ではないが、同条の精神に照らし、十分尊重しなければならない</u>と一般的に考えられている。　　　　　　　　　　　　　　　　（国ⅡH22年）	✕ 1【4】
3	判例によると、法令に違反して著しく公共の福祉を害すると明らかに認められる行為をした宗教法人について、宗教法人法の規定に基づいて行われた解散命令は、信者の宗教上の行為の継続に支障を生じさせ、<u>実質的に信者の信教の自由を侵害することとなるので、憲法に違反する。</u>　　　　　　　　　　　（特別区H24年）	✕ 2【2】(2)
4	判例は、国家と宗教との完全な分離の実現は不可能に近く、かえって不合理な事態が生じることから、憲法第20条第3項は、<u>国家が宗教的に中立であることを要求するものではなく</u>、国家と宗教との関わり合いがわが国の社会的・文化的諸条件に照らして、信教の自由の確保という同項の根本目的との関係で相当な限度を超えると認められる場合にこれを許さないとする趣旨であると考えるべきとする。　　　　　　　　　　　　　　　　　（国ⅠH22年）	✕ 3【1】(1)
5	判例によると、公立学校において、信仰する宗教の教義に基づいて必修科目である剣道実技の履修を拒否する生徒に対し、他の体育実技の履修、レポート提出等の代替措置を課したうえで、その成果に応じた評価を行い単位の認定をすることは、<u>特定の宗教を援助・助長・促進する効果を有するものであり、憲法第20条第3項に違反する。</u>　　　　　　　　　　　　　　　（地方上級H22年）	✕ 3【2】(3)

第7章

学問の自由——アイドル研究も立派な学問

……ここは**基本**！
君なら**できる**！
……できたら**スゴイ**！

> **第23条**
> 学問の自由は、これを保障する。

1 アイドル研究を例に、3つの学問の自由

学問の自由（23条）には、学問研究の自由、研究発表の自由、学問研究の成果に基づいて教育を行う教授の自由の3つが含まれます。たとえば、芸能人アイドルを研究することも立派な学問として学問研究の自由として保障されます。学問研究は、法律や政治など、かしこまったものである必要はないのです。また、アイドル研究の結果を学会などで発表することは、研究発表の自由として保障されますし、アイドル研究の結果を学生などに講義をすることは教授の自由として保障されます。

2 学問の自由の弾圧の歴史を知っておこう

> **滝川事件**
> 京都大学の滝川幸辰教授の刑法学説が、当時の政府からすると不都合だったため、滝川教授に休職を命じたことに対して、京都大学の教授団が職を辞して抗議した事件です。

> **天皇機関説事件**
> 美濃部達吉教授が、天皇を国家の最高機関と位置づける説を発表したところ、当時の政府からすると不都合だったため、美濃部教授の著書を発売禁止にして、すべての公職から追放した事件です。

日本国憲法は学問の自由を23条で保障していますが、明治憲法には学問の自由を保障する規定はありませんでした。諸外国の憲法でも学問の自由を他の人権と独立に保障している国は意外に少なく、イタリア、ドイツ、韓国の憲法にみられる程度です。

日本では明治憲法の時代に、滝川事件や、天皇機関説事件のように、学問が国家の介入によって侵害された苦い経験があります。そのため、学問研究については、思想・良心の自由（19条）で保障されるにもかかわらず、日本国憲法においては特に明文で保障されることになったのです。

思想・良心の自由(19条)

学問研究の自由(23条)

3 バイオハザードやクローン人間の 研究も学問なの？ ―学問の自由の限界―

Case 20XX 年、富士山に隕石が落下したため、ただちに、隕石に付着した未知の細菌が宇宙生物学に詳しい A 大学に送付され、研究が開始されました。研究結果の中間公式発表を知った日本政府は、未知の細菌が核兵器に匹敵するほどの脅威となる可能性があることから、未知の細菌の廃棄処分を要請しました。しかし、A 大学は、学問の自由の侵害だと主張して、この要請に応じませんでした。A 大学の主張は認められるでしょうか。

Answer 核兵器に匹敵するということは、人々の生命・身体、環境に対して取り返しのつかない損害をもたらしかねないため、A 大学の主張が認められる可能性は低いと考えられます。

(1) 最先端科学技術の研究はどこまで許されるの？

学問研究の自由に、政府などの公権力が介入することは許されません。しかし、現在の科学技術は、日進月歩で進歩しており、原子力や遺伝子組換えなどの最先端科学技術はバイオハザード（遺伝子組換え等での突然変異から生まれた病原体の感染によって引き起こされる人間の大量死や生態系の破壊）の危険性を伴うため、人類や地球環境に対しての危険性が無視できないほ

《復習 Word》
公権力とは、国や地方公共団体が、国民に対してもっている権力をいいます。行政権などが公権力の典型例です。

どに高くなっています。また、人クローン技術のような医療技術については、倫理的にこのようなことが許されるのかについて、大きな問題があります。このように学問研究が、分野によっては、人間の生存を脅かす、または、人間の尊厳を根底から揺るがす程度まで危険性が高まってしまった結果、学問研究の自由を無制約に認めることはできなくなってしまったのです。**Case** は、人間の生存を脅かすおそれがあることを理由に、学問研究の自由が制約される場面といえます。

(2) 学問研究の自由を制約するルールの決め方は？

　学問研究の自由を制約するとして、その方法が問題となります。研究者に自主的にルールを設定してもらうか、それとも法律によって制約するかです。

　学問研究の自由の保障という観点からは、研究者たちに自主的にルールを決めてもらうことが一番です。しかし、真理を探究したいと願う研究者には、自分の限界を設定することに、大きな抵抗感があるでしょう。また、法律でルールを設定してしまったほうが、研究をどこまで行っていいかが明らかになり、かえって研究が促進されるという効果も期待できます。そこで、最近は、法律によって必要最小限度の制約を課すことは、学問研究の自由を保障した 23 条に違反しないという考え方が有力となってきています。

　そして、人クローン技術に関しては、「ヒトに関するクローン技術等の規制に関する法律」が 2000 年に制定されています。

4 大学は特別なの？─大学の自治─

(1) 学問研究と大学は密接！

　大学は、小学校・中学校・高校と異なり、大学の自治が憲法上保障されている特別な存在です。憲法には、大学の自治

という条文はありません。しかし、学問研究が主に大学で行われることから、学問の自由と大学の自治が切り離せない関係にあるとして、23条で保障されると考えられているのです。

(2) 大学の自治ってなんだろう？

23条で保障されると考えられている大学の自治には、具体的に、①教員の人事における自治、②学生の管理における自治、③施設の管理における自治が含まれます。①は、たとえば、大学の学長を決める際に、大学が自主的にルールを決めることをいいます。②は、たとえば、どのような場合に学生の休学を認めるか等について、大学が自主的にルールを決めることをいいます。③は、たとえば、学生が大学の教室をサークル活動で使用できる場合について、大学が自主的にルールを決めることをいいます。

(3) 大学の自治の担い手はだれなの？

大学では多くの学生が日々講義を受けるなどして勉強をしています。そして、多くの人は大学で勉強するために、高い授業料を払うことになります。しかし、**学生は大学の自治の担い手ではないのです**。大学の自治の担い手であるということは、担い手となった人や組織に**(2)**でみた①②③が23条で保障されることを意味します。判例は、大学教授に学問の自由と施設管理の自治が認められ、大学の施設が教授等によって自治的に管理される結果として、学生も学問の自由と施設を利用するという自由が認められるにすぎないとして、学生は大学の自治の担い手ではないとしています。

(4) 大学に警察官が立ち入ると……

(1) パトロールの問題点

大学の自治で特に問題となるのは、③の施設の管理における自治と警察官の構内への立ち入りです。大学構内も治外法

4 | **東大ポポロ事件**

5 | 治外法権とは、一般的には、国際法上、特定の外国人（外国の元首など）が現に滞在する国の法律、特に裁判権に従わない権利のことをいいますが、ここでの**治外法権**とは、大学構内で犯罪行為が行われても、日本の裁判所では裁判ができないという意味で使われています。

アイドル研究も立派な学問　　59

権の場ではないので、犯罪捜査のために正規の令状を持っていれば大学構内に立ち入ることは認められます。問題は、犯罪捜査のためではなく、パトロールのために大学構内に立ち入ることです。

　たしかに、警察官が大学構内にいたほうが、安心できるかもしれません。しかし、大学構内に警察官がいると、それだけで、学問研究者からすると警察官に見張られていると感じ、研究活動等を続けることで将来何か不利益を負うことになるのではないかと不安を覚えることとなります。その結果、みずから研究を自粛してしまう可能性があります。そうすると、学問研究を自由に行えていないことになりますから、学問の自由が侵害される状況が生じているといえることになるのです。

（2）無許可パトロールの実例

　一般に、パトロールのために警察官が大学の承諾なしに構内に立ち入ることは、大学の自治を侵害するものとして許されないと考えられています。しかし、パトロールによる無許可の立ち入りが問題となった事件において判例は、情報収集・調査の対象となった学生団体の演劇が学問的活動ではなく政治的社会的活動といえることを理由に、その演劇は大学の自治による保障を受けられないとして、私服警察官の無許可立ち入りは違法行為ではないとしました。

東大ポポロ事件 ⑥

プラスα文献
試験対策講座 8 章 3 節
判例シリーズ 47 事件
条文シリーズ 23 条
ステップアップ No. 10

1	学問の自由は、真理の発見や探求を目的とする内面的精神活動の自由たる性格を有し、明治憲法においてもいちおうは学問の自由を保障する明文の規定が設けられていたが、ある学説を主張する学者の著書が国の安寧秩序を害するものとして発売禁止の処分を受け、その学説を大学で教えることが禁止されたりするなど、政府により学問の統制が厳しく行われていた。 (国ⅡH19年)	× 2
2	先端科学技術をめぐる研究は、その特性上一定の制約に服する場合もあるが、学問の自由の一環である点に留意して、日本では罰則によって特定の種類の研究活動を規制することまではしていない。 (行書H30-4)	× 3【1】、【2】
3	判例の趣旨に照らすと、大学の自治は、特に大学の教授その他の研究者の人事に関して認められ、大学の自主的判断に基づいて教授その他の研究者が選任される。 (行書H21-6)	○ 4【2】
4	判例の趣旨に照らすと、大学の自治は、その施設と学生の管理についてもある程度で保障され、大学に自主的な秩序維持の権能が認められている。 (行書H21-6)	○ 4【2】
5	判例によれば、大学の学生が学問の自由を享有し、また大学当局の自治的管理による施設を利用できるのは、大学の本質に基づき、大学の教授その他の研究者の有する特別な学問の自由と自治の効果としてである。 (行書H30-4)	○ 4【3】
6	大学における学生の集会は、大学の自治の一環として認められるものであるから、大学が許可した学内集会であるならば、当該集会が真に学問的な研究またはその結果の発表のためのものでなく、実社会の政治的社会的活動にあたる行動をする場合であっても、大学の有する学問の自由と自治とを享有するとするのが判例である。 (国ⅡH19年)	× 4【4】(2)

表現の自由の意味・内容
——twitter で政府の批判はつぶやけない？

キ……ここは基本！
スデ・君ならできる！
☆……できたらスゴイ！

1 表現するだけではない表現の自由

(1) 表現の自由にはどんな価値があるんだろう？

Case 1 A子は、少子化が深刻な現在、女性の社会進出を妨げるべきであるという自分の考えを本にまとめ、これを出版しました。このような行為も、憲法上保障されているのでしょうか。

Answer 1 表現の自由として保障されています。

第 21 条
1 集会、結社及び言論、出版その他一切の表現の自由は、これを保障する。

1　表現の自由 (21条1項) とは、自分の言いたいことや思うことを自分の思う方法で表明する自由をいいます。少し難しくいうと、人の内心における精神作用を、どのような方法であるかを問わず、外部に公表する精神活動の自由をいいます。具体的には、自分の好きな歌手について友達に話したり、twitter などインターネット上のサービスを利用して政府を批判するようなつぶやきをしたりすることや、**Case 1** のように本を書いて出版したりすることなどがあげられます。

　表現の自由には、次の2つの価値があるため、これまで学習してきた人権 (精神的自由) のなかでも特に重要な権利だと考えられています。

　1つは、言論活動を通じて自己の人格を発展させるという個人的な価値 (自己実現の価値) です。私たちは、他者とのコミュニケーションを通じて自分自身や自己を取り巻く環境についての理解を深めていきます。その過程のなかで自己の人格をつくっていき、自己の考えていることを実現していこうとします。表現行為は、このような自己実現をしていくため

の重要な手段ですから、自己実現には表現の自由が欠かせないのです。

　もう1つは、自己統治の価値というものです。日本は民主主義の国です。民主主義とは、国民が自分の考えていることを発表し、それに対して批判をし、それを受けてまた発表し、よりよい政治、よりよい社会にしていこうという考え方です。このような民主主義が発展するためには、国民が表現行為によっていろいろな政治的な議論を積み重ねることが必要です。そのためには、表現の自由が保障されていることがどうしても必要なのです。このように、国民が自分の考えていることを発表することができ、それを政治に反映させて、政治が発展していく、民主主義が発展していく、これを自己統治の価値といいます。

　このように、自己実現の価値と自己統治の価値があることから、表現の自由は特に重要な人権だと考えられています。

(2)　知る権利ってなんだろう？

Case 2　20XX 年に、ささいなことであっても芋づる式に情報が流れることをおそれた政府は、機密漏えいを防止することを目的として、国が関わる事業についてすべての情報を保護し、これを漏らした者には1億円の罰金に処すという法律が制定されました。この法律は合憲といえるでしょうか。

Answer 2　この法律は、国民の知る権利を損なうといえるため、合憲とはいえません。

（1）知る権利ってどんな権利？

　知る権利とは、国民が自由に情報を受け取り、または、国家に対して情報の公開を請求する権利をいいます。

（2）どうして知る権利が必要なの？

　表現の自由は、本来、自分の言いたいことや思うことを自分の思う方法で表明するという、表現の送り手側の自由のこ

とです。これを具体的に表現する仕方には、個人が話す、書く、印刷物による思想や情報を発信していくというような意思の伝達方法が想定されてきました。

　しかし、20世紀になると、社会的に大きな影響力をもつテレビやラジオ、新聞というマス・メディアが発達し、それらのマス・メディアから大量の情報が一方的に流され、私たち国民は、その情報を受け取るだけという状態ができてきました。しかも、社会生活において情報がもつ意義も飛躍的に大きくなり、国民が自由に情報を入手できることが重要になっています。そこで、表現の受け手となった国民が、自己実現や自己統治に欠かせない情報を入手するために、表現の送り手の自由だけでなく、表現の受け手の自由（聞く自由、読む自由、見る自由）を、知る権利として保障することが必要になってきました。今日では、知る権利も、21条1項に根拠をおく憲法上の人権であるとされています。

　Case 2で制定された法律は、国が関わるすべての事業の情報を、国民がいっさい知ることができないのですから、情報を知る権利が不当に損なわれているといえます。したがって、この法律は合憲とはいえません。

(3)　アクセス権（反論権）ってどんな権利？

Case 3　B政党は、C新聞社の発行する日刊新聞紙に、D政党を批判する内容の意見広告を掲載②しました。これに対し、D政党が、C新聞社に反論文の無料掲載を求めました。このようなD政党の要求は、憲法上保障されているのでしょうか。

Answer 3　保障されていません。

②意見広告というのは、個人や団体が、政治的、経済的、社会的、国際的な問題について、自分の意見を表明し、理解や賛同を得るために行う広告のことです。

　アクセス権とは、情報の受け手である国民が、情報の送り手であるマス・メディアに対して、自己の意見の発表の場を提供することを要求する権利をいいます。そのため、**Case 3**

でのD政党の要求は、このアクセス権にあたります。そして、これを人権として認めてしまうと、マス・メディアに対して反論文の掲載を強制することになり、これを避けようとしてマス・メディアはだれかから反論されるような報道をしなくなってしまうおそれがあります。そうすると、国民はマス・メディアからの情報を受け取ることができなくなり、かえって国民の知る権利が損なわれるおそれがあります。判例も、新聞に反論文を載せることを請求することができるかどうかが問題となった事件で、21条のみを根拠として反論文の掲載の請求をすることは認められないとしています。

3　サンケイ新聞意見広告事件

2 あれも表現、これも表現

(1) 表現者といえばやっぱりマスコミ

8-1●

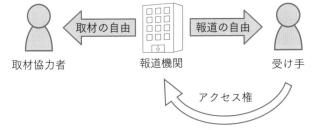

■報道の自由と取材の自由の関係図■

取材協力者　←取材の自由　報道機関　報道の自由→　受け手

アクセス権

（1）報道の自由ってなぜ必要なの？

Case 4　Eテレビ局は、暴力団が資金集めのために違法なカジノを経営しているという事実を、特集として報道しました。このように、単なる事実を報道する行為は、憲法上保障されているのでしょうか。

Answer 4　報道の自由として、21条で保障されています。

報道の自由とは、報道機関が、国民に事実を伝達する自由をいいます。

博多駅テレビフィルム提出命令事件

④　判例は、報道機関の報道は、国民の知る権利に奉仕するものであり、事実の報道の自由は表現の自由を規定した21条の保障のもとにあるとしています。

　言い換えると、報道機関の報道が国家権力による干渉や統制を受けることなく自由に行われることによって、私たちは必要な情報を手に入れることができます。ですから、報道の自由は、知る権利のために必要なものであり、21条で保障された人権といえるのです。

　Case 4 でも、Eテレビ局が暴力団のカジノ経営を報道する行為は、報道の自由として、21条で保障されます。

（2）取材の自由ってなぜ必要なの？

> **Case 5**　Eテレビ局は、**Case 4** の報道をするため、暴力団員Fに対してそれが事実なのかどうかを取材しました。このような取材行為も、憲法上保障されているでしょうか。

Answer 5　判例は、このような取材行為が憲法上保障されるとははっきり示していませんが、十分尊重に値するとしています。

なお、判例とは異なる意見もあります。

（a）取材の自由は21条で保障されるの？

博多駅テレビフィルム提出命令事件

⑤　取材とは、報道に欠かせない前提となる情報を収集する活動の一種です。判例は、報道機関の報道が正しい内容であるためには、報道のための取材の自由も、21条の精神からして十分尊重に値するとしています。

（b）裁判では取材源を明かさなければいけないの？

　新聞記者など取材をする人には、だれから情報を得たかという、いわゆる取材源を明かさない権利（取材源の秘匿権）があるのでしょうか。

　新聞記者が刑事事件で取材源について証言を拒否する権利

があるかどうかが争われた事件において、判例は、そのような権利を認めるか認めないかは、別の法律を制定すべきかどうかという政策上の問題であって、現在の法律には書かれていないので認められないとしています。

6　石井記者事件

（c）取材によって得た情報を裁判では提出しなければいけないの？

　報道機関は、取材活動によって得た情報（取材メモ、フィルム）を、裁判の証拠として必要とされたときに、提出しなければいけないのでしょうか。

　判例は、公正な刑事裁判の実現を保障するために、報道機関の取材活動によって得られたものが、証拠として必要と認められるような場合には、取材の自由がある程度の制約を被ることになってもやむをえないとしています。したがって、報道機関は、このように必要がある場合には情報を提出しなければなりません。

7　博多駅テレビフィルム提出命令事件

（3）筆記行為の自由ってなぜ必要なの？

Case 6　司法試験受験生であるG子は、勉強仲間のH男を誘って、法律の勉強のため裁判傍聴に行きました。法廷内で、G子が裁判内容をメモしていると、H男が、「裁判の内容をメモして、裁判官に怒られないかな」と不安そうに言いました。G子の、裁判を傍聴する際にメモを取る行為は、認められるのでしょうか。

Answer 6　G子が裁判の法廷においてメモを取ることは、人権として保障されるわけではありませんが、21条1項の精神からして尊重されるべきとされていて、認められます。

　裁判の法廷において傍聴人がメモを取ることについて、判例は、21条1項の規定の精神からして尊重されるべきであり、特別の事情がないかぎり傍聴人の自由に任せるべきだとしています。そもそも、表現行為をするには、情報を得ることが欠かせません。そして、表現は、憲法上重要な価値があるものとして保障されているため、表現をするためにメモ

8　レペタ事件

を取る行為も、21条1項で保障されている表現の自由の精神
からして尊重されるのです。

　判例は、この行為自体を尊重はしつつも、はっきりと人権
とまでは言っていない点に注意しておきましょう。

　Case 6 の答えは、G子が裁判傍聴する際にメモを取ること
は、21条1項の精神からして尊重され、G子の行為は認めら
れます。

(2)　どんな表現行為も自由なの？

| **Case 7** | ①書籍Ⅰは、全体として露骨な性表現を含んでいました。 |

②雑誌Jは、そのような事実がないにもかかわらず調査も
　しないまま、会社の経営者K子が、会計をごまかしてい
　るインチキ経営者であると批判した記事を掲載しまし
　た。

③雑誌Lは、大企業の社長であるM男が妻子のある身で
　ありながら、人目を盗んでN子の家に通いつめていると
　いう私生活を暴露した記事を掲載しました。

これらの表現も、はたして表現の自由として憲法上保障さ
れるのでしょうか。

| **Answer 7** | ①の書籍Ⅰは表現の自由として保障されない |

可能性が高く、②の雑誌Jの掲載記事は、表現
の自由として保障されますが、K子の名誉権が優先します。
③の雑誌Lは、表現の自由として保障されますが、M男の
プライバシー権が優先します。

（1）価値の低そうな表現を保障する必要ってあるの？

　露骨なわいせつ表現や「インチキ経営者」などの名誉毀損
的な表現は、社会的にみて他に悪い影響を与えるものであり、
表現内容の価値が低いといわれることがあります。

　また、これらの表現は、わいせつ文書頒布・販売等罪（刑法
175条）や名誉毀損罪（刑法230条）により処罰される可能性が

あるものです。

しかし、価値の高い・低いはそれぞれ個人の価値観に基づいて決まるものであるため、性表現や名誉毀損的な表現であっても価値が低いと決めつけることはしないで、これらの表現も表現の自由に含まれるとしたうえで、最大限保護の及ぶ表現の範囲をはっきり定めていくべきとされています。

さらに、これらのような表現にあたらなくとも、他者のプライバシーを侵害する表現の場合は、表現の自由とプライバシーの対立が問題となります。

（2）わいせつな表現も保障されるの？

わいせつ表現であっても、『チャタレー夫人の恋人』(D. H. ロレンス) のように芸術的な表現であることもありえ、これらはお互いに両立するものといえます。そして、個々の文章は、全体において意味をもち、文書の一部として一部分だけ抜きだすと単なるわいせつ表現であったとしても、全体としてみると芸術的な文章で、そのわいせつ性が解消されることもありえます。そのため、わいせつ表現にあたるかどうかは、文書全体との関連から判断すべきであるとされています。

Case 7①では、書籍Ⅰには全体として露骨な性表現が含まれているため、文書全体としてみてわいせつである可能性が高いです。ですから、書籍Ⅰの露骨な性表現は、憲法上保障されません。

（3）名誉毀損的表現と名誉権ってどんな関係なの？

名誉毀損的表現も表現の自由として保障されます。しかし、名誉権は、第3章で学習したように、人格権のひとつとして憲法13条後段によって保障されています。そこで、表現の自由の保護と名誉権の保護との調整が必要になりますが、名誉を毀損するような表現行為であっても、刑法230条の2に定められた要件をみたすときには表現行為が優先します。

Case 7②では、K子が会社の会計をごまかしていたという事実はないため、J誌の記事は「真実である」という刑法230

名誉権については、第3章 生命・自由・幸福追求権の2(2)を見よう！

刑法第230条の2 公共の利害に関する場合の特例

1 前条第1項の行為が公共の利害に関する事実に係り、かつ、その目的が専ら公益を図ることにあったと認める場合には、事実の真否を判断し、真実であることの証明があったときは、これを罰しない。

2 前項の規定の適用については、公訴が提起されるに至っていない人の犯罪行為に関する事実は、公共の利害に関する事実とみなす。

3 前条第1項の行為が公務員又は公選による公務員の候補者に関する事実に係る場合には、事実の真否を判断し、真実であることの証明があったときは、これを罰しない。

条の２の要件をみたしません。そのため、K子の名誉権が優先します。

（４）表現の自由とプライバシーってどんな関係なの？

　表現の自由は、プライバシー権と対立することがままあります。**Case 7**③の事例は、まさに雑誌Lの記事の作製者の表現の自由と大企業の社長であるM男のプライバシーが対立しているものといえます。

　表現の自由もプライバシーの権利もともに重要な権利ですから簡単に優劣はつけられないため、具体的な事情を考慮してどちらを重視すべきかを判断すべきです。ただし、公表された内容が真実であればあるほど被害者の損害は大きくなることから、名誉毀損の場合とは異なり、真実であることが証明されても免責されることはありません。

　そして、プライバシーの侵害が認められるためには、ⅰ私生活上の事実または事実らしく受け取られるおそれがあり、ⅱ一般人の感受性を基準として私人の立場に立った場合に公開してほしくないだろうと認められ、ⅲ一般の人々にいまだ知られていない事柄であることが必要であるとした裁判例があり、これが一般的にも支持されています。簡単にいうと、私生活の事実または事実のように受け取られるおそれがあり、一般の人は、それを知られたくないと思うもので、いまだ一般の人々に知られていない事柄について、表現して一般の人々に知らしめることは、プライバシーの侵害にあたり、表現の自由よりもプライバシー権の保護が優先されることになるのです。

「宴のあと」事件　10

　Case 7③で、雑誌でM男の私生活を暴露することはプライバシーの侵害といえるでしょうか。まず、M男が妻子のある身でN子の家に通いつめていたことは私生活上の事実なので、ⅰの要件をみたします。次に、M男の立場に立った場合、普通は自己の不倫が公開されることを望まないと考えられるため、ⅱの要件もみたします。そして、M男は人目を盗

んでN子に会っていたため、この事実は一般の人々にいまだ知られていない事柄であったといえ、iiiの要件もみたします。ですから、M男の私生活の暴露は、プライバシーの侵害にあたります。そのため、表現の自由よりもE男のプライバシー権が優先されることになります。

(3) 商業広告の表現はどこまで自由なの？
―営利的言論の自由―

Case 8 | あるチョコレート製造会社が、「とっても美味しいチョコレート！」という表現を、自社の製品のパッケージに表示しました。このような営業目的の表現は、憲法上保障されるのでしょうか。

Answer 8 保障されます。

営利的言論とは、一般には、利益目的または事業目的で製品またはサービスを広告することをいいます。

商業広告のような営利的言論は、従来は経済的自由の問題であると考えられてきました。しかし、国民が消費者として、広告を通じてさまざまな情報を受け取ることの重要性から、現在では表現の自由に含まれると考えられています。

1で学習したように、表現の自由が特に重要な人権だと考えられている理由のひとつに、自己統治の価値がありました。ところが、営利的言論は、民主主義とは直接関係しませんから、自己統治の価値は薄いといえます。そのため、営利的言論の自由の保障の程度は、非営利的（政治的）な言論の自由よりも低いと考えられます。

Case 8では、チョコレート製造会社はチョコレートを多く売るために「とっても美味しいチョコレート！」という表現を用いており、これは営利的言論です。そして、営利的言論の自由は表現の自由で保障されるため、この表現は憲法上保障されるといえます。

(4) 選挙運動での表現はどこまで自由なの？

Case 9 ｜ O 子は、衆議院議員選挙に立候補し、①選挙活動として駅前での演説および②有権者のお宅への訪問（いわゆる戸別訪問）を行いました。これらの行為は憲法上保障されているのでしょうか。

Answer 9 ①も②も選挙運動の自由として憲法上保障されています。しかし、公職選挙法によって規制されており、その規制は合憲と考えられています。

　選挙運動の自由は、21 条 1 項の表現の自由として保障されます。選挙を通じて国民の代表者を選ぶという、選挙本来の意義を発揮するには、有権者が必要かつ十分な判断材料に接することが必要であり、そのためには、その材料を提供する選挙運動の自由が必要であり欠かせないからです。

　ただ、選挙運動がまったく自由に行われると、候補者が選挙に勝ちたいばかりにあの手この手の活動をし、選挙の公正自体が揺るぎかねません。そこで、公職選挙法は、選挙運動の時・主体・方法等について規制しています。

　具体的に問題になるのは、**Case 9** の選挙活動②（戸別訪問）を禁止している公職選挙法の規定が合憲かという点です。こ

戸別訪問禁止規定事件 　11　れについて判例は、戸別訪問は、①外部から見えないので、買収や利益誘導の危険性があること、②政策に関係なく、あの人はわが家にまで訪ねてきてなんとなく感じがよいから、といった感情による投票の左右が生じかねないこと、③突然訪問されることで有権者の迷惑になりかねないこと、などの理由から、禁止は合憲であるとしています。

プラスα文献
試験対策講座 9 章 1 節、2 節、3 節②【4】
判例シリーズ 32 事件、37 事件、38 事件、40 事件
条文シリーズ 21 条
ステップアップ No. 11

1	政党間の批判・論評は、表現の自由において特に保障されるべき性質のものであることから、政党は、自己に対する批判的な記事が他の政党の意見広告として新聞に掲載されたという理由のみをもって、具体的な成文法がなくとも、その記事への反論文を掲載することを当該新聞を発行・販売する者に対して求める権利が憲法上認められるとするのが判例である。　　　　　　　　　　（国専門 R1 年）	× 1【3】
2	報道機関の報道は、民主主義社会において、国民が国政に関与するにつき、重要な判断の資料を提供し、国民の「知る権利」に奉仕するものであるから、思想の表明の自由とならんで、事実の報道の自由は、表現の自由を規定した憲法第 21 条の保障のもとにあることはいうまでもなく、また、このような報道機関の報道が正しい内容をもつためには、報道の自由とともに、報道のための取材の自由も、憲法第 21 条の精神に照らし、十分尊重に値するものといわなければならないとするのが判例である。　　　　　　　（国専門 R1 年）	○ 2【1】(1)、 (2) (a)
3	憲法は、表現の自由を保障するため、新聞記者に対し、その取材源に関する証言を拒絶し得る特別の権利を保障したものと解することができるので、新聞記者の証言が、公共の福祉のため最も重大な司法権の公正な発動につき必要欠くべからざるものであっても、新聞記者は、取材源の秘匿を理由に、証言を拒絶できる。 　　　　　　　　　　　　　　　　　　　（特別区 H24 年）	× 2【1】(2) (b)
4	判例は、法廷で傍聴人がメモをとる事の自由は、憲法が直接保障する表現の自由そのものにあたるため、いかなる場合であっても妨げられないものとした。　　　　　　　　　　　　（特別区 H22 年）	× 2【1】(3)
5	私生活上の事実が本人の意に反して公表され、プライバシーが侵害された場合も、名誉毀損の場合と同様に、公表された事実が真実であることの証明がされれば免責される。　　　　　　（国Ⅰ H20 年）	× 2【2】(4)

Topics

ヘイトスピーチも表現の自由があるから許される?!

　ヘイトスピーチとは、人種等が異なる少数派の集団に対して、敵意・憎悪などを表す表現をいいます。ヘイトスピーチの例としては、京都朝鮮第一初級学校に対して行われた「朝鮮学校を日本から叩き出せ」「犯罪者に教育された子どもたち」といったものがあります。これを聞き、泣き始める子どもや、もう学校に行きたくないと訴える子どももいました。ヘイトスピーチは、要するに理由のない悪口です。このような表現が、他人の名誉を傷つけたといえる場合には民法 723 条や刑法 230 条 1 項が適用されます。では、他人の名誉を傷つけたとはいえないものの、なおもこれをヘイトスピーチとして法律で禁止することは許されるでしょうか。憲法的に考えてみましょう。

　憲法 21 条 1 項は表現の自由を保障しています。そして、ヘイトスピーチも表現行為のひとつですから、それを行う自由は、21 条 1 項により保障されます。では、この自由を法律で規制することは許されるのでしょうか。

　表現の自由の規制について、**思想の自由市場論**という考え方があります。思想の自由市場論とは、どのような思想であれ、いったんは世の中にだし、自由に競争させるべきだという考え方です。思想の自由市場のもとでは、誤った思想は、法律ではなく表現で対抗し、生き残りを決めるべきだということになります（対抗言論の原則）。ですから、ヘイトスピーチも法律ではなくほかの表現で対抗すべきということになります。このように考えると、法律によるヘイトスピーチの禁止は許されないということになるでしょう。

　これに対し、そもそも、思想の自由市場論は、表現をもって対抗できることを前提としますが、ヘイトスピーチは人間の本質に根づいている特殊な言論であって、対抗言論には決着をつけるまでの力はないと考えることもできます。こう考えると、法律によるヘイトスピーチの禁止は許されるということになるでしょう。

　つまり、憲法的には、ヘイトスピーチを法律で禁止することは許されるとも、許されないとも考えることができます。あなたはどう思いますか。あなた自身の経験や信念に照らして考えてみてください。

表現の自由の限界
——ポストに届いた黒塗りの新聞

1 自由は大きく分けて2種類ある！

Case 1 法律 i は、「政党 a を批判する内容の記事を掲載してはならない」と定めています。法律 ii は、日本人の主食である米を安定した量で国民に販売し、かつ、米作農家を保護するために、各店舗においてパンの販売は1日に X 個にかぎると定めています。法律 i 、ii の合憲性は、同じように判断されるのでしょうか。

Answer 1 法律 i 、ii の合憲性の判断は、異なる審査基準により判断されます。

(1) 2種類のモノサシ—二重の基準の理論—

　表現の自由をはじめとする精神的自由を制限する法律が合憲であるか違憲であるかを判断するためには、職業選択の自由をはじめとする経済的自由を制限する法律の場合に比べて、厳しい審査基準が使われます。

　なぜこのように考えられているのでしょうか。

(1) どうして異なる2つの審査基準を使うの？

　まず、今日の日本において、国の政治のあり方を最終的に決定することができるのは国民であり（国民主権）、国民は選挙権を行使して国民の代表者を選ぶ代表民主制がとられています。このような政治体制が機能するためには、主権者である国民に対して、みずからの考えを表現する機会が守られている必要があります。また、国民が選挙権を行使するために必要な情報を十分に得られることも必要です。そのため、第8章 表現の自由の意味・内容の1(1)で学習したように、

経済的自由については、第10章 経済的自由で詳しく学習します。

1　行使とは、権利や権力、武力などを実際に用いることをいいます。

表現の自由は自己実現の価値と自己統治の価値をもつ重要な人権と考えられています。このように、表現の自由が含まれている精神的自由は、民主的な政治の過程を実行するための権利であるといえます。そうだとすれば、精神的自由を制限することは、民主的な政治の過程自体を侵すおそれがあるのです。

民主的な政治過程が正しく機能している場合には、国民の代表である国会が適切でない法律を正してくれますが、精神的自由が侵され、民主的な政治過程が侵されると、これができなくなります。このような状態になると、精神的自由を回復することは難しくなります。そのために、裁判所は、精神的自由を制限する法律が違憲であるかどうかを厳しく審査し、民主的な政治過程を実行することが必要なのです。

次に、裁判所の審査能力との関係です。

経済的自由を制限する法律は、社会・経済政策の問題と関係することが多く、政治や経済を専門としていない裁判所では、その政策が妥当であるかどうかについて審査する能力が十分にないといえます。そのため、裁判所としては、明らかに違憲と認められないかぎり、国会の判断を尊重するほうが望ましいといえます。これに対し、精神的自由を制限する法律の場合は、裁判所にも十分な審査能力があります。

（2）二重の基準の理論って何？

このような理由から、精神的自由を制限する法律の合憲性は、経済的自由を制限する法律よりも、厳しい違憲審査基準によって審査されるべきであると考えられています。この考え方を二重の基準の理論とよびます。つまり、二重の基準とは、違憲かどうか判断する審査において、厳しい基準とゆるやかな基準という2つのモノサシがあることをいいます。

精神的自由を制限する法律の合憲性を、経済的自由を制限する法律に比べて厳格に審査するということは、精神的自由を制限する法律のほうが経済的自由の場合に比べて違憲と判

二重の基準の理論のもとで、精神的自由を制限する法律の合憲性が、経済的自由を制限する法律に比べて、厳しく審査されるというのは、たとえると、次頁の図のように、法律の合憲性がより多くの裁判官によって緻密に審査されるというイメージです。

断されやすいということを意味します。

9-1

■二重の基準の理論のイメージ■

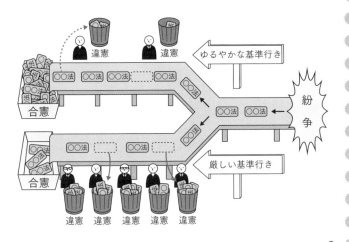

(2) Case 1 の場合はそれぞれどのように判断されるの？

(1) 法律 i の合憲性の判断はどうなるの？

　二重の基準の理論からすると、表現の自由などの精神的自由を制約する法律の合憲性については、裁判所が積極的に介入し、厳しい審査基準のもとで審査することになります。**Case 1** の法律 i は、まさに表現の自由を規制するものなので、厳しい審査基準のもとで審査することになります。

(2) 法律 ii の合憲性の判断はどうなるの？

　職業選択の自由などの経済的自由を規制する法律の合憲性については、精神的自由とは異なり、民主的な政治の過程での回復が可能であるうえに、判断する際には専門的な知識も必要となるため、裁判所が積極的に介入するというよりは、国会の判断を尊重していくべきことになると説明しました。**Case 1** の法律 ii は、職業の活動の規制にあたるため、ゆるやかな審査基準のもとで違憲かどうかが判断されることとなり

ます。具体的な判断については、第10章 経済的自由で詳しく学習します。

2 表現前の規制は厳格に！
─事前抑制の理論─

(1) 事前抑制の理論ってなんだろう？

Case 2 ┃ Case 1の法律 i に基づき、国は新聞 b が法律 i に反するかどうかを審査し、その記事の掲載を差し止めました。新聞 b に記事を掲載しようとしていた B は、この差止めは表現の自由を侵害し、無効であると主張しました。この主張は認められるでしょうか。

Answer 2 事前抑制は原則として禁止されているため、B の主張は、原則として認められます。

　事前抑制の理論とは、執筆などの表現行為をするときに、あらかじめ公権力がなんらかの方法でこれを抑制することは、原則として排除されるべきという考え方のことをいいます。言い換えると、表現を発表する前に、国がそれを禁止し、または禁止したと同様の影響を及ぼすことは、原則として認められないとされているのです。

　このような考え方が主張される理由としては、次の3つがあげられます。まず、①あらかじめ表現活動を抑制することを認めては、公に批判する機会を国が奪うことを認めることになってしまい、妥当ではありません。次に、②国民が主権を行使する際に必要な判断要素が含まれた内容も、国が勝手に規制できるため、国にとって都合が悪いことをあらかじめ規制するという濫用のおそれが大きいといえます。また、③このように規制されることがあれば、表現者側は、規制されるかもしれないと思って自由な表現がしにくくなり、表現することさえ差し控えてしまうということも考えられます。このような弊害を避けるために、事前抑制は原則として禁止さ

《復習 Word》
公権力とは、国や公共団体が国民に対してもっている権力のことをいいます。行政権などが公権力の典型例です。

れるべきなのです。

(2) 検閲は絶対にダメ！

| Case 3 | 国は、政策への批判を封じるため、新聞社の発行する予定の新聞について、あらかじめ内閣 |

がすべて審査し、政策を批判する内容を含んだ記事を黒塗りにできる法律を制定しました。各新聞社は、このような法律は憲法に違反すると主張しました。この主張は認められるでしょうか。

| Answer 3 | このように発行前に新聞を黒塗りにすることは検閲にあたり、検閲は絶対的に禁止されて |

いるため、各新聞社の主張は認められます。

（1）検閲ってなんだろう？

　事前抑制の禁止のひとつの具体的な現れとして、検閲の禁止（21条2項前段）があげられます。

　判例は、検閲とは、Ⅰ行政権が主体となって、Ⅱ思想内容等の表現物を対象とし、Ⅲその全部または一部の発表の禁止を目的として、Ⅳ対象とされる一定の表現物につき網羅的・一般的に、発表前にその内容を審査したうえ、不適当と認めるものの発表を禁止することを、その特質として備えるものをさすと考えています。**Case 3**における新聞の審査はまさに検閲にあたります。

　判例は、このように検閲を非常に狭く定義したうえで、検閲は例外なく絶対的に禁止されるものとしています。

（2）税関検査は検閲なの？

| Case 4 | 税関は、性的表現が過激な海外の書籍 c の輸入を認めませんでした。書籍 c を輸入しよう |

としていた C は、これは検閲の禁止に違反すると主張しましたが、この主張は認められるでしょうか。

| Answer 4 | 認められません。 |

③ **第21条**
　2　検閲は、これをしてはならない。通信の秘密は、これを侵してはならない。

④ 税関検査事件

⑤ 税関検査について、判例は、すでに国外で発表済みのものであるから事前に発表そのものをいっさい禁止するものでないし、関税徴収手続の一環にすぎないためⅣの網羅的・一般的な審査にあたらないなどの理由から、「検閲」にあたらないとしています。なお、後者の理由は、法律に定められた輸入が禁止されている物にあたるかどうかを、簡単に判断できるかぎりで審査しただけであって、思想内容などそれ自体を網羅的に審査したものではない、という意味です。

（3）裁判所による事前差止めは検閲なの？

> **Case 5** 議員Eは、雑誌社Dが出版しようとしている雑誌dの内容が、自分を誹謗中傷するものであるとして、その出版の差止めを裁判所に求めました。この場合、裁判所は、雑誌dの出版を事前に差し止めることができるでしょうか。

> **Answer 5** 原則としてできませんが、例外的な場合はできます。

　裁判所による事前差止行為は、行政権によって行われるわけではないため、（1）で示した検閲の定義のうちⅠをみたさず、検閲にはあたりません。しかし、発表前にその内容を審査して発表する機会を奪う点で事前抑制の一形態といえるので、判例は、原則として許されないとしています。

⑥ 　しかし、ⓐ表現内容が真実でなく、またはそれがもっぱら公益を図る目的でないことが明白であって、かつ、ⓑ被害者⑦が重大にして著しく回復困難な損害を被るおそれがあるときは、例外的に事前差止めが許されるとしています。

　Case 5 でも、原則として差止めは認められませんが、このⓐ、ⓑをみたすときには差止めが認められます。

（4）教科書検定は検閲なの？

> **Case 6** Fは、スサノオノミコトが日本を建国したと記載した歴史の本を作成し、教科書検定の申請をしましたが、検定不合格となりました。Fは、そもそ

もこの教科書検定は「検閲」にあたり違憲であると主張しましたが、この主張は認められるでしょうか。

Answer 6 認められません。

判例は、教科書検定については、かりに検定に不合格になっても一般図書として販売をすることはできるため、事前に発表を差し止めるというわけではないという点から、「検閲」にも事前抑制にもあたらず、これを合憲としています。Case 6 の F は教科書としてではなくとも自分の作成した歴史の本を自由に出版できるため、事前に発表を差し止めてその発表の自由を奪うということにはあたらないということです。

⑧ 教科書裁判第一次訴訟上告審

3 表現に縛りをかけないための考え方 ―明確性の理論―

Case 7 法律iiiは、「迷惑な行為」をするおそれのある者は、駅前でビラ配りをしてはならないと規定しています。また、法律ivは、未成年者は、デモに参加してはならないと規定しています。このような規定は、憲法上問題とならないでしょうか。

Answer 7 法律iiiは要件が不明確であり、法律ivは規制の範囲が広すぎるといえ、それぞれ明確性の理論に違反するのではないかといった憲法上の問題が生じます。

明確性の理論とは、精神的自由を規制する立法はその要件が明確でなければならないという考え方です。

法律の文言が曖昧で不明確だと、一般人にはどのような行為が規制対象になるのかわからないため、多くの人は、規制にかかりそうな表現は避けるようになり、本来ならば許されるような行為まで差し控えてしまいます。これを萎縮的効果

といいます。そして、このような萎縮的効果を及ぼすことは、表現の自由を侵害しているといえ、原則として無効となるのです。これを**漠然性ゆえに無効の理論**といいます。**Case 7** の法律 iii では、「迷惑な行為」が何をさすのかはっきりしません。そのため、この法理に違反するおそれがあります。

　また、法律の文言がいちおう明確でも、規制の範囲があまりにも広すぎる場合には、表現の自由を大きく侵す点で、法律の文言が曖昧で不明確な場合と同じといえます。ですから、法律の文言がいちおう明確でも、規制の範囲が広すぎる場合は、原則として無効になります。これを**過度の広汎性ゆえに無効の理論**といいます。**Case 7** の法律 iv では、未成年者全員に対しデモを禁止することはあまりに広い規制といえ、この

法理に違反するおそれがあります。

　なお、この理論は、もともと刑罰法規について特に問題とされていました。なぜなら、31 条により保障されている罪刑法定主義のもとでは、事前にどのような行為が処罰対象となるのかを国民に示し、行政が勝手に規制を行うことを防ぐ必要があるからです。規定が不明確であったり、あまりに規制の範囲が広すぎたりすれば、処罰対象となる行為がわからなくなり、国民はどのような行為をとればいいのかわからなくなりますし、行政の勝手な判断で処罰することも可能となってしまうのです。これを防ぐためにも、明確性の理論は、罪刑法定主義において基盤となる理論といえます。

罪刑法定主義については、第 11 章 人身の自由の 2(2)で詳しく学習します。

プラスα文献

試験対策講座 9 章 3 節
判例シリーズ 35 事件、36 事件、48 事件
条文シリーズ 21 条
ステップアップ No. 12、No. 13

1	二重の基準論とは、基本的人権のうち精神的自由と経済的自由とを区分し、精神的自由は経済的自由より優越的地位を占めることから、人権を制限する法律の違憲審査にあたっては、経済的自由の制限が立法府の裁量を尊重してゆるやかな基準で審査されるのに対して、精神的自由の制限はより厳密な基準によって審査されなければならないという考え方をいうが、その唯一の根拠は、精神的自由が不当に制約されると民主政の過程そのものが傷つけられるから裁判所が積極的に介入して民主政の過程を元どおりに回復させる必要があるとするものである。 (国ⅠH14年)	× 1【1】(1)、(2)
2	裁判所の仮処分による出版物の差止めは、憲法第21条第2項にいう検閲にあたり、原則として許されないが、その表現内容が真実でなく、またはそれがもっぱら公益を図る目的のものでないことが明白であって、かつ、被害者が重大にして著しく回復困難な損害を被るおそれがあるときは、例外的に許される。 (裁事H24年)	× 2【2】(3)
3	憲法第21条第2項にいう検閲とは、行政権が主体となって、思想内容等の表現物を対象とし、その全部または一部の発表の禁止を目的とし、対象とされる一定の表現物につき網羅的一般的に、発表前と発表後の両時点においてその表現内容を審査したうえで、不適当と認めるものの発表を禁止することを特質として備えるものをさすと解すべきである。そして、学校教育法等に基づく教科用図書の検定は、一般図書としての発行を何ら妨げるものではなく、発表禁止目的や発表の前後における審査等の特質がないから、検閲にはあたらず、憲法第21条第2項前段に違反するものではない。 (国ⅡH18年)	× 2【2】(4)
4	表現行為の規制には明確性が求められるため、表現行為を規制する刑罰法規の法文が漠然不明確であったり、過度に広汎であったりする場合には、そうした文言の射程を限定的に解釈し合憲とすることは、判例によれば許されない。 (行書R2-4)	× 3

第10章

経済的自由——自由にモノを売らせてよ！

1 職業は自由に選べないの？

キ……ここは基本！
スデ……君ならできる！
……できたらスゴイ！

Case 1

① A子は、現在勤めているB市役所を辞めて、昔からの夢だったレストランを開業することにしました。ところが、B市役所は人手不足のため、A子に辞められては困ると考え、A子の辞表を受け取ろうとしません。A子は、B市役所を辞めないとレストランを始めることができず、困っています。このようなB市役所の対応は許されるのでしょうか。

②その後、なんとかB市役所を辞めることができたA子は、レストランの営業をスタートさせました。A子は、そのレストランで美味しいお酒を提供しようとしていました。ところが、レストランではお酒を提供してはいけないという法律ができたため、A子はレストランでお酒を提供することを断念せざるをえなくなってしまいました。このような法律は許されるのでしょうか。

Answer 1

① A子の辞表を受け取らないB市役所の対応は、A子の職業選択の自由を侵害し、許されない可能性が高いです。

②レストランでお酒を提供してはいけないという法律は、営業の自由を侵害し、違憲である可能性が高いです。

(1) 職業選択の自由ってなんだろう？

職業選択の自由とは、自己の従事する職業を決定する自由のことをいいます。簡単にいえば、「自分の仕事は自分で決める」という自由です。22条1項はこのような自由を保障して
①

1 **第22条**
1 何人も、公共の福祉に反しない限り、居住、移転及び職業選択の自由を有する。

います。

Case 1 の①では、B市役所はA子の辞表を受け取らないことで、A子の開業の妨害をしています。そのせいで、A子は、レストランを開業することができず、自己の従事する職業を決定する自由、つまり職業選択の自由が侵害されているということができます。

(2) 営業の自由も保障されているの？

職業選択の自由は、自分が就く職業を自由に決定できるというものでした。しかし、22条1項には、「職業選択の自由を有する」とあるだけで、自分が選んだ職業を営むことができるのかについては何も規定していません。そうなると、自分が選んだ職業を営む自由も憲法上保障されているといえるのでしょうか。

自分が選んだ職業を営む自由を**営業の自由**といいます。営業の自由も職業選択の自由に含まれ、22条1項によって保障されると考えられています。なぜなら、職業は選べるけれど、その営業はできません、ということになると、結局職業を自由に選択できるとした意味がなくなってしまうからです。

Case 1 の②では、新しい法律によって、A子はレストランでおいしいお酒を提供するという営業の自由を侵害されています。

(3) 好き勝手に営業できないの？
(1) 消極目的規制と積極目的規制からできない!!

職業選択の自由に対する規制は、目的に応じて大きく2つに分類することができます。1つ目が**消極目的規制**です。消極目的規制とは、主として国民の生命や健康に対する危険を防止したり除去したり、あるいは緩和したりするために課される規制のことをいいます。たとえば、身体に有害な薬から国民の生命や健康を守るために、薬局の開設に一定の規制を

することなどが消極目的規制にあたります。

2つ目が**積極目的規制**です。積極目的規制とは、福祉国家[2]の理念に基づいて、経済の調和のとれた発展を確保し、特に社会的・経済的弱者を保護するために行う規制のことをいいます。たとえば、零細な小売業(商店街の個人商店など)を保護するために、大規模な店舗(ショッピングモールなど)のオープンに対して規制をする場合などが積極目的規制にあたります。

(2) 規制の目的で審査基準は変わるの？

職業選択の自由に対する規制立法の合憲性判定基準としては、合理性の基準という比較的法律が合憲となりやすい基準[3]が用いられます。

この合理性の基準は、職業選択の自由に対する規制の目的に応じて2つに分けて用いられるようになりました。これが**規制目的二分論**というものです。つまり、消極目的規制については、裁判所が規制の必要性・合理性、および同じ目的を達成できるよりゆるやかな規制手段があるかどうかを立法事実[4]に基づいて厳しく審査する**厳格な合理性の基準**が用いられます。よりゆるやかな規制で目的が達成できるのであれば違憲となるので、厳しい基準といえます。

これに対して、積極目的規制については、その規制措置が著しく不合理であることが明白である場合にかぎって違憲とするという**明白性の原則**が用いられます。つまり、規制をするかどうかは立法府(国会のことです。詳しくは、第15章 国会の地位で学習します)の判断に任されているのだけれども、その判断があまりにもおかしく、しかもおかしいことが明らかである場合には、その規制は違憲となりますよ、ということです。判断が明らかにおかしい、ということはあまりないので、この基準は、規制が違憲となりにくいゆるやかな基準といえます。

なぜこのように目的によって合憲性判定基準を変えるべきなのでしょうか。それは、積極目的規制では、政策的・経済

[2] 福祉国家とは、国民が安定した生活ができるように、社会保障制度の充実を図る国家のことをいいます。

[3] 合憲性判定基準は、違憲審査基準と同じものを意味しています。第9章表現の自由の限界の1で学習した二重の基準の理論のもとでは、経済的自由を規制する立法は合憲であることの推定がはたらきます(合憲性推定の原則)。そのため、裁判所が合憲であることを前提として審査をするという意味で、違憲審査基準のことを、ここでは合憲性判定基準と表現しています。

[4] 立法事実とは、その法律をつくる理由およびその法律の正当性を支える社会的・経済的・文化的な事実をいいます。わかりやすい例でいうと、受動喫煙による発がんリスクが無視できないほど大きいという事実があるため、公共の場所での喫煙を制限する法律ができたとしたら、できた法律の立法事実は、この受動喫煙に関する事実になります。

的な判断が必要で欠かせないからです。たとえば、大規模店舗のオープンを規制する場合、そもそもそのような規制をするのか、規制をするとしてどのような規制内容にするのかは、経済にどのような影響がでるのか、住民の生活にどのような影響を及ぼすのかなどを考慮したうえでの判断が必要となります。このような判断は、政策に通じている政治部門（内閣や国会）に第1次的には任せるべきです。そこで司法部門である裁判所は、政治部門の判断を尊重しつつ合憲性を判断することが要求されます。

 10-1

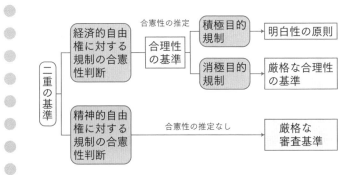

（3）消極目的・積極目的の具体例をみてみよう

　ここまで少し難しい表現が多かったかもしれません。実際に起きた事件をみて理解していきましょう。

（a）薬局はどこでも作れるわけではない?!

　旧薬事法では、薬局がある地域に集中して開設されると医薬品の販売競争が激化して、不良医薬品が供給されるおそれがあるとして、薬局の開設に距離制限をおいていました。これは、身体に有害な薬から国民の生命や健康を守るための規制ですから、消極目的規制にあたります。この規制が違憲ではないかが争われた事件で、判例は、重要な公共の利益のために必要かつ合理的な措置であり、しかも、よりゆるやかな制限である職業活動の内容および態様に対する規制によって

薬局距離制限事件　5

立法目的を十分に達成することができないものである場合には、合憲となるという基準を用いました。そして、薬局の偏在―→競争激化―→一部薬局などの不安定―→不良医薬品の供給の危険という因果関係は、確かな根拠に基づいて合理的な判断とは認めがたいとして、国による適正配置規制を違憲と判断しています。わかりやすくいうと、競争が激化して経営が傾いた薬局が常に不良医薬品を提供することになるとはいえないから、旧薬事法が想定した因果関係は認められませんよ、ということです。

（b）大規模店の脅威

　小売商業調整特別措置法という法律では、一定の区域内の建物は、許可がないかぎり小売市場とするために貸したり譲り渡したりしてはならないと規定されていました。小売市場とは、いくつもの店舗が1つの建物に集中して入居しているデパートと同じようなものと思ってください。これは、零細な小売業を保護するための規制ですから、積極目的規制にあたります。この規定の合憲性が問題となった事件において、判例は、立法府が裁量権を逸脱し、規制措置が著しく不合理であることが明白な場合にかぎって違憲となるという基準を用いました。そして、この小売商業調整特別措置法による規制は、中小企業の保護政策としての措置として著しく不合理であることが明白とはいえないとして、合憲と判断しています。

6　小売市場距離制限事件

（4）消極・積極どちらでもない規制目的もある?!

　ここまでみてきたように、職業選択の自由に対する規制は消極目的規制と積極目的規制に大まかに分類できますが、なかには分類しがたいものも存在します。次からは、そのような例をみていくことにしましょう。

（a）銭湯にも距離制限?!

　公衆浴場法では、公衆浴場（いわゆる銭湯をイメージしてください）を経営しようとする者は、都道府県知事の許可を受けなければならず、都道府県知事は、設置の場所が配置の適正を

公衆浴場距離制限事件　⑦

欠く（図のように、公衆浴場が密集している場合をイメージしてくださ
い）と認めるときは、許可を与えないことができるとしてい
ます。ところがMは、許可を受けずに公衆浴場業を営んだた
め、起訴されてしまいました。

　判例は、公衆浴場は、多くの国民の日常生活に必要で欠か
せないもので、公共性がある施設なので、配置の適正を保つ
ために必要な措置を講じないと、国民が日常的に公衆浴場を
利用しようとする場合に不便が生じること、公衆浴場の乱立
によって浴場経営に無用の競争を生じさせて浴場の衛生設備
の低下など好ましくない影響を生じるおそれがあることを規
制の目的としてあげ、結論的には、適正配置規制を合憲とし
ています。衛生設備の低下などの好ましくない影響が生じる
おそれをなくすという目的は、国民の健康を守るための目的
ですから、一見消極目的のようにも思えます。しかし、消極
目的の場合には、厳格な合理性の基準を用いるはずなのに、
この判例は厳格な合理性の基準を用いずに合憲としていま
す。そこで、この規制は、消極目的規制か積極目的規制かを
分類することが難しいと評価されています。

（b）お酒を勝手に売ってはいけない?!

　酒税法という法律は、お酒の販売などをする場合に免許を
とる必要があるとしています。

　お酒には酒税という税金がかかります。酒税はお酒の製造
業者が納めるものですが、実質的にはそれがお酒の値段に跳
ね返って、消費者が負担することになります。つまり、お酒
を売る酒店は、国に代わって消費者から実質的に酒税を徴収
しているともいえるのです。そうだとすれば、酒店の経営基
盤がしっかりしていないということになると、酒店が自分の
ところに残すお金を増やすために脱税を図る可能性も高いの
で、酒税を国民に代わって納める役割を酒店に期待すること

酒類販売免許制事件　⑧

はできないと考えられます。判例は、これを、「酒税の適正か
つ確実な賦課徴収」という言葉で表現し、酒類販売の免許制

は、このような目的のために必要で、道理にあった規制であるため、合憲と判断しています。これも、消極目的規制か積極目的規制かを分類することが難しい例といえるでしょう。

2 住みたいところに住む幸せ ―居住・移転の自由―

(1) なぜ居住・移転の自由が必要なんだろう？

　居住・移転の自由とは、自己の希望する地に住所や居所を定め、あるいはそれを変更する自由、および、自己の意思に背いて居住地を変更されることのない自由をいいます。

　封建時代には人々は土地に拘束され、移動が制限されていましたが、近代社会において自由な移動が保障され、それによって資本主義経済の前提である労働力の確保が可能となりました。そのため、居住・移転の自由は、経済的自由に数えられます。

　しかし、居住・移転の自由は、身体の拘束を解く意義をもっているので、人身の自由とも密接に関連します。

　また、現代では、広く知的な接触の機会を得るためにも居住・移転の自由は欠かせないことから、居住・移転の自由は精神的自由の要素をもあわせもっています。

　このように居住・移転の自由はいろいろな側面をもっているのです。

(2) 海外に行く自由も保障されているの？

　22条2項は、海外に移住する自由を保障しています。海外への渡航は、広い意味ではこのような海外移住を含みますが、狭い意味では一時的な外国旅行を意味します。この狭い意味の一時的な海外旅行の自由も憲法上保障されていると考えられていますが、憲法のどの条文に根拠があるのかという点にはさまざまな意見があります。一般的には、22条1項は国内

9　**第22条**
　2　何人も、外国に移住し、又は国籍を離脱する自由を侵されない。

における居住移転の自由を、2項は外国に関連するものを規定しているとして、22条2項で保障されていると考えられています。

3 財産権ってどんな権利？

Case 2　20XX 年に東京でオリンピックが開催されることになりましたが、東京都には競技場の数が足りません。そこで、立地やその他の条件から最適であるとした東京都渋谷区C町に、新しく競技場を作ることになりました。そして、国会は新しく、東京オリンピック開催に伴う土地取得に関する法律（以下「オリンピック法」といいます）を制定し、オリンピック法に基づき、現在住宅地として使用されているC町の約3分の2にあたる土地を国が強制的に買い上げ、そこに競技場を作る計画が発表されました。C町に住むD男は、突然発表されたこの計画に驚きました。計画によると、D男の家が建っている土地が、対象区域になっていたのです。D男は、自分の所有する土地が強制的に買い上げられることは許されないと考えています。もし強制的に買い上げられるのであれば、それ相当の金銭的な補償がほしいと考えています。D男の請求は認められるのでしょうか。

Answer 2　D男の土地が国に強制的に買い上げられることはやむをえないかもしれませんが、D男はそれ相当の金銭的補償を請求することができると考えられます。

(1) 財産権を保障するってどういうこと？

財産権とは、すべての財産的価値がある権利をいいます。たとえば、特定の物を全面的に支配する権利である所有権はもちろん、債権、著作権なども財産的な性格をもつかぎり財

債権とは、特定の者が特定の者に対して一定の行為を請求することを内容とする権利のことをいいます。たとえば、売主が買主に対して物を売ってその代金の支払を求める場合などをイメージしてください。

著作権とは、本などの著作物に対してもつ独占的・排他的な権利のことをいいます。

産権に含まれます。

29条1項は、財産権を保障していますが、この規定は、①個人が現在もっている具体的な財産上の権利の保障（上の所有権、債権、著作権など）と②個人が財産を享有しうる法制度、つまり私有財産制度の2つを保障していると考えられています。

10-2 ●

```
            ●個人が現在もっている
              具体的な財産上の権利
  29条1項
            ●私有財産制度
```

Case 2 で、D男の土地はD男個人の財産であるため、D男には29条1項により土地の財産権が保障されています。

（2）　財産権にはどんな制限があるの？

29条2項には、財産権の内容は公共の福祉に適合するように法律で定められるとあります。つまり、財産権はいっさい制約されないというわけではなく、公共の福祉のために制約がされる場合もあるということです。

法律の定めが公共の福祉に適合するかどうかが争われた事件において、判例は、財産権に対する規制は財産権の種類、性質などが多種多様であり、規制を要求する理由や目的も、積極的なものから消極的なものまで広きにわたるため、「公共の福祉」に適合するものであるかどうかは、いろいろな要素を比較・検討して決めるべきものであるけれども、裁判所は、国会の判断を尊重すべきものであるから、立法の規制目的が「公共の福祉」に合致しないことが明らかであるか、規制手段が目的を達成するための手段として必要性や合理性に欠けていることが明らかであって、そのため国会の判断が合理的裁量の範囲を超えるものとなる場合にかぎり、29条2項

12 **第29条**
1　財産権は、これを侵してはならない。
2　財産権の内容は、公共の福祉に適合するやうに、法律でこれを定める。
3　私有財産は、正当な補償の下に、これを公共のために用ひることができる。

公共の福祉については、第2章 基本的人権の限界の1 を見よう！

13 森林法共有林分割制限事件

14 財産権には、所有権や債権、著作権などいろいろなものがあります。そして、財産権の性質もいろいろです。たとえば所有権は、物を支配する権利です。債権は、「お金を払え」というように人に何かを請求する権利です。

15 裁判所が国会の判断を尊重すべきである理由を説明します。規制をするためには財産権の種類や性質、規制の必要性といったいろいろな要素を考慮して判断しなければいけません。そういった判断をするのは、普段からいろいろな利益を考慮して判断をしている国会が適任であるといえます。なので、裁判所は国会の判断を尊重するのです。

に違反するとの判断基準を示しました。

　難しい言葉がたくさんでてきました。判例が示した基準の意味をかみくだきながら、具体的に **Case 2** の場合にどうなるかということを確認してみましょう。

　D男は土地を強制的に買い上げられるので、D男の土地に対する財産権は制約されているといえます。そこで、このような制約が「公共の福祉」に適合しているといえるのかどうかを判断する必要があります。

　まず、オリンピック法の土地を取得する目的（規制目的）が公共の福祉に適合しているかを検討します。規制目的は、競技場を作るために必要な土地を取得することにあります。土地を取得して競技場を作り、円滑にオリンピックを開催することは国の利益になるので、規制目的は公共の福祉に適合しているといえるでしょう。

　次に、目的を達成する手段に必要性と合理性が認められるかを検討します。東京でオリンピックを開催するためには新しく競技場を作る必要があるのですから、土地を取得する必要性が認められます。しかも、C町に作ることが合理的であるといえるため、競技場を作るためにD男の土地を取得する行為には合理性も認められるでしょう。

　そのため、オリンピック法は、D男の財産権を制約していますが、違憲とまではいえない可能性が高いです。

(3)　財産権が制限されたらお金で埋め合わせる?!

（1）損失補償ってどんな制度なの？

　29条3項は、正当な補償のもとに、私有財産を公共のために用いることができるとしています。たとえば、学校・鉄道・道路といった施設を作るために、個人がもっている土地を提供してもらい、その代わりにお金を支払うといった場合です。

　損失補償制度の目的は、適法な公権力の行使によって生じた損失を、個人ではなく国民一般で負担するというものです。

　Case 2でいえば、D男の土地を強制的に取得することで、C町に競技場を作ることができ、東京都でのオリンピック開催が可能となります。ところが、D男にとってみれば、自分の財産である土地をとられるなんて、たまったものではありません。そこで、D男個人に生じた損失を、それによって利益を受ける国民の税金で負担しようという考え方が、損失補償制度なのです。

（2）どんな場合に損失補償は必要なの？

　損失補償をする必要があるかどうかは、侵害される行為がどのようなものかによって判断するべきであり、具体的には次の2つの要素によって判断されます。

　　①侵害する行為が広く一般人を対象とするものではなく、特定の範囲に属する人を対象とするものであること

　　②侵害する行為が財産権に内在する制約として受忍すべき限度内にあるものではなく、財産権の本質的内容を侵すほどに強度のものであること

　では、**Case 2**の場合はこの2つの要素をみたすのでしょうか。

　まず、①についてみると、オリンピック法は、東京都渋谷区C町の一部の土地の所有者という特定の範囲に属する人を対象としています。そのため、①の条件はみたされるでしょう。

　次に、②についてみると、土地を強制的に買い上げることは、その土地に対する所有権を消滅させることですから、土地を強制的に買い上げることは、財産権の本質的内容を侵すほどに強度なものといえるでしょう。そのため、②の条件もみたします。

　結論としては、D男は土地を強制的に買い上げられることにより生じた損失の補償を請求することができる可能性が高いです。

（3）実際のところいくら補償してくれるの？

　損失補償をする必要があるとされた場合であっても、損失の全額を補償してくれるのでしょうか。29条3項は「正当な補償」をすると定めていますが、「正当な補償」の意味について意見が分かれています。

　一般的には、完全補償、つまり、損失した財産の客観的な市場価格を全額補償すべきであると考えられています。しかし、判例のなかには、相当補償、つまり損失した財産について合理的に算出された相当な額であれば、市場価格を下回る補償も認められるとするものもあり、判例の立場は分かれています。

（4）何を根拠に補償を請求できるの？

　Case 2でいえば、もし、オリンピック法のなかに損失補償についての規定があれば、D男はその規定を根拠に損失補償を請求することができます。しかし、オリンピック法のなかに損失補償についての規定がなかった場合、D男は何を根拠に補償を請求すればよいのでしょうか。

河川附近地制限令事件　16　これについて、判例は、国民は直接憲法29条3項を根拠として補償請求をする余地があるとしています。

　そのため、**Case 2**の場合、D男は直接29条3項を根拠として補償請求をすることができます。

プラスα文献

試験対策講座 10 章 1 節、2 節①・②、3 節①〜⑤
判例シリーズ 49 事件、51 事件〜54 事件、57 事件
条文シリーズ 22 条、29 条
ステップアップ No. 14、No. 15

1	営業の自由が歴史的には公序として形成されてきたものであるとしても、憲法は「国家からの自由」を中心に人権を保障することを第一義とするものであるから、営業の自由を憲法第22条第1項で保障される人権と解することは可能である。　（司法 2015 年）	○ 1【2】
2	個人の経済的自由に関する規制が消極的警察的目的のための許可制である場合、当該許可制が合憲であるためには、他のよりゆるやかな制限である職業活動の内容および態様に対する規制によっては、その目的を十分に達成することができないと認められることを必要とするのが判例である。　（国Ⅰ改題）	○ 1【3】(3)(a)
3	経済的劣位に立つ者を適切に保護するための積極的な社会経済政策の手段については、立法府において講ぜられる個人の経済活動に対する法的規制措置が著しく不合理であることが明白であるときにかぎって、裁判所はこれを違憲とすることができる。 （国ⅠH18 年）	○ 1【3】(3)(b)
4	公衆浴場法による適正配置規制は、国民保健および環境衛生を目的とするものであるが、その目的を達成する手段としては過度の規制であるから、公衆浴場の経営の許可を与えないことができる旨の規定を設けることは、憲法第22条に反する。　（裁事 H24 年）	× 1【3】(4)(a)
5	居住・移転の自由の保障は、広く知的な接触の機会を得るためにも不可欠であるので、精神的自由の要素もあわせ持っている。 （司法 2013 年）	○ 2【1】
6	憲法第29条は、私有財産制度を制度として保障するものであり、国民の個々の財産権につき基本的人権として保障するものではない。　（司法 2020 年）	× 3【1】
7	「正当な補償」の意味に関しては、相当補償説と完全補償説との対立があるが、判例は、公共のために個人の権利を不当に制限することは許されないとする見地に立ち、相当補償説の立場を採った判決はない。　（国Ⅰ改題）	× 3【3】(3)
8	土地の形状の変更に制限を課す法令の規定に損失補償に関する定めがない場合、当該規定はあらゆる場合においていっさいの損失補償を否定していると解されるから、当該規定は憲法第29条第3項の規定に違反する。　（国ⅠH22 年）	× 3【3】(4)

第11章

人身の自由 —— 被疑者や被告人の権利も大事！

キ……ここは基本！
スデ・君ならできる！
……できたらスゴイ！

被疑者とは、犯罪の嫌疑を受け、捜査の対象とされているが、まだ公訴を提起されていない者をいいます。なお、法律の世界では容疑者という言葉は使いません。

被告人とは、罪を犯したとして、公訴を提起された者をいいます。

＊公訴とは、検察官が刑事事件について裁判所に裁判を求める申立てをいいます。そして、この申立てをすることを公訴の提起（起訴）といいます。

1 人身の自由ってなんだろう？

(1) 人身の自由って移動できる自由？!

人身の自由のことをわかりやすくいうと、自分が場所を移動したいときに移動でき、移動したくないときは移動しないことができることをいいます。人身の自由が制約される典型的な場面は、裁判で有罪とされて刑務所に入るときです。刑務所にいるときは、たとえば刑務所の外にあるレストランまで夕食を食べに行きたいと思っても、自由に外出することはできません。つまり、自由が制約されているわけです。

(2) なぜ人身の自由は重要なの？

憲法は、人身の自由について、31条から39条までに規定し、諸外国と比べて詳細な規定を設けています。これは、明治憲法のもとにおいて、人身の自由の保障が十分ではなく、

11-1

```
人身の自由
├─ 適正手続の保障(31条)
│   ├─ 被疑者の権利 ①
│   │   ├─ 不法な逮捕・抑留・拘禁からの自由(33条、34条)
│   │   └─ 住居等の不可侵(35条)
│   └─ 被告人の権利 ②
│       ├─ 公平な裁判所の迅速な裁判を受ける権利(37条1項)
│       ├─ 証人審問権・証人喚問権(37条2項)
│       ├─ 弁護人依頼権(37条3項)
│       ├─ 自白の強要からの自由(38条1項)
│       ├─ 事後法の禁止と二重の危険の禁止(39条)
│       └─ 拷問および残虐な刑罰の禁止(36条)
└─ 奴隷的拘束および意に反する苦役からの自由(18条)
```

治安維持法体制下の拷問や恣意的な身体の拘束などの人権侵害が横行していたという歴史的反省から、このような人身の自由の侵害を徹底的に排除することを目的としたからです。

それでは、31条以下の人身の自由に関する規定をみていきましょう。

2 適正手続の保障ってどんな保障？

(1) 適正手続条項って何のためにあるの？

31条は、人身の自由についての基本原則を定めたものです。これは、アメリカ合衆国憲法修正14条の法の適正な手続（デュープロセス）に由来し、手続の観点から、国民の権利・自由を保護することを目的としています。

> 3
>
> **第31条**
> 何人も、法律の定める手続によらなければ、その生命若しくは自由を奪はれ、又はその他の刑罰を科せられない。

(2) 適正手続を保障するってどういうこと？

この31条には、法律の定める手続によらなければ刑罰を科せられないとあり、文言上は法律で手続を定めることを要求しているだけにみえますが、この規定には、ほかに多くの意味が含まれていると考えられています。

「法律の定める手続」には、

①手続が法律で定められなければならない（手続の法定）、

②法律で定められた手続が適正でなければならない（手続の適正）、

③刑法などの実体規定（実体法）もまた法律で定めなければならない（実体の法定）、

④法律で定められた実体規定もまた適正でなければならない（実体の適正）、

という意味が含まれていると考えられています。

そして、②の手続の適正としてとても重要なのが告知と聴聞を受ける権利です。告知と聴聞とは、公権力が国民に刑罰などの不利益を科す場合には、当事者にあらかじめその内容

> 4
>
> 実体法とは、法律上の権利と義務の内容を定める法をいいます。民法や刑法などが実体法です。また、実体法上の権利を行使したりするための手続を定める法のことを手続法といいます。たとえば、刑法は実体法として犯罪と刑罰について定めています。そして、刑法上の犯罪をした者に刑罰を科すための手続を定めた法が、手続法である刑事訴訟法です。

を伝え、当事者に反論の機会を与えなければならないという
ものです。告知と聴聞が 31 条の要請であることは、判例でも
確認されています。

第三者所有物没収事件

さらに、③からは、法律で犯罪と刑罰を定めなければなら
ないということが導かれています。このことを**罪刑法定主義**
といいます。

また、③の実体の法定と④の実体の適正を合わせてみてみ
ると、犯罪と刑罰について定めた法律の規定が明確であるこ
とを要求する**明確性の理論**も導かれます。ここは、第 9 章 表
現の自由の限界の**3**で学習しました。

3 被疑者になっても権利があるの？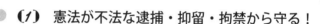

(1) 憲法が不法な逮捕・抑留・拘禁から守る！

33 条には不法な逮捕からの自由を、34 条には不法な抑留・
拘禁からの自由を保障するとあります。

逮捕とは犯罪の嫌疑を理由として身体を拘束する行為を、
抑留とは逮捕した後の比較的短期の身体の拘束を、**拘禁**とは
逮捕した後の比較的長期の身体の拘束をさします。

（1）不法な逮捕からの自由（33 条）

33 条では、逮捕等の身体拘束には、原則として裁判官の発
する令状（たとえば逮捕状）が必要であるという**令状主義**の原
則と、その例外としての令状が不要な**現行犯逮捕**を定めてい
ます。令状主義の趣旨は、裁判官の令状の発付を通じて、捜
査機関による違法な逮捕を防止することにあります。

（2）不法な抑留・拘禁からの自由（34 条）

34 条の前段では、抑留・拘禁の理由の告知を受ける権利と、
弁護人依頼権を定め、後段では、**拘禁理由の開示請求権**を保
障しています。この後段を受けて刑事訴訟法には**勾留の理由
開示**の制度が設けられています。

第 33 条
何人も、現行犯として
逮捕される場合を除い
ては、権限を有する司
法官憲が発し、且つ理
由となつてゐる犯罪を
明示する令状によらな
ければ、逮捕されない。

第 34 条
何人も、理由を直ちに
告げられ、且つ、直ち
に弁護人に依頼する権
利を与へられなけれ
ば、抑留又は拘禁され
ない。又、何人も、正
当な理由がなければ、
拘禁されず、要求があ
れば、その理由は、直
ちに本人及びその弁護
人の出席する公開の法
廷で示されなければな
らない。

刑事訴訟法は、刑事事
件についての裁判をす
るための手続を定めて
いる法律です。

(2) 令状なくして入るべからず―住居等の不可侵―

　35条は、何人も、その住居、書類および所持品について、原則として裁判官から出される令状がないかぎり、侵入、捜索および押収を受けることのない権利を保障しています。この規定は、捜査機関による不当な捜索・押収という侵害から個人を保護するもので、**住居の不可侵や個人のプライバシー保護**を目的としています。

　もしかすると迅速に証拠を集めるほうが大切だと思うかもしれませんが、捜索は、家の中をひっくり返すような勢いで行われます。そんなことを、警察の都合だけでされてしまうと、一般市民の生活の平穏はなくなってしまいます。ですので、やはり裁判官が認めない捜索・押収を許すわけにはいかないのです。

> **第35条**
> 1　何人も、その住居、書類及び所持品について、侵入、捜索及び押収を受けることのない権利は、第33条の場合を除いては、正当な理由に基いて発せられ、且つ捜索する場所及び押収する物を明示する令状がなければ、侵されない。
> 2　捜索又は押収は、権限を有する司法官憲が発する各別の令状により、これを行ふ。

> 捜索や押収は、警察などが刑事事件の証拠を集める手続です。典型的な例としては、被疑者の住居に立ち入り、証拠物を探して、見つけた証拠物を警察で保管することがあげられます。

4 被告人になっても権利があるの？

Case　強盗殺人事件の被疑者 A 男が、取調べのときにいっさいしゃべらないでいたため、業を煮やした警察官 B が「いい加減にしろ。警察をなめているのか。お前がやったんだろう。本当のことを言え。隠しても無駄だぞ」と言いながら A 男の顔面を何度も殴りました。その直後に、A 男は自分が犯人であると言い、自白調書が作成されました。
この自白調書を裁判で証拠として用いることができるでしょうか。

Answer　A 男の自白は、警察官 B に殴られ強制されて引きだされたものであるため、この自白調書を裁判で証拠として用いることはできません。

(1) 被告人にも権利はある！

　犯罪者に刑罰を科すことは必要なことですが、刑罰は人の

自由に重大な制限を加えるものであるため、刑の内容だけで
なく刑を科す手続も慎重かつ公正でなければなりません。そ
こで、憲法は37条から39条までにかけて、主として被告人
の権利を保障する規定を設けています。

では、次からそれぞれの権利をみていきましょう。

(2) 刑事裁判ではどんな権利が保障されるの？

（1）公平な裁判所の迅速な公開裁判を受ける権利ってどんな権利？

11　37条1項には、被告人に公平で迅速な公開裁判を受ける権
利を保障するとあります。

（a）公平な裁判ってどんな裁判？

1948年の判例によれば、公平な裁判とは、**不公平のおそれ
のない裁判所**による裁判を意味します。たとえば、裁判官が
事件の被害者であるような場合には、その裁判官には公平な
判断を期待できませんから、公平な裁判がなされるとはいい
にくいでしょう。

（b）迅速な裁判ってどんな裁判？

迅速な裁判とは、適正な裁判を確保するのに必要な期間を
越えて不当に遅延していない裁判をいいます。裁判が遅延す
ると、証拠が見つけにくくなったり、被告人が社会から白い
眼で見られ続けたりするため、迅速に裁判を行うことはとて
も重要です。

12　迅速な裁判に背いた場合は、37条1項に基づいて**免訴判決**
によって救済されうることが判例で示されました。

（c）公開裁判ってどんな裁判？

公開裁判とは、その対審および判決が公開の法廷で行われ
る裁判のことをいいます。傍聴を許さない密室裁判・秘密裁
13　判で、時の権力者によって好き勝手な裁判が行われないよう
にするため、公開の裁判を保障しています。

第37条
1　すべて刑事事件にお
いては、被告人は、公平
な裁判所の迅速な公開裁
判を受ける権利を有す
る。
2　刑事被告人は、すべ
ての証人に対して審問す
る機会を充分に与へられ、
又、公費で自己のた
めに強制的手続により証
人を求める権利を有す
る。
3　刑事被告人は、いか
なる場合にも、資格を有
する弁護人を依頼するこ
とができる。被告人が自
らこれを依頼することが
できないときは、国でこ
れを附する。

裁判所が一定の場合
に、事件の実体に対す
る判断をしないで訴訟
手続を打ち切る裁判の
ことを免訴判決といい
ます。

高田事件

（2）証人審問権・証人喚問権ってどんな権利？

証人審問権とは、**自己に不利な証人に対する反対尋問権**を意味します。被告人自身が反論する機会のない不利益な証言が証拠として採用されてしまうと、判断が一方的になってしまい、公正な裁判が行えなくなってしまいます。そこで、37条2項前段で、自己に不利な証人に対する反対尋問権を保障しています。

また、証人喚問権とは、**自己に有利な証人の喚問を請求する権利**を意味します（37条2項後段）。

この2つは、被告人が反論を行うために欠かせない権利です。

（3）弁護人依頼権ってどんな権利？

37条3項では2つの権利が規定されています。前段では、刑事事件において、被告人の権利保護のためには法律の専門家である弁護人が欠かせないことから、被告人に**弁護人依頼権**が保障されています。

また、後段では、弁護人依頼権を確実なものとするために、**国選弁護人をつけてもらう権利**が保障されています。国選弁護制度とは、被告人が弁護士を雇うだけのお金がない場合に、国が代わりにお金を払うことで、弁護士を利用できる制度です。

（4）不利益な供述を強制されない権利ってどんな権利？

38条1項では、自己に不利益な供述を強制されない権利を保障しています。ここでいう自己に不利益な供述とは、自己の刑事責任に関する不利益な供述、つまり有罪を導くような事実、刑の種類や程度を決めるうえで不利益となる事実等の供述をさします。一般に**黙秘権**ともいわれます。

ところで、単に名前を名乗ることは不利益な供述に含まれないとされています（判例）。そのため、氏名を黙秘することは権利として認められていません。

（5）自白の証拠能力には制限がある！

（a）自白法則ってどんな法則？

強制や拷問、脅迫されたことによる自白や、不当に長く身

14

15

16

第38条
1 何人も、自己に不利益な供述を強要されない。
2 強制、拷問若しくは脅迫による自白又は不当に長く抑留若しくは拘禁された後の自白は、これを証拠とすることができない。
3 何人も、自己に不利益な唯一の証拠が本人の自白である場合には、有罪とされ、又は刑罰を科せられない。

供述とは、被疑者や被告人などが認識した事実を述べることをいいます。

試験対策講座・刑事訴訟法221頁

体を拘束された後にした自白は、それを証拠とすることができないと 38 条 2 項で定めています。本人の自由な意思に基づかない自白は証拠として認められないという規定です。これを**自白法則**といいます。自白をいたずらに重んじると、何がなんでも自白を得ようとしやすく、強制・拷問などの人権侵害をひきおこしやすいことから、このような人権侵害を排除するための規定です。

規定とは、法律などの条文をいいます。

17

Case の場合、警察官 B が、被疑者 A の顔面を数回殴っています。そして、だれでも幾度となく殴られるようなことがあれば、実際には犯罪をしていないとしても、殴られるのが怖くて自白をしてしまうおそれがあります。つまり、A は、自由な意思に基づいて自白しているのではありません。そのため、A の自白調書を裁判で証拠として用いることはできません。

（b）補強法則ってどんな法則？

38 条 3 項は、自白だけでは有罪にできないという規定です。これを**補強法則**といいます。自白法則が、自由な意思によってではない自白を証拠として認めないものであるのに対し、補強法則は、たとえ自白を証拠とすることができる場合であっても、自白以外に証拠がない場合は有罪にはできないとするものです。これは、自白させるために拷問をするなどの人権侵害をいっそう排除するためのものです。

18

（6）刑罰不遡及と二重処罰の禁止ってなんだろう？

実行時に適法であった行為を、後にできた法律で罰することができるとしたのでは、国民は安心して動くことができません。そこで、39 条前段前半において、事後法の禁止（遡及処罰の禁止）を規定しています。この規定により、実行時に適法

第 39 条
何人も、実行の時に適法であった行為又は既に無罪とされた行為については、刑事上の責任を問はれない。又、同一の犯罪について、重ねて刑事上の責任を問はれない。

な行為は処罰されないことが保障されています。

39条前段後半と39条後段は、同一の事件は、一度審理し終えたならば、再度審理することはないという**一事不再理の原則**、あるいは一度は訴追されることが認められるが、再度訴追されることは許されないという**二重の危険の禁止**を定めていると考えられています。

訴追とは、検察官などの公的機関が、刑罰を科すために刑事訴訟を起こすことをいいます。

(3)　拷問および残虐な刑罰は禁止！

（1）公務員は、拷問と残虐な刑罰をしてはダメ！

36条は、捜査から刑を科す過程で、不必要な苦痛を被疑者・被告人・受刑者に科すべきではないという適正手続を求めることを、具体的に表現したものです。捜査の過程における不必要な苦痛の代表が**拷問**、刑罰における不必要な苦痛の代表が**残虐な刑罰**です。

第36条
公務員による拷問及び残虐な刑罰は、絶対にこれを禁ずる。

（2）死刑は残虐な刑罰にあたらないの？

日本の刑法では、刑罰のひとつとして死刑を定めています。死刑は人の生命を奪うものですから、残虐な刑罰にあたり36条に違反するようにも思えます。

ここで、31条を思い出してみてください。どんな人であれ、法律に定める手続を経ずには、生命や自由を奪われることもその他の刑罰を科されることもないとされています。逆にいえば、憲法は、法律の定める手続を経れば、生命が奪われることもありうるとしているのです。つまり、死刑を予定しているのです。ですから、死刑は、残虐な刑罰にあたらず、36条に違反しないと考えられています。

試験対策講座 11章1節①・③【1】、2節、3節
判例シリーズ 59事件
条文シリーズ 31条、33条～39条
ステップアップ No.16

1	憲法第31条は、刑事手続については、ただ単にこれを法律で定めればよいと規定しているのではなく、その手続が適正なものであることを要求している。　　　　　　　　　　　　（行書 H19-7 改題）	○ 2【2】
2	旧関税法の規定に基づき、第三者に対し、告知、弁解、防御の機会を与えることなく、その所有物を没収することは、<u>適正な法律手続によるものであり、法定手続の保障を定めた憲法に違反しない</u>。　　　　　　　　　　　　　　　　　　　　　　　　　　（特別区 H25 年）	× 2【2】
3	何人も、正当な理由がなければ、拘禁されず、要求があれば、その理由は、ただちに本人およびその弁護人の出席する公開の法廷で示されなければならない。　　　　　　　　　　　　　　　（行書 H18-7）	○ 3【1】(2)
4	刑事被告人が迅速な裁判を受ける権利を保障する憲法の規定は、審理の著しい遅延の結果、迅速な裁判を受ける被告人の権利が害されたと認められる異常な事態が生じた場合には、当該被告人に対する手続の続行を許さず、その審理を打ち切るという非常救済手段がとられるべきことをも認めている趣旨の規定である。 　　　　　　　　　　　　　　　　　　　　　　　　　　（特別区 H25 年）	○ 4【2】(1) (b)
5	憲法第38条第1項は、自己に不利益な供述を強要されないことを保障しているが、本条の保障は、犯罪事実の発見の手がかりを与えるような事実にまで及ぶから、刑事被告人は、本条項によって、<u>自己の氏名を黙秘する権利を有する</u>。　　　　　　（裁事 H18 年）	× 4【2】(4)
6	「自白は証拠の女王である。」という法格言があるが、刑事訴訟において、自白が被告人に不利益な唯一の証拠である場合には、有罪とすることはできない。　　　　　　　　　　　　（行書 H19-2 改題）	○ 4【2】(5) (b)

第12章

社会権——働かざるもの食うべからず？

1 社会権に含まれるものは３つ！

キ……ここは基本！
スデ・君ならできる！
できたらスゴイ！

　生存権（25条1項）、教育を受ける権利（26条1項）、労働基本権（28条）といった権利のことを、社会権といいます。

　産業革命からの資本主義の発展によって人々は豊かになりましたが、同時に貧富の差が拡大し、社会的経済的弱者も存在するようになってしまいました。この社会権は、社会的経済的弱者が、国家に対して、自分たちが人間にふさわしい生活を営むことができるように積極的な配慮をするよう求める権利です。言い換えると、国家が社会的経済的弱者を一定の生活を営める水準まで引き上げることを意味します。そのため、表現の自由（21条1項）といった自由権が国家からの自由といわれるのに対して、社会権は、国家による自由といわれています。ただ、社会権も国家による不当な侵害があった場合には、その排除を求めることができるので、自由権的側面ももっています。

　これから、2で生存権（25条1項）、3で教育を受ける権利（26条1項）、4で労働基本権（28条）についてみていきます。

2 生存権ってどんな権利？

Case 1	A子は生活保護を受けています。20XX年、国会は、1000兆円を超える財政赤字を理由に、生活保護費がA子の現在受け取っている金額の3分の1となる生活保護法改正案を可決しました。改正された生活保護法が施行されたならば、A子は改正後の生活保護法が、

25条1項に違反していると主張しようと考えています。
このような主張は認められるでしょうか。

Answer 1 生活保護費を現在の3分の1まで減らしてしまうことは、25条1項に違反しているだろうと考えられるので、A子の主張は認められます。

(1)　生活に困ったら生存権

①　生存権とは、25条1項で定める「健康で文化的な最低限度の生活を営む権利」のことをいいます。

(2)　もしも生存権がなかったら……

　もしも、あなたが事故でけがをしてしまい働けなくなってしまった場合に、国から生活費が支給されなかったらどうなるでしょう。自分で働けず、面倒をみてくれる家族もいない場合、お金持ちでないかぎり生活に困ってしまいます。まさに生存権は、国民の最後の命綱として機能する大事な権利なのです。

第25条
1　すべて国民は、健康で文化的な最低限度の生活を営む権利を有する。
2　国は、すべての生活部面について、社会福祉、社会保障及び公衆衛生の向上及び増進に努めなければならない。

(3)　生存権って具体的にはどんな権利なんだろう？―生存権の法的性格―

（1）なぜ法的性格が問題となるの？

　25条1項は、どんな生活ができたら「健康で文化的な最低限度の生活」といえるのかについて具体的なことは何も書いていません。このように、生存権の内容は非常に抽象的であるため、はたしてこれが権利といえるのか、また、権利といえるとしたら、どのような内容の権利なのかが問題となります。

（2）憲法だけでは足りません

　25条1項は、国民に対して生存権を保障していますが、この権利は抽象的権利にとどまると考えられています。抽象的権利とは、権利としてはあるけれどもその抽象的な内容を具

体化する法律が制定されるまでは裁判所に救済を申し立てられない権利のことをいいます。

生存権についてみると、現在は生活扶助を行う法律として生活保護法があり、生活保護法のなかで、だれが、どのような場合に、いくら生活扶助費としてお金をもらえるか、が具体的に規定されています。そのため、**Case 1**のような生存権が問題となる場合に、A子は生活扶助費を3分の1に減額する法律が憲法25条1項に違反しないかについて裁判所に審理・判断してもらえることになるのです。このような考え方を**抽象的権利説**といいます。そのほかには**プログラム規定説**と**具体的権利説**があります。

(4) 裁判所はどう判断するんだろう？

Case 1のように生存権侵害が問題となった場合に、裁判所はどのような違憲審査基準で判断するのでしょうか。

(1) 判例はどんな基準で判断したの？

児童扶養手当とほかの公的年金とを同時に受けることができないことが25条に違反しないかが問題となった事件において、判例は、「健康で文化的な最低限度の生活」(25条1項)は抽象的なものであるから、何が「健康で文化的な最低限度の生活」といえるかの判断においては、国会に広い裁量があるとし、その判断が著しく合理性を欠いていて、明らかに裁量の逸脱・濫用といえる場合にかぎり違憲となる、というゆるやかな審査基準を使用しています (明白の原則)。

(2) あなたはどう考える？

判例が採用した明白の原則は、とてもゆるやかな違憲審査基準です。国会議員が著しく合理性がない法律をつくることはあまり考えられないので、法律が違憲となることはほぼないといえるからです。しかし、**Case 1**の生活保護費削減のような場合、受給者にとっては死活問題です。「健康で文化的な最低限度の生活」については、厳しい違憲審査基準で判断す

② **生活保護法第1条　この法律の目的**
この法律は、日本国憲法第25条に規定する理念に基き、国が生活に困窮するすべての国民に対し、その困窮の程度に応じ、必要な保護を行い、その最低限度の生活を保障するとともに、その自立を助長することを目的とする。

③ プログラム規定説では、25条1項は、国民の生存を確保すべき政治的道徳的義務を課した規定にとどまる（プログラム規定）ので、裁判所は25条1項違反について審理・判断することができないと考えます。

④ 具体的権利説は、抽象的権利説と異なり、生存権を保障するための具体的な法律が制定されていない場合でも、国の不作為の違憲確認訴訟を提起することができると考えます。

⑤ 堀木訴訟

るべきではないでしょうか。

（3）Case 1の場合はこうなる

　Case 1のように生活保護費を一気に現在の支給額の3分の1まで引き下げることは、単純に考えて1日3食食べていたのが、1日1食になってしまうということです。生活がとても苦しくなって、最悪の場合死んでしまうかもしれません。そのため、たとえ判例のとる明白の原則で判断したとしても、違憲となる可能性が高いでしょう。

3　教育を受ける権利ってどんな権利？

| **Case 2** | モンスターペアレンツと恐れられているB夫婦の子どもは、今年の春から地元の公立小学校に通っています。しかし、B夫婦は子どもが入学してから給食費を払っていません。小学校の先生が払うよう頼みに行っても、「26条2項後段で義務教育は無償なのだから、給食費を払う必要はないでしょう」と言われて追い返されてしまいます。
B夫婦の主張は認められるでしょうか。 |

| **Answer 2** | 給食費は、義務教育の無償の範囲に入らないと考えられるので、B夫婦の主張は認められません。 |

(1)　教育を受ける権利に含まれるものは何？

憲法第26条
1　すべて国民は、法律の定めるところにより、その能力に応じて、ひとしく教育を受ける権利を有する。

　教育を受ける権利（26条1項）は、従来、教育の機会均等を実現するための経済的配慮を国家に対して要求する権利であると考えられていました。しかし、現在はこれだけでなく、教育を受ける権利の中心は子どもの学習権であると考えられています。

　子どもの学習権とは、子どもが教育を受けて学習し、人間的に発達・成長していく権利をいいます。

(2) もしも教育を受ける権利がなかったら……

　もしも、教育を受ける権利がなかったら、国に子どもが勉強できる環境を整える憲法上の義務がないため、学校を設置しても授業料は有償にしてかまいません。そうすると、たまたま裕福ではない家庭に生まれ、授業料が払えず学校に行けなくなってしまう子どもがでてきます。現在のように、親の財産にかかわらず子どもならだれでも学校に行って勉強できるのは、教育を受ける権利が保障されているからなのです。

(3) 義務教育はどこまで無償なの？

(1) 26条2項後段の問題点はここ！

　26条2項後段⑦は、義務教育を受ける際に国民がお金を払わなくてよいことを規定しています。ただし、義務教育にかかる費用のうち何が無償となるかまでは規定していないため、無償となる範囲が問題となります。

⑦　**第26条**
2　すべて国民は、法律の定めるところにより、その保護する子女に普通教育を受けさせる義務を負ふ。義務教育は、これを無償とする。

12-1●

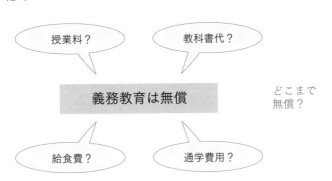

(2) 判例はどう考えているの？

　この問題を扱った1964年の判例は、**26条2項後段の義務教育の無償は授業料の無償を意味し、教科書、学用品その他教育に必要ないっさいの費用まで無償としなければならないと定めたものではない**としています。つまり、26条2項後段に教科書代の無償が含まれないとしました。そのため、この

判例の考え方からすると、**Case 2**の給食費も義務教育の無償
に含まれないことになります。

（3）教科書代は無償なの？

1963年以前は、授業料は無償でしたが教科書代は有償でし
た。現在は、1963年に「義務教育諸学校の教科用図書の無償
措置に関する法律」が制定されたので、教科書代も無償となっ
ています。つまり、判例の事件が起きた当時は、憲法上は教
科書代の無償が保障されていないという判決がでましたが、
立法によって解決されたのです。

あなたは、教科書代の無償が憲法上保障されないことをど
う考えますか。授業料は無償ですから授業にでられたとして
も、教科書に沿って授業を進める日本のスタイルだと、教科
書がなければ義務教育を受けることはできないと考えられま
す。考え方は時代の状況に対応して変化していきます。判例
がでた1964年から約60年も経っています。現在でも教科書
代の無償が憲法上保障されないといえるかどうかは、考えて
みてもいいかもしれません。

(4)　教育の内容はだれが決めるの？

公教育の実施にあたっては、すべての国民が等しく教育を
受けられるように、全国的に基本的な教育内容・水準を確定
し、それに沿って教育が行われる必要があります。そこで、
学校の授業でどんなことを教えるかについて決められるの
は、親や、親から教育の自由を託された教師といった国民な
のか、それとも国なのかという**教育内容決定権の所在**が問題
になりました。

旭川学テ事件

⑧　これについて判例は、教育内容決定権が国家にあるとする
考え方も、国民（親・教師）にあるとする考え方も、どちらも
極端かつ一方的であるため適切ではないとしています。その
うえで、子どもの教育が教師と子どもとの間の直接の人格的
接触を通じ、子どもの個性に応じて行われなければならない

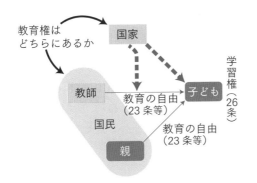

という本質的要請に照らして、教師に一定の範囲で教育の自由は保障されますが、すべての国民が等しく教育を受けられるように、国にも教育内容の決定権が必要かつ相当と認められる範囲において認められるとしています。

４ 働く人の大切な権利
―労働基本権―

Case 3 C男は大阪市内にあるDホテルで働いています。Dホテルは20XX年の大阪オリンピックの開催年に例年の2倍の売上げを記録しました。そこで、C男が所属するDホテル労働組合が給料の値上げをDホテルに申し入れましたが、Dホテルはオリンピック景気の反動で来年から売上げが例年より下がる見通しであることを理由に応じられないとしました。これに納得できないDホテル労働組合は、交渉日の翌週から2週間従業員をDホテルに出勤させませんでした。

この状況が報道されると、Dホテルの予約が次々にキャンセルされてしまいました。Dホテルは、Dホテル労働組合員のC男たちに予約キャンセル分の損害賠償請求ができるでしょうか。

Answer 3

Dホテル労働組合の行った2週間の欠勤は正当な争議行為にあたると考えられるので、DホテルはC男たちに損害賠償を請求できません。

(𝟣)　どんなものが労働基本権に含まれるの？

第28条
勤労者の団結する権利及び団体交渉その他の団体行動をする権利は、これを保障する。

28条は、労働者に、団結する権利（団結権）、団体交渉をする権利（団体交渉権）、団体行動をする権利（団体行動権）を保障しています。これら3つの権利をあわせたものを**労働基本権**といいます。

それでは、これら3つの権利について、それぞれみていきましょう。

（1）団結権ってどんな権利？

団結権とは、労働者の団体を組織する権利（労働組合結成権）であり、労働者を団結させて使用者の地位と対等に立たせるための権利です。

（2）団体交渉権ってどんな権利？

団体交渉権とは、労働者の団体が使用者と労働条件について交渉する権利です。

（3）団体行動権（争議権）ってどんな権利？

（a）ストライキは団体行動権（争議権）なの？

団体行動権とは、労働者の団体が労働条件の実現を図るために団体行動を行う権利であり、その中心は争議行為です。争議行為とは、業務の正常な運営を阻害する行為です。たとえば、職場の労働者が全員仕事をしないことによって使用者と争うストライキ等があります。

（b）仕事をサボっても大丈夫なの？

威力業務妨害罪については、ファーストトラック刑法第16章3を見よう！

損害賠償責任については、ファーストトラック民法第15章3、第26章を見よう！

争議行為は、労働者が営業を妨害して会社に損害を発生させる行為なので、威力業務妨害罪（刑法234条）が成立したり、雇用契約の債務不履行に基づく損害賠償責任（民法623条、415条）や不法行為に基づく損害賠償責任（709条）が生じたりする可能性のある行為です。そのため、本来争議行為は違法行

為として許されないはずです。しかし、憲法は労働者を使用者と同等の地位に立たせるために、正当な争議行為であれば、**刑事免責**（威力業務妨害罪は成立しない）と**民事免責**（債務不履行や不法行為の損害賠償責任を負わない）を与えて、労働者が争議行為を適法にできるようにしたのです。

Case 3 では、C 男の所属する D ホテル労働組合の行った 2 週間の欠勤に民事免責が認められるため、D ホテルから C 男への損害賠償請求（民法 415 条または 709 条）は認められません。

10　刑事とは、刑法などの刑罰法規の適用を受ける事柄をいいます。

11　民事とは、民法をはじめとする私法の適用を受ける事柄をいいます。

(2)　もし労働基本権がなかったら……

会社を経営するだけのお金を持っている使用者と日々の生活のためにお金を稼ぐ労働者とでは、使用者のほうが経済的に圧倒的に有利な地位にあります。そのため、使用者は、「代わりに働いてくれる人はほかにいるから、君は別の会社で働けばいいよ」と言うことができ、そう言われると労働者も言い返せないので、常に使用者に有利な雇用契約が結ばれることになりかねません。もし労働基本権がなく、労働者が団結をして使用者と対等の立場に立てなかったら、このような事態に陥ってしまう可能性もあります。

(3)　労働組合ってなんだろう？

（1）　労働組合ってどんな組織？

労働組合とは、労働者が労働条件の維持改善等を目的に組織した団体のことをいいます（労働組合法 2 条柱書本文）。労働組合は団体交渉や争議行為を行う当事者であるため、使用者、労働者と並ぶ重要な主体であるといえます。

（2）　労働者にとって労働組合の命令は絶対なの？

労働者は団結することで使用者と対等の地位に立つことができます。そのため、労働組合には、労働組合の活動について組合員である労働者に対して命令する権利、いわゆる**統制権**が認められています。もっとも、組合活動には、労働条件

12　**労働組合法第 2 条　労働組合**
この法律で「労働組合」とは、労働者が主体となって自主的に労働条件の維持改善その他経済的地位の向上を図ることを主たる目的として組織する団体又はその連合団体をいう。（以下略）

の維持改善に必要な限度内での政治活動や社会活動も含まれます。そこで、労働組合の統制権と個々の組合員である労働者の権利との調整が問題となります。

この点に関しては、地方議会議員選挙にあたり M 労働組合が候補者を擁立したのですが、この候補者を当選させるため他の組合員には立候補を禁止した事件がありました。この事件では、N 組合員がこの命令に違反して立候補をしました。M 労働組合は、命令違反をした N 組合員に対して組合員としての権利を 1 年間停止するという不利益な処分を行いました。M 労働組合の統制権行使により N 組合員の立候補の自由（憲法 15 条 1 項）が制約されることになりますが、どちらが優先されるのでしょうか。

判例は、労働組合の統制権行使と立候補の自由はともに憲法上重要であることから、統制権行使の必要性と立候補の自由の重要性を比較してどちらを優先するか決めるべきとしました。そして、F 組合員に立候補を思いとどまるよう説得することまでは許されるが、説得を超えて立候補を思いとどまるよう要求し、この要求に従わないことを理由に統制違反者として不利益な処分を行うことは許されないとしました。

プラスα文献

試験対策講座 14 章 1 節 ①・②、2 節、4 節
判例シリーズ 67 事件、68 事件、72 事件
条文シリーズ 25 条、26 条、28 条
ステップアップ No. 17〜No. 19

三井美唄労組事件 13

憲法第 15 条
1 公務員を選定し、及びこれを罷免することは、国民固有の権利である。
＊15 条 1 項は立候補の自由について直接規定していませんが、この判例は、立候補の自由は選挙権の行使と表裏の関係にあるとして 15 条 1 項で保障されるとしました。 14

1	生存権には、社会権的側面があるが、国民がみずからの手で健康で文化的な最低限度の生活を維持する自由を有し、国家はそれを阻害してはならないという<u>自由権的側面が認められることはない</u>。 （特別区 H27 年）	× 1
2	生活保護の支給額が、「最低限度の生活」を下回ることが明らかであるような場合には、特別な救済措置として、<u>裁判所に対する直接的な金銭の給付の請求が許容される余地がある</u>と解するべきである。 （行書 H30-5）	× 2【3】(2)
3	抽象的権利説は、憲法の生存権の規定は、個々の国民に対し法的権利を保障したものではなく、<u>国に政治的・道徳的義務を課したにとどまるとするもの</u>である。 （特別区 H20 年）	× 2【3】(2)
4	憲法第 26 条の規定の背後には、特に、みずから学習をすることのできない子供は、その学習要求を充足するための教育を自己に施すことを大人一般に対して要求する権利を有するとの観念が存在している。 （国家一般 H26 年）	○ 3【1】
5	最高裁判所の判例では、憲法の義務教育は無償とするとの規定は、<u>授業料および教科書代を徴収しないこと</u>を意味し、このほかに学用品その他教育に必要な一切の費用まで無償としなければならないことを定めたものではないとした。 （特別区 H24 年）	× 3【3】(2)、(3)
6	憲法の採用する議会制民主主義のもとにおいては、国は、法律で、<u>当然に</u>、公教育における教育の内容および方法についても<u>包括的にこれを定めることができる</u>。 （国家一般 H26 年）	× 3【4】
7	憲法第 28 条は団体行動をする権利を保障しており、団体行動とはストライキその他の争議行為をいう。労働組合が同条によって保障される正当な争議行為を行った場合、刑事責任は免責されるが、<u>民事上の債務不履行責任や不法行為責任は免責されない</u>。 （国家一般 R1 年）	× 4【1】(3)(a)、(b)

Topics

生活保護って恥ずかしい？

1．日本の生活保護の現状

　生活保護制度は、自力では生活することが困難な人に、国が金銭的な援助をする制度です。生活保護の受給者数は、1995年ころからは増加する傾向が続いていましたが、2015年3月に減少に転じました。現在も減少は続いていて、2015年3月の時点で約217万人いた受給者数は、2022年8月現在、203万人ほどになっています（参照資料　厚生労働省ホームページ被保護者調査 https://www.mhlw.go.jp/toukei/saikin/hw/hihogosya/m2022/08.html）。

2．外国人も生活保護を受けられるの？

　生活保護法1条の解釈上、外国人には生活保護法は適用されません。判例（☆生活保護国籍要件事件）も同様の立場です。といっても、この判例は、行政庁の通達等に基づく行政措置により、外国人を事実上の保護の対象とすることはありうるとしています。実際に、一定の外国人については、国の通知に基づき、生活保護に準じた保護が行われています。

　この判例は、しばしば、外国人に対する生活保護を禁じたものだとして紹介されますが、誤りです。注意してください。なお、国の財源の制約がありますから、特別に外国と結ばれた条約がなければ、合理性の認められる範囲内で日本国民を優先的に取り扱うことは許されます。

3．生活保護を受けることは恥ずかしいことじゃない！

　日本は、生活保護を必要としているにもかかわらず、生活保護を受給していない人の割合が、先進国のなかでは高いといわれています。その原因が何であるかは、人によって千差万別でしょうから軽々とはいえませんが、いわゆる水際作戦や、生活保護を恥ずかしがって遠慮してしまう風潮が、原因の一部であると考えられます。

　水際作戦で生活保護の申請を回避するなど、許されることではありません。また、生活保護を求める権利があるならば、積極的に主張するべきです。こうした現状を改善し、必要な人が生活保護を受けやすい環境を整えることは、立法府や行政府の責務というべきでしょう。

第13章

受益権・参政権 ── あなたの1票が国を変える

第13章

1 国家に要求をする権利を知ろう！

キ……ここは基本！
スデ…君ならできる！
…… できたらスゴイ！

(1) 受益権ってどんな権利？

　国家に対して一定の行為を要求する権利を受益権といいます。

　国務請求権ともよばれ、具体的には、①請願権 (16条)、②裁判を受ける権利 (32条)、③国家賠償請求権 (17条)、④刑事補償請求権 (40条) が憲法上で定められています。これらについて、条文を中心にみていきましょう。

(2) 請願権ってなんだろう？

| Case 1 | ①脱原発運動家である外国人Aは、電気の使用量の多い東京都に対して、原子力発電所 |

廃止のためにも更なる節電を求めること、たとえばエアコンは使わないこと、といった内容の要求はできるでしょうか。
②請求ができる場合、東京都は要求どおりの行動をとらなくてはならないのでしょうか。

| Answer 1 | ①更なる節電を求めることができます。②東京都は要求どおりの行動をとる必要はあ |

りません。

　請願とは、国または地方公共団体の機関に対して、国務に対する希望を述べることをいいます。つまり、国などに「○○して！」と要求することが憲法上権利として保障されているのです。

　ただ、16条は、請願を受けた機関にそれを誠実に処理する

義務を課す (請願法5条) だけで、**請願の内容を審理、判定する法的義務は生じません。**要求されたことを誠実に処理すれば、要求を必ずしも実現させなくてよいのです。つまり、**Case 1** の②では、東京都は請求どおりの行動をとる必要はないことになります。

① 憲法16条に「何人も」とあるように、未成年者でも法人でもだれでも請願することができます。さらに、その内容も機関も限定されていないため、**どのような内容でも、どの機関に対しても請願することができる**のです。ですから、**Case 1** の①では、外国人である A が請願をすることができますし、更なる節電を求める旨を請願の内容とすることも認められます。

第 16 条
何人も、損害の救済、公務員の罷免、法律、命令又は規則の制定、廃止又は改正その他の事項に関し、平穏に請願する権利を有し、何人も、かかる請願をしたためにいかなる差別待遇も受けない。

(3) 裁判を受ける権利って大事なの？

第 32 条
何人も、裁判所において裁判を受ける権利を奪はれない。

② **裁判を受ける権利** (32条) は、政治権力から独立した公平な司法機関に対して、すべての個人が平等に権利・自由の救済を求め、かつ、そのような公平な裁判所以外の機関から裁判されることのない権利をいいます。だれであってもこの権利を奪われることはありません。つまり、公平な裁判所に対して、憲法で保障されている権利・自由の救済を求めることを保障することで、憲法上保障されている権利・自由を擁護しているのです。

この権利はだれにでも保障されるので、自然人でも法人でも、もちろん外国人に対しても保障されます。

いわゆる**違憲審査制** (詳しくは第 27 章 違憲審査制と憲法訴訟で学習します) を採用する日本で、権力を法で拘束し、それにより国民の権利・自由を擁護することを目的としている**法の支配**を実現するためには、この裁判を受ける権利は必要不可欠なものです。

ただし、判例は、たとえば最高裁判所や東京地方裁判所などといった具体的な裁判所において裁判を受ける権利までは

保障していないと、憲法制定からまもない 1949 年からして
いるので注意しましょう。

(4) 国家賠償請求権ってなんだろう？

(1) 国家賠償請求権ってどんな権利？

| Case 2 | 警察官が、勤務中に、持っていた銃で殺意を
もって近所の人を殺害しました。その遺族は、
国に対して慰謝料を請求できるでしょうか。 |

| Answer 2 | 国家賠償法1条1項の要件をみたすため、慰
謝料を請求できます。③ |

　国家賠償制度は、警察官などの公務員による国家の権力の
不法な行使について、国家の賠償責任を認める制度であり、
これを具体化した法律が、国家賠償法（以下「国賠法」といいま
す）です。国家賠償請求権は、憲法17条で賠償の要件が定めら
れているわけではないので、具体化する法律が必要とされま
④
す。しかし、憲法上明文で権利として保障されているため、
いわゆるプログラム規定ではなく抽象的権利にあたります。

(2) 法律の制定を怠った場合も対象になるの？

| Case 3 | B男は、外国で暮らしていました。その当時は
外国暮らしの国民が国政選挙に投票する制度
がなかったため、投票することができませんでした。この
場合、B男は、選挙権の行使を認めないことは違法である
として、国に対して国賠法1条1項に基づき損害賠償を請
求できるのでしょうか。 |

| Answer 3 | 原則できませんが、例外的な場合は請求する
ことができます。 |

　国家賠償請求が認められるためには、公務員の行為が違法
なものといえなければなりません（国賠法1条1項）。つまり、
損害を受けた人が国家賠償請求をするには、国会議員が法律
をつくった行為（立法行為）や法律をつくらなかった行為（立法
不作為）が違法であることを訴えていくことになります。

3　国家賠償法第1条
1　国又は公共団体の公
権力の行使に当る公務員
が、その職務を行うにつ
いて、故意又は過失に
よって違法に他人に損害
を加えたときは、国又は
公共団体が、これを賠償
する責に任ずる。

4　**憲法第 17 条**
何人も、公務員の不法行
為により、損害を受けた
ときは、法律の定めると
ころにより、国又は公共
団体に、その賠償を求め
ることができる。

プログラム規定、抽象的
権利については、第12章
社会権の2(3)を見よう！

それでは、どのような場合に国会議員の立法行為や立法不作為が違法となるのでしょうか。

そもそも、どのような法律をつくり、どのような法律をつくらないかは、国会議員の判断に委ねられています。そのため、国会議員の立法行為や立法不作為は、原則として違法とはならないと考えられています。

在宅投票制度廃止事件上告審判決

しかし、常に立法行為や立法不作為が違法とならないわけではありません。最初にだされた判例では、立法の内容が、それ以外の意味に考えられない憲法上の文言に違反しているにもかかわらず、あえてその立法行為を行った場合のような、簡単に想定しがたい例外的な場合には、立法行為や立法不作為が違法となるとしています。

☆在外邦人国民審査権違憲訴訟事件 2022 年判決

そして、現在の判例では、憲法上保障されている権利を行使する機会を確保するために法律をつくることが必要であるとわかっているのに、正当な理由もなくそれを長い間放置する場合などには、例外的に立法不作為は違法になるとされているのです。

それでは、**Case 3** の場合はどうでしょうか。

Case 3 では、憲法上の権利である選挙権が行使できない状態となっているので、選挙権を行使できるようにするための措置をとる必要があります。ですから、この場合に国会がこれを正当な理由もなく長い間放置しているときには、立法不作為が違法であるといえ、B 男は、国家賠償請求ができます。

〔5〕 刑事補償請求権ってなんだろう？

Case 4 警察官は、C 子が真犯人であると確信して逮捕しました。その後の裁判で C 子は無罪とされた場合、C 子は国に補償を求めることができるでしょうか。

Answer 4 補償を求めることができます。

　国は、警察官によって身体を拘束された者が後に無罪の裁判を受けた場合には、被った損失を補償する必要があります。そこで、公平の観点から補償請求を認めたのが40条です。⑺

(4)の国家賠償とは制度自体が異なるので注意しましょう。

⑺ **第40条**
何人も、抑留又は拘禁された後、無罪の裁判を受けたときは、法律の定めるところにより、国にその補償を求めることができる。

2 参政権ってどんな権利？

| Case 5 | ①日本の政治を良くしたいと考えている20歳のD男は、衆議院議員選挙に立候補することができるでしょうか。 |

②選挙犯罪を犯して2年の拘禁刑に処せられ、刑務所にいるE子は、所属していた団体が推薦する候補者F男に投票することができるでしょうか。

Answer 5　①D男は、まだ20歳なので立候補ができません。

②拘禁刑中のE子は投票することができません。

(1)　参政権ってなんだろう？

　参政権とは、国民が主権者として、直接、または代表者を通じて国の政治に参加する権利です。代表的なものとして、選挙権(15条1項)、被選挙権があげられます。参政権が保障されることで、国民に主権があるといえるのです。

(2)　選挙権・被選挙権ってなんだろう？

　選挙権とは、選挙人として、選挙に参加することのできる資格または地位のことをいいます。これに似た用語ですが、被選挙権とは、公職の選挙において候補者となり、当選人となることのできる資格または地位のことをいいます。立候補の自由ともいいます。

　被選挙権は、憲法に書かれてはいません。しかし、選挙に立候補する自由が不当に制約を受けると、選挙人（有権者）は

⑻ **第15条**
1　公務員を選定し、及びこれを罷免することは、国民固有の権利である。
2　すべて公務員は、全体の奉仕者であって、一部の奉仕者ではない。
3　公務員の選挙については、成年者による普通選挙を保障する。
4　すべて選挙における投票の秘密は、これを侵してはならない。選挙人は、その選択に関し公的にも私的にも責任を問はれない。

三井美唄労組事件

選挙を通じて自由な意思を表明することができなくなり、自由かつ公正な選挙も阻害されることになってしまいます。そのため、判例は選挙権（15条1項）と表裏一体のものとして、憲法上の権利として保障されているとしています。

議員としての職務遂行には、選挙人（有権者）よりも一般的に高い年齢が必要です。選挙権は満18歳以上から得られますが、被選挙権を得るには、衆議院議員の場合は満25歳以上、参議院議員の場合は満30歳以上であることが必要とされます。そのため、**Case 5** ①のD男は、あと5年経たないと立候補ができません。

原則として選挙権の制限は許されません。しかし、選挙の公正および適正を図る必要もあることから、**選挙権が自由に行使されると選挙の公正を確保することがとても難しいと認められる場合**には、例外として選挙権の制限が認められています。

刑法等の一部改正（2022年法律第68号）によって「拘禁刑」と改正され、公布日から3年以内に施行されますが、それまでは「禁錮」になります。

たとえば、公職選挙法11条1項2号には、「拘禁刑以上の刑に処せられその執行を終わるまでの者」は、選挙権および被選挙権がないと規定されています。**Case 5** ②のE子は、選挙犯罪で拘禁刑になっているので、選挙権はありません。そのため、F男に投票することはできないということになります。

成年被後見人とは、民法7条で、精神上の障害により事理を弁識する能力を欠く常況にある者で、家庭裁判所から後見開始の審判を受けた者と定められています。
たとえば、重度の認知症にかかるなどして判断能力が欠けていて、法律的な事柄がよくわからなくなってしまっている場合などが、「事理を弁識する能力を欠く常況」にあたります。

なお、従来は、成年被後見人についても選挙権および被選挙権がないと規定されていましたが（旧公職選挙法11条1項1号）、東京地方裁判所が違憲無効とする判決をしました。その後、東京高等裁判所において、その成年被後見人の選挙権を認め、訴訟を終了させる旨の和解が成立しました。現在、この規定は削除され、成年被後見人の選挙権および被選挙権が回復されました。

ファーストトラック民法第2章4(3)を見よう！

(3) 選挙の基本原則にはどんなものがあるの？

選挙には、**普通・平等・秘密・直接・自由**という5つの基

本原則があります。

普通選挙 (⇔制限選挙)	財力、教育、性別等を選挙権の要件としない制度。憲法は、15条3項でこの原則を確認している。
平等選挙 (⇔複数選挙・等級選挙)	選挙権の価値は平等、すなわち一人一票を原則とする制度。現在では、選挙権の数的な平等の原則のみではなく、投票の価値の平等の要請をも含むものと考えられている。 最近は、1票の格差問題というものが生じている。
自由選挙 (⇔強制投票)	棄権しても罰金、公民権停止、氏名の公表等の制裁を受けない制度。
秘密選挙 (⇔公開投票)	だれに投票したかを秘密にする制度。憲法は、15条4項でこの原則を確認している。
直接選挙 (⇔間接選挙、複選制)	選挙人が公務員を直接に選挙する制度。

1票の格差問題については、第4章 法の下の平等の3(2)を見よう！

⎡プラスα文献⎤
試験対策講座 12章、13章
判例シリーズ 72事件、96事件、96事件関連判例1
条文シリーズ 15条〜17条、32条、40条
ステップアップ No. 20

1	基本的人権を自由権、平等権、参政権、社会権および受益権に分類した場合、裁判を受ける権利は社会権に分類される。(都庁 H20 年)	× 1【1】
2	請願権の保障は、請願を受けた国や地方自治体の機関に、請願の内容を審理および判定する法的拘束力を生ぜしめる。(特別区 H23 年)	× 1【2】
3	選挙権を有しない外国人や未成年者は、請願権を有しない。(特別区 H23 年)	× 1【2】
4	請願は、請願者の利害に関するものである必要はなく、国や地方自治体の機関に対して、その職務権限に属する事項について要望を述べる行為である。(特別区 H23 年)	○ 1【2】
5	憲法第 32 条の趣旨は、すべての国民に、憲法または法律で定められた裁判所においてのみ裁判を受ける権利を保障するとともに、訴訟法で定める管轄権を有する具体的裁判所において裁判を受ける権利を保障したものと解されるから、管轄違いの裁判所による裁判は同条に違反するとするのが判例である。(国一般 H25 年)	× 1【3】
6	選挙権の行使が不可能あるいは著しく困難となり、その投票の機会が奪われる結果となることは、これをやむをえないとする合理的理由の存在しないかぎり許されないのであるから、在宅投票制度を廃止した立法行為は、立法目的達成の手段としてその裁量の限度を超え、これをやむを得ないとする合理的理由を欠き、憲法の規定に違反する。(国Ⅱ H18 年)	× 1【4】(2)
7	最高裁判所は、立候補の自由について、被選挙権は、選挙されうる資格にすぎず、選挙されることを主張しうる権利ではないため、憲法が保障する基本的人権にはあたらないと判示した。(都庁 H17 年)	× 2【2】
8	憲法は、選挙における投票の秘密を保障しており、最高裁判所は、議員の当選の効力を定める手続において、選挙権のない者が行った投票についても、その投票が何人に対してなされたかを取り調べてはならないと判示した。(都庁 H17 年)	○ 2【3】

権力分立——日本の権力はチェックアンドバランス

Case	20XX年、1000兆円に上る借金、少子高齢化による年金制度の破綻、近隣諸国との領土紛争

といった問題が山積みであるにもかかわらず、一向に解決する気配がない政府や国会に嫌気が差したA子は、こんなことなら良識のある裁判官が政府のように法律を執行し、国会のように立法も行ったほうが、問題が適切かつ迅速に解決されて、国民の生活も良くなると考えました。
裁判官の所属する裁判所が、裁判だけでなく政治も立法も行うというA子の考えた制度は、憲法のもとで採用することができるでしょうか。

Answer A子の考えた制度は、権力分立に反するため、採用することはできません。

キ……ここは基本！
ステ…君ならできる！
∴…できたらスゴイ！

1 日本の統治機構をおさらいしよう！

(1) 立法権と行政権と司法権はどんなものなの？

（1）三権の関係は正三角形

　日本は、国家権力の作用を立法権、行政権、司法権の3つに分けて、この3つがお互いに監視し合うことで、お互いの動きを抑制させて、それぞれの権力を均等に保たせるようにしました。

　簡単にいうと、憲法は、国会、内閣、裁判所を正三角形の各頂点において、これらのどれか1つの機関が抜きんでて権力をもったり、どれか1つを抑え込んだりするようなことが起きないように定めているのです。

　この三権分立は、権力分立の典型例としてあげられますが、

権力分立としての側面がある政治制度もあわせて説明しておきます。

1つは、第25章の地方自治と関係します。国家全体では、まず、中央と地方との権限分配があります（垂直的分立）。次に、中央および地方内で、それぞれ水平的に分配されます（水平的分立）。そして、中央では、先ほどの立法（国会）、行政（内閣）、司法（裁判所）を水平的に、三権に分配しています。

ただ、地方の権限分配は、憲法93条の規定を受けて、地方自治法で定める首長主義（首長制）に基づくものです。

14-1

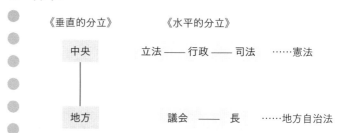

《垂直的分立》　　　《水平的分立》

中央　　　　立法 —— 行政 —— 司法　……憲法

地方　　　　議会 —— 　長　……地方自治法

もう1つは、第16章1の二院制です。衆議院と参議院という二院制は、衆議院と参議院でお互いの動きを抑制させ、それぞれの権力を均等に保たせ、これによって国会がその権力をよりよく行使することが期待されています。ですから、二院制も権力分立としての側面があるといえます。

（2）三権はどんな役割なの？

まず、法律をつくることができる作用を立法権といいます。国会が、立法権を担っています。

次に、国家権力のうち立法権と司法権を除いた部分が行政権といわれます。行政権とは、法律をつくったり、法律をチェックしたりすること以外を広く含む作用であって、そのなかでも法律の執行をする作用が中心となります。内閣が、行政権を担っています。

そして、裁判を行う作用を司法権といいます。裁判所が、

立法権については、第15章 国会の地位で詳しく学習します。

行政権については、第18章 行政権と内閣で詳しく学習します。

司法権については、第20章 司法権で詳しく学習します。

司法権を担っています。

(2) 権力分立は、三権のチェックアンドバランスが大切！

　立法権を行使する国会、行政権を行使する内閣、司法権を行使する裁判所の抑制し合う構図を単純化して説明すると、国会のつくる法律は裁判所に審査され、裁判所の裁判官は内閣が任命し、内閣は国会の制定した法律がなければ活動できません。

　このように、国家権力が1つの機関に集中しないで、お互いを抑制（けん制）し合って均衡状態にある関係を、**権力分立**といいます。なぜ権力分立を採用するのかについては、次の2で詳しくみていきましょう。

14-2

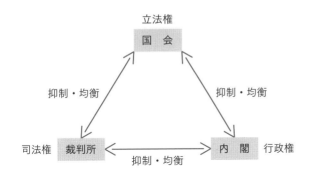

立法権
　国　会
抑制・均衡　　　　　　　抑制・均衡
司法権　裁判所　←　抑制・均衡　→　内　閣　行政権

2 統治機構の重要性を確認しよう！

(1) 憲法がとる基本理念はなんだろう？

　憲法は、権力を制限することによって国民の自由を保障しようという考えを基本理念として、**立憲主義**を採用しています。

　このように、立憲主義を採用した憲法のもとでは、国の統

治機構は人権保障を図ることができる制度である必要がある
のです。

(2) 立憲主義のもとでとるべき制度はなんだろう？

　たしかに、国会が法律をつくっても、政府が法律を執行し
ても、結局後で裁判所に審査されるならば、**Case** でＡ子が
考えたように、最初から裁判所が法律をつくって、その執行
もしたほうが効率的だとも考えられます。しかし、権力が１
つの機関に集中してしまうと、権力の濫用を招き、人権侵害
が行われる危険性が大きくなるという弊害が生じてしまうの
です。Ａ子の考えのように、裁判所が法律をつくって（立法権）、
その執行もして（行政権）、裁判も行ったら（司法権）、どうなる
でしょうか。法律の執行を行う裁判所は、自分でルール（法
律）をつくれるなら、自分の都合のいいルール（法律）をつくっ
てしまうでしょう。法律の執行を行う裁判所が自分の行いの
良し悪しを決められるなら（裁判）、自分の行いが正しいとい
う判定をしてしまうでしょう。権力を握ってしまうと、人は
権力の魅力に取りつかれて知らず知らずのうちに（自分ではよ
いことをしているつもりであっても）、権力を濫用してしまうもの
なのです。そうすると、権力者の行いによって人権が侵害さ
れた人達は、どこにも救済してもらえないことになってしま
います。

　このように、権力が１つの機関に集中してしまうことが、
権力の濫用を引き起こして人権侵害が行われる原因であると
いえます。そこで、立憲主義の目的である人権保障を図るた
めには、権力の作用を分割し、分割した権力作用を行使する
機関を、ルールをつくる機関（立法権を行使する国会）とルール
にのっとって活動する機関（行政権を行使する内閣）とルール違
反の有無を審査する機関（司法権を行使する裁判所）に分けて、
相互に抑制させて均衡状態をつくるという権力分立制度をと
ることが絶対に必要となるのです。

では、**Case** のような場合はどうでしょうか。

A子は、裁判官の所属する裁判所が、裁判だけでなく法律の執行も立法も行ったほうがいいと考えています。しかし、このように権力が集中することは、権力分立に背き、ひいては権力分立を要求する立憲主義にも背くことになってしまうのです。

ですから、A子の考えた制度を採用することはできないでしょう。

14-3

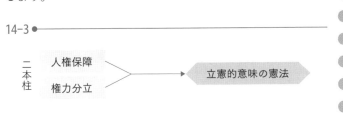

3 国によって権力分立のかたちは違うの?!

権力分立は、三権の均衡を図る制度ですが、立法権の位置づけの違いによって、アメリカ型とフランス型の権力分立が存在します。

(1) アメリカではこうなっている！

アメリカ合衆国は、イギリスの植民地であった時代に、イギリス議会の制定する、イギリスに有利でアメリカに不利な法律に対する抗争を通じて、イギリスからの独立を果たしました。このような経緯から、立法権への不信が強く、三権は憲法のもとに平等の地位にあるとされました。そのため、アメリカでは、権力分立が、裁判所の違憲審査権を支える根拠となりました。

(2) フランスではこうなっている！

　一方、フランスでは、圧制的な支配者であった国王と、国王のもとで権力を振るった裁判所に対する抗争を通じて、近代立憲主義国家に生まれ変わりました。そこで、司法権への不信が強いため、三権の地位は平等ではなく**立法権が中心的地位にある**とされました。そのため、フランスでは、権力分立が、裁判所の違憲審査権を否定する根拠となりました。

14-4

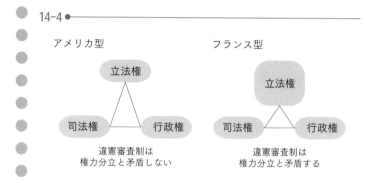

アメリカ型　　　　　　　　　　フランス型

立法権

司法権　　　行政権

違憲審査制は
権力分立と矛盾しない

立法権

司法権　　　行政権

違憲審査制は
権力分立と矛盾する

(3) 日本ではこうなっている！

　日本は、**議院内閣制**という国会と内閣が協調関係にあることが前提となる制度を採用しているため、立法権と行政権の間で抑制と均衡を期待するのは困難です。しかし、81条によって裁判所に違憲審査権を認めているので、どちらかといえば、アメリカ型の権力分立を採用しているといえます。

議院内閣制については、第18章　行政権と内閣の４で詳しく学習します。

第81条
最高裁判所は、一切の法律、命令、規則又は処分が憲法に適合するかしないかを決定する権限を有する終審裁判所である。

プラスα文献
試験対策講座 16 章 1 節①
条文シリーズ 4 章■序①
ステップアップ No. 22

1	内閣総理大臣は、最高裁判所の長たる裁判官を指名し、その他の最高裁判所の裁判官を任命する。　　　　　　　　（裁事 H21 年）	× 1【2】
2	最高裁判所の長たる裁判官は、内閣の指名に基づいて天皇が任命し、下級裁判所の裁判官は、内閣の指名した者の名簿によって、最高裁判所が任命する。　　　　　　　　　（特別区 H25 年）	× 1【2】
3	権利の保障が確保されず、権力の分立がなされていない社会は、憲法をもっているとはいえない、との格言は立憲的意味の憲法の趣旨を示している。　　　　　　　　　　　（行書 H21-3）	○ 2【1】、【2】

国会の地位——国会が一番偉い?!

キ……ここは基本！
スデ……君ならできる！
……できたらスゴイ！

1 国会って何をしているところだったかな？

　国会の活動にはどんなものがあるでしょうか。法律をつくる、予算を決める……さまざまなものがあります。これら国会の活動は、私たち国民の生活に大きく関わります。たとえば、消費税率を変更する法律が制定されれば、私たちの生活に大きな影響がでますし、予算が少なくなれば私たちが受ける行政サービスの内容も変化するかもしれません。

　もし国会が好き勝手に法律を制定したり、予算を決めたりすることができるとしたら、国民の生活は混乱してしまいますし、また、不当な人権制約がされるおそれもあります。そこで、憲法は、国会が好き勝手に活動することのないように、国会の地位、活動内容などについて、20条以上にもわたって定めています。

　それでは、まず「国会の地位」について学習していきましょう。憲法は、国会に①国民の代表機関（43条1項）、②国権の最高機関（41条前段）、③唯一の立法機関（41条後段）という3つの地位を与えています。順にみていきましょう。

2 国民の代表機関が国会だったかな？

| Case 1 | A男は、20XX年の衆議院議員選挙に、福祉サービスを充実させるために消費税の増税を掲げるB党から立候補しました。選挙の結果、A男は当選しま |

したが、次第に消費税の増税に反対するようになり、「消費
税増税法案に賛成をしなければならない」というB党の決
定に従いませんでした。B党は、党の決定に従わなかった
A男を除名しました。

A男は、「国会議員は自己の判断で自由に行動できるので、
党の決定に従わないことを理由に除名することは許されな
い」と主張しました。この主張は認められるでしょうか。

Answer 1　A男の主張は認められません。

(1)　全国民の代表ってどんな意味なの？

　43条1項は、国会（両議院）が「全国民を代表する……議員」
で組織されると規定しています。この**全国民の代表**とはどう
いう意味なのでしょうか。

　国会議員には、2つの代表としての側面があります。

　1つは、文字どおり①「全国民の代表」としての側面です。
国会議員には、国民全体にとってどうすることがもっとも利
益になるのかという観点からの判断が求められます。たとえ
ば、新幹線をどこに通すかについて、自分の選挙区よりも、
別の地域に通したほうが交通の利便性が増して国益の増加に
つながるとするならば、その別の地域に新幹線を通す、との
判断が求められます。

　もう1つは、②「選挙区（比例代表区を含みます）の有権者の
代表」としての側面です。たとえば、有権者が、この地域に
新幹線を通してほしい、道路を整備してほしいというような
要望をもっていたとします。有権者はこの要望に応えてくれ
そうな候補者に投票をします。こうして当選した議員は、選
挙区の有権者の利益を代表しているということができます。

　①の側面を重視すれば、全国民の利益になるように行動する
のが議員の仕事であり、議員は、選挙区の有権者の意思に拘束
されるべきでないといえます。これを**自由委任**といいます。

> ①
> **第43条**
> 1　両議院は、全国民
> を代表する選挙された
> 議員でこれを組織す
> る。

他方で、②の側面を重視すれば、選挙区の有権者の意見を代弁することこそが議員の仕事であり、議員は、選挙区の有権者の意見に拘束されるべきであるといえます。これを**命令委任**といいます。

　では、「全国民の代表」とはどちらを意味するのでしょうか。

　これは、あくまでも自由委任が原則だと考えられています。ただ、自由委任のみを重視するのでは国会議員として不十分です。そこで、自由委任を原則としつつも、選挙区の有権者の意見をできるかぎり反映させなければならないと考えられています。つまり、国会議員は、国民全員の利益を追求しながらも、選挙区の有権者の意思を尊重しなければならず、両者のバランスを保ちながら行動しなければならないということです。このような代表制の考え方を**社会学的代表**といいます。43条1項の「代表」とは、この社会学的代表を意味していると考えるべきでしょう。

(2)　政党の指図は絶対?!

　テレビや新聞などで政治のことが取り上げられる場合、「○○党のマニフェストが……」「××党議員が……」というように、政党名も一緒に報じられることが多くあります。これは、政党が国政の中心的な役割を負う政党政治が発達しているからです。政党政治が発達すると、国会議員は政党の指図（党議）に従って行動することが求められるようになります（これを**党議拘束**といいます）。しかし、自由委任が原則ですから、国会議員は他人の指示などに拘束されずに行動することが許されるはずです。

　そこで、党議拘束が自由委任の原則に背くのかが問題となります。政党政治のもとでは、国会議員は政党の決定に従って行動することで国民の代表者としての役割を果たすことができるので、党議拘束は自由委任の枠外の問題であると考えるべきでしょう。ですから、党議拘束は自由委任の原則には

背いていないと考えられています。

Case 1で、A男は、党議違反で処分をすることは自由委任の原則に背くと主張しています。しかし、ここまででわかったように、党議拘束は自由委任の原則に背いていませんから、A男の主張は認められないということになります。

3 「国権の最高機関」が国会だったかな？

41条前段は、「国会は、国権の最高機関」であると規定しています。その意味を確認してみましょう。

まず、「国権」とは、国家の権力（立法権、行政権、司法権の総称）のことです。

次に、「最高機関」という文字だけをみると、とても偉いように思えてきますが、本当に国会は1番偉いのでしょうか。

現在、「最高機関」という言葉に特別な意味はなく、政治的な美称にすぎないと考えられています。

たしかに、国会の構成員である国会議員は、主権者である国民によって直接選任され、その意味で国民に直結しています。しかも、立法権をはじめとする重要な権能を与えられ、国政の中心的地位を占める機関でもあります。しかし、国会は主権者でもなく、明治憲法下の天皇のように総攬者でもありません。「最高機関」とは、これらのことを強調するにすぎない政治的な呼び方であるというのです。

ですから、国会が1番偉い、というわけではありません。

4 「唯一の立法機関」が国会だったかな？

Case 2	法学部のC子とD男が話しています。 C子「新聞の記事に、内閣が法律案を提出し

第41条
国会は、国権の最高機関であって、国の唯一の立法機関である。

明治憲法下での天皇は、立法権、行政権、司法権といった国家の作用のすべてを統括する権限をもつとされていました。明治憲法4条では、このような権限をもつ天皇のことを総攬者と定めていました。

たって書いてあったけれど、これって許されるのかな？」

D男① 「憲法には国会が唯一の立法機関と書いてあるんだから、内閣が法律案を提出することは許されないよ」

C子 「じゃあ、同じく国会以外の機関である最高裁判所が法律案を提出することも許されないのかな」

D男② 「当然許されないよ。国会が唯一の立法機関だからね！」

以上の会話におけるD男の①、②の発言は正しいのでしょうか？

Answer 2 D男の①の発言は誤っています。②の発言は正しいです。

(*1*) 「立法」ってどんな意味なの？

41条後段は、「国会は、……唯一の立法機関である」と規定しています。そこで、「立法」と「唯一」の意味をそれぞれ確認していきます。

まず、「立法」の意味から確認しましょう。国会が制定する法律には、「○○法」というように、法という文字がついていますが、このように、国会の議決により成立する「法」とつく規範を定めること、それが「立法」の意味であるとする考えもあります。この考えを**形式的意味の立法**といいます。

しかし、「立法」の意味を形式的意味の立法と考えると、41条後段は同じことを繰り返しているにすぎないことになります。つまり、「国会は法律を定めます → 法律とは国会が定めるものをいいます」、というように同じことを繰り返しているだけになってしまい、41条後段の意味がなくなってしまいます。

そこで、「立法」とは、法という形式の規範を定めることではなく、**特定の内容の法規範を定める作用**のことをいうと考えられています。この考えを**実質的意味の立法**といいます。

では、具体的に、実質的意味の立法とはどういうことでしょうか。実質的意味の立法とは、**一般的・抽象的法規範のすべ**

④ 一般的とは、法律の規律を受ける人が不特定多数である場合を意味します。
抽象的とは、法律の規律が及ぶ事件が不特定多数である場合を意味します。

てを意味すると考えられています。

　民法を例に考えてみましょう。民法は、売買に関する部分であれば、日本で売買をしようとする学生、男性、女性を問わず、すべての人に適用されるので、適用対象が特定人に限定されていません（一般的）。また、民法が適用されるのはあらゆる売買であり、特定の売買にかぎられるものではありません（抽象的）。そのため、民法は、実質的意味の立法に含まれているということができるのです。

(2) 「唯一」ってどんな意味なの？

　次に、「唯一」の意味です。

　「唯一」とは、国会のみが実質的意味の立法を行うことができることをいいます。その意味するところには、**国会中心立法の原則**と、**国会単独立法の原則**という２つの重要な原則が含まれています。

(1) 国会中心立法の原則ってなんだろう？

　国会中心立法の原則とは、国会による立法以外の実質的意味の立法は、憲法の特別の定めがある場合を除いて許されないことをいいます。つまり、**国会だけが法律をつくることができる**ということです。

　なぜこのような原則がとられるのでしょうか。明治憲法下では、議会は関与しないけれども、法律と同じ効力を有する行政権による立法（独立命令、緊急勅令）が認められていました。これを認めては、行政権の思うままに国民の権利を制限することが許されてしまいます。そこで、日本国憲法は、独立命令などを廃止し、原則として、国民の代表者によって構成される議会（国会）による立法しか許さないという国会中心立法の原則を採用したのです。

　ですから、日本国憲法のもとでは、行政機関が発する命令は、法律を執行するためのもの（執行命令）か、法律の具体的な委任に基づくもの（委任命令）でなければなりません。

5　具体的には、
①議院規則（58条2項本文前段）
②最高裁判所規則（77条1項）
があげられます。

6　法律が具体的な内容を政令で定めることを委任することがあります（「〜については、○○令に定めるところによる」など）。委任命令として適法といえるためには、委任の目的と、受任者のよるべき基準が定められている必要があります。

（2）国会単独立法の原則ってなんだろう？

国会単独立法の原則とは、国会による立法は、国会以外の機関の参与を必要としないで成立するという原則をいいます。つまり、国会が法律を制定しようと考えた場合、内閣や裁判所にお伺いを立てる必要などはなく、**国会だけで法律を**つくることができます、ということです。この原則は、59条1項にも表れています。

国会単独立法の原則により、法律は国会の制定手続によってのみ成立するということが導かれるのですが、そもそも法律の制定手続とはどのようなものなのでしょうか。

法律の制定手続は、次のプロセスからなります。

まずは、議決の対象となる法律案が提出されなければなりません。そして、提出された法律案が本当に必要なのか、問題点はないか、などを審議し、議決を経て法律となります。

（a）内閣も法律案を提出できるの？

国会が唯一の立法機関ですから、その構成員である国会議員が法律案を提出できるのはもちろんなのですが、実際には**内閣による法律案の提出**もされることがあります。

この内閣による法律案の提出は、法律制定手続に国会以外の機関（内閣）が関与することになるのですから、国会単独立法の原則に背くことにならないのでしょうか。

現在、内閣の法律案提出は国会単独立法の原則に背かないと考えられています。その理由は、主に2つあります。1つは、憲法は議院内閣制を採用しているので、国会と内閣は協働することが要請されているといえることです。もう1つは、憲法72条前段の「議案」に法律案も含まれると考えられることです。

ですから、**Case 2** でD男の①発言は、内閣による法律案の提出は許されないとしているので、誤りです。

第59条
1　法律案は、この憲法に特別の定のある場合を除いては、両議院で可決したとき法律となる。
＊「憲法に特別の定のある場合」の具体例としては、95条の地方特別法の制定などがあげられます。
詳しくは、第25章 地方自治の2(3)で詳しく学習します。

国会議員に発案が認められるとしても、1人ひとりの議員が好き勝手に発案したのでは大変です。そこで、国会法では、発案の濫用を防止するために、議員が発案するには一定数以上の議員の賛成を必要としています（国会法56条1項本文）。

議院内閣制については、第18章 行政権と内閣の4で詳しく学習します。

（b）最高裁判所も法律案を提出できるの？

　では、最高裁判所にも法律案の提出は認められるのかどうかというと、内閣と異なり、最高裁判所の法律案の提出は認められないと考えられています。

　なぜなら、裁判所は具体的な事件に法律を適用して解決することを役割としており、そのために必要な規律は最高裁判所規則によって定めることができますので、最高裁判所に法律案の提出を認める必要性がないからです。また、最高裁判所については、72条前段の「議案」のように法律案の提出を認める根拠となるような条文も存在しませんし、最高裁判所が法律案を提出すると、その成立のために政治的駆け引きに関与することになり、政治的中立性も失われかねませんので、最高裁判所に法律案の提出を認める許容性も認められないからです。

　ですから、**Case 2** でD男の②の発言は、最高裁判所の法律案の提出を否定しているので、正しいです。

（c）署名・連署・天皇の公布がなくても法律は成立するの？

　法律が成立すると、主任の国務大臣が署名し、内閣総理大臣が連署することになります（74条）。その後、天皇によって公布され（7条1号）、これによって法律は効力を生じます。このように、法律が効力を生じるためには、国会以外の機関の関与が必要になります。これは国会単独立法の原則に背かないのかが問題となりますが、いずれも法律の成立要件ではないので、この原則には背かないと考えられています。

9　**第74条**
法律及び政令には、すべて主任の国務大臣が署名し、内閣総理大臣が連署することを必要とする。

　プラスα文献
試験対策講座 17章1節
条文シリーズ 41条、43条、59条、72条、74条
ステップアップ No. 24

1	国会を構成する議員は選挙民の代表であるが、選挙民からは独立して独自の判断で全国民のために行動すべきものとされていることから、<u>国会の意思はそのまま国民の意思とみなされる</u>という法的効果を伴う。　　　　　　　　　　　　　　　　（国家総合改題）	× 2【1】
2	国会は、立法・行政・司法のすべての統治権を有するという意味での国権の最高機関ではないが、他のいかなる機関の命令にも服しない機関あるいは国政の最高決定者という意味では、国権の最高機関である。　　　　　　　　　　　　　　　　（国家総合改題）	○ 3
3	<u>国会の行う立法</u>は形式的意味の<u>立法</u>を意味し、国民の権利義務に直接関係のある法規範を定立する作用であって、<u>国家の作用や国家の機関の組織などに関する法規範も定立する作用は包摂しない</u>概念である。　　　　　　　　　　　　　　　　（国家総合改題）	× 4【1】
4	内閣は法律を執行するために必要な細則である執行命令のみならず、法律の個別的、具体的な委任に基づく委任命令も制定することができる。　　　　　　　　　　　　　　　　（国税 H24 年）	○ 4【2】(1)
5	国会は、唯一の立法機関であるから、不特定多数の人に対して不特定多数の場合または事件に適用される一般的、抽象的な法規範を、国会以外の機関、たとえば裁判所が制定することは、<u>いかなる場合であっても許されない</u>。　　　　　　　　　　（裁事 H22 年）	× 4【2】(1)
6	大日本帝国憲法（明治憲法）のもとで認められていた緊急勅令や独立命令は、国会中心立法の原則に反して許されないと考えられている。　　　　　　　　　　　　　　　　（財務 H24 年）	○ 4【2】(1)
7	法律案の発案については憲法に明文の規定はないが、国会が国の唯一の立法機関であるという憲法第 41 条の趣旨から、<u>議院以外の機関や議員以外の者は、法律案を国会に提出することはできない</u>。　　　　　　　　　　　　　　　　（国家総合改題）	× 4【2】(2) (a)

国会の組織と活動──国会議員は逮捕されない?!

1 国会の2大スター！──国会の組織─

キ……ここは**基本**！
スデ…君なら**できる**！
：…… できたら**スゴイ**！

(1) 二院制ってなんだったかな？

　国会は、衆議院と参議院という二院で構成されています（42条）。これを二院制といいます。
①

　民主政にとっては、国民の意思を代表する機関は1つで足りるはずです。それにもかかわらず、憲法が二院制を採用している主な理由は、国民の多様な意見や利益をきめ細かに反映させ、国民の代表としての役割を果たさせることにあります。つまり、異なるバックグラウンドをもつ衆議院と参議院に国民の意見をそれぞれ反映させることで、全体としての国民の意思を正確に政治に反映させるという役割を発揮させています。

① | **第42条**
国会は、衆議院及び参議院の両議院でこれを構成する。

(2) 衆議院と参議院はどんな関係なの？

　両議院が異なる意見を反映させようとしていることから、それぞれの議院には特色があります。

(1) 組織上ではどんな関係なの？

　憲法は、両議院の任期を定めています。衆議院議員の任期は原則4年であり、例外的に、衆議院の解散が行われた場合にはその満了前に任期が終了するとしています（45条）。また、
③
参議院議員の任期は6年ですが、3年ごとに議員の半数の改選を行うものとされています（46条）。参議院には解散の制度
④
はありません。

　そして、憲法は、両議院の議員の定数や、両議院の議員および選挙人の資格、選挙の方法に関する事項は法律で定める

② 衆議院の解散とは、衆議院議員の全議員の地位を、任期満了前に失わせることをいい、内閣にその権能が認められています。

詳しくは、第18章 行政権と内閣の5で学習します。

③ **第45条**
衆議院議員の任期は、4年とする。但し、衆議院解散の場合には、その期間満了前に終了する。

④ **第46条**
参議院議員の任期は、6年とし、3年ごとに議員の半数を改選する。

と規定しています（43条2項、44条本文、47条）。これを受けて、公職選挙法がこれらの事項を具体的に定めています。

ここまでをまとめると、次の表のようになります。

両議院の組織上の違い

	衆議院	参議院
任 期	4 年	6 年
議員定数	465 人	248 人
議員資格	満 25 歳以上	満 30 歳以上
解 散	あ り	な し

（2）活動上ではどんな関係なの？

両議院は、同時に召集され、同時に開会・閉会されます（同時活動の原則）。これは、憲法が二院制を採用していることから、当然に導かれる原則です。この例外が、後述する参議院の緊急集会（54条2項ただし書）です。

一方で、二院制の趣旨から、各議院が独立して議事を行い、議決することも求められます（独立活動の原則）。この原則のもとでは、両議院の議決が一致したときにはじめて、国会の意思が成立することになります。ただし、なるべく国会の意思を成立させることが望ましいので、両議院の意思が異なるときには、両院協議会が開かれます。

（3）権能上ではどんな関係なの？―衆議院の優越―

憲法は、一部の重要事項について、衆議院を参議院よりも優位に扱います。これを衆議院の優越といいます。衆議院の優越には、ⓐ衆議院が国会の決定事項について優先するものと、ⓑ衆議院が議決の効力について優先するものがあります。国会が議決する事項については、第17章 国会・議院の権能の1で詳しく学習します。

（a）衆議院が国会の決定事項で優先するもの

内閣の不信任決議は、衆議院でしか行うことができません（69条参照）。また、予算は、先に衆議院に提出されるものとされています（60条1項）。

参議院の緊急集会については、4（2）で詳しく学習します。

両院協議会とは、衆議院と参議院の意見の調整を行うために設けられる委員会をいいます。

第60条
1 予算は、さきに衆議院に提出しなければならない。

（b）衆議院が議決の効力で優先するもの

　議決の効力について優先するものとしては、①法律案の議決（59条2項から4項まで）、②予算の議決（60条2項）、③条約の承認（61条・60条2項）、④内閣総理大臣の指名（67条2項）の4つがあります。

　②予算の議決、③条約の承認、④内閣総理大臣の指名については、一定期間参議院が議決をしなかったり、両院協議会を開いても意見が食い違ったりするときには、衆議院の議決が国会の議決となります。

　一方、①法律案の議決のときには、衆議院は、参議院が法律案を否決したとしても、出席議員の3分の2以上の再可決によって法律案を成立させることができます。参議院が一定期間議決をしなかった場合には、参議院で否決されたとみなして衆議院で再可決をすることができます。先の②、③、④の3つのように、衆議院の議決がそのまま国会の議決になるというわけではありません。

衆議院の優越の比較

	衆議院の先議権	参議院が議決しない日数の要件	議決しない場合の効果	再議決	両院協議会
法律案（59条）	なし	60日	否決とみなすことができる	出席議員の3分の2以上の多数決	任意的
予算案（60条）	あり	30日	衆議院の議決	不要	必要的
条約（61条）	なし	30日	衆議院の議決	不要	必要的
内閣総理大臣の指名（67条）	なし	10日	衆議院の議決	不要	必要的

2 国会議員に選ばれる方法—選挙制度—

Case 1	①ある小選挙区では、A男、B子、C男の3人が立候補し、選挙において、それぞれ2万票、

⑦ **第59条**
2　衆議院で可決し、参議院でこれと異なった議決をした法律案は、衆議院で出席議員の3分の2以上の多数で再び可決したときは、法律となる。
3　前項の規定は、法律の定めるところにより、衆議院が、両議院の協議会を開くことを求めることを妨げない。
4　参議院が、衆議院の可決した法律案を受け取った後、国会休会中の期間を除いて60日以内に、議決しないときは、衆議院は、参議院がその法律案を否決したものとみなすことができる。

⑧ **第60条**
2　予算について、参議院で衆議院と異なった議決をした場合に、法律の定めるところにより、両議院の協議会を開いても意見が一致しないとき、又は参議院が、衆議院の可決した予算を受け取った後、国会休会中の期間を除いて30日以内に、議決しないときは、衆議院の議決を国会の議決とする。

⑨ **第61条**
条約の締結に必要な国会の承認については、前条第2項の規定を準用する。

⑩ **第67条**
2　衆議院と参議院とが異なった指名の議決をした場合に、法律の定めるところにより、両議院の協議会を開いても意見が

1万票、3万票を獲得したとします。だれが当選するでしょうか。

②3議席を争う比例代表選挙で、D党、E党、F党がそれぞれ140票、40票、60票を獲得したとします。どの政党が何議席を獲得するでしょうか。

Answer 1　①C男だけが当選します。

②D党が2議席、F党が1議席になります。

(1)　国会議員の選び方ってどうだったかな？

　国会議員は、選挙によって選ばれるものとされています（43条1項）。選挙は、有権者の投票によって国会議員を選ぶ行為です。⑪

(2)　選挙制度にはどんなものがあったかな？

（1）選挙区制ってどんな制度？

　選挙区制とは、選挙区ごとに投票を行う選挙制度です。選挙区とは、有権者の団体を区分するための基準となる区域をいいます。「東京○区」という表現は、選挙区を表しています。

　小選挙区制とは、選挙区から1人の議員を選ぶものをいい、**大選挙区制**とは、選挙区から2人以上の議員を選ぶものをいいます。**Case1**①では、小選挙区であるため、一番得票数の多い、C男だけが当選することになります。

（2）比例代表制ってどんな制度？

　比例代表制とは、各政党の得票数に比例して議席を配分する制度をいいます。各政党の投票数を整数で割り、その大きい順に上から総議席数に達するまで、議席を獲得します。

	D政党	E政党	F政党
得票数÷1	140　1位	40　4位	60　3位
得票数÷2	70　2位	20　6位	30　5位

※数の大きい順に、網掛けした欄が議席を獲得する。

Case 1 ②では、前の表のとおり、D党が2議席、F党が1議席を獲得します。

（3）日本はどんな制度を用いているの？

　日本では、衆議院議員選挙において、小選挙区制と比例代表制が並立して用いられています。また、参議院議員選挙では、大選挙区制・小選挙区制と比例代表制が並立して用いられています。

3 国会議員には特権がある！

| **Case 2** | 衆議院議員であるG男は、国会における質疑応答のなかで、H子の名誉を傷つけるような |

発言をしました。G男は、名誉毀損を理由にH子の損害を賠償する責任（民法709条）を負うでしょうか。また、名誉毀損罪（刑法230条1項）に問われるでしょうか。

| **Answer 2** | G男は損害を賠償する責任を負いません。また、名誉毀損罪に問われることもありません。 |

（1）　国会議員はいつ身分を取得するの？　　　いつ身分を失うの？

　国会議員は、選挙で当選することによって、国会議員の身分を取得します。

　国会議員がその身分を失うのは、任期の満了の場合に加え、懲罰によって除名された場合（憲法58条2項本文後段）や、資格争訟の裁判で資格がないとされた場合（55条）などです。

（2）　議員にはいろいろな特権がある！

　国民の代表として国会において自由な活動を保障される国会議員には、さまざまな特権が認められています。

（1）不逮捕特権ってなんだろう？

　国会議員は、法律の定める場合を除いては、国会の会期中

第 50 条
両議院の議員は、法律の定める場合を除いては、国会の会期中逮捕されず、会期前に逮捕された議員は、その議院の要求があれば、会期中これを釈放しなければならない。

現時点で行われている犯罪や行い終わって間もない犯罪を現行犯罪といいます。

第 51 条
両議院の議員は、議院で行った演説、討論又は表決について、院外で責任を問はれない。

国会法第 122 条
懲罰は、左の通りとする。
① 公開議場における戒告
② 公開議場における陳謝
③ 一定期間の登院停止
④ 除名

憲法第 49 条
両議院の議員は、法律の定めるところにより、国庫から相当額の歳費を受ける。

に逮捕されず、また、会期前に逮捕されていたとしても、議院の要求によって釈放が認められます（50条）。これを**不逮捕特権**といいます。このような特権が認められている目的は、政府の権力によって議員の職務が妨げられないように、身体の自由を保障するためである、と説明されることがあります。

会期中の逮捕が許される「法律の定める場合」とは、①院外における現行犯罪の場合と、②議員の所属する議院の許諾がある場合です（国会法 33 条）。

（2）免責特権ってなんだろう？

国会議員は、議院で行った演説、討論または表決について、院外で責任を問われません（憲法 51 条）。これを**免責特権**といいます。このような特権が認められている目的は、議院における議員の自由な発言・表決を保障することで、国会の審議を行いやすくすることにあります。

免責の対象となる「議院で行った」行為とは、国会議員が議員の活動として、職務上行った行為をいいます。国会議事堂の中で行われた行為というわけではありません。

Case 2 の場合、G 男は、国会の質疑応答という国会議員の職務として発言を行っているので、これは「議院で行った」行為といえます。

また、「責任」とは、国会議員でない一般の国民であれば負うような法的責任をいいます。

Case 2 の場合、損害賠償責任のような民事責任、名誉毀損罪のような刑事責任は法的責任ですから、免責されることになります。一方、免責されるのは、「院外」の責任なので、院内での懲罰の対象になることはありえます。たとえば、衆議院が **Case 2** の G 男の発言を問題視して、登院停止処分にすることはありえます。

（3）歳費請求権ってなんだろう？

両議院の議員は、国庫から相当額の歳費を受けることができます（49条）。歳費とは、議院の勤務に対する報酬と考えら

れています。現在、通常の国会議員の歳費は月額129万4000円と定められています。

　なお、裁判官については報酬減額の禁止が定められている（79条6項、80条2項）のに対し、国会議員についてはこのような規定はありません。

４ 国会の活動には制約がある！

Case 3　社会的に大きな影響のあるI法律の効力がなくなる期限が目前に迫り、その期限を延長するJ法律案の議決が必要となるなか、衆議院の解散が行われてしまいました。両院の同時活動の原則からは、国会が閉会となってしまいますが、I法律の期限が来る前にJ法律案の議決を行う方法はあるでしょうか。

Answer 3　参議院の緊急集会のなかで議決を行うことができます。

(1)　会期ってなんだろう？

　国会が憲法上定められた役割を果たすのは、一定のかぎられた期間の間だけです。この期間を**会期**といいます。

（1）会期にはどんな原則があるの？

　国会法上、国会は会期ごとに独立して活動し、その会期中に議決されなかった案件は、後の国会に引き継がれないものとされています。これを**会期不継続の原則**といいます。

　憲法や法律上の定めはありませんが、一度否決した案件は、同一会期中には再び審議できないと考えられています。これを**一事不再議の原則**といいます。

（2）国会はいつ活動しているの？

　憲法と国会法は、国会の活動期間として、**常会**（通常国会）、**臨時会**（臨時国会）、**特別会**（特別国会）の3種類を規定しています。

常会とは、毎年1回召集される国会をいい（52条）、予算の議決などが行われます。会期は150日間です。

17　臨時会とは、常会のほかに、必要に応じて召集される国会のことです（53条）。

　特別会とは、衆議院の解散による総選挙後に召集される国会をいいます（54条1項）。

18　(2)　参議院の緊急集会ってなんだろう？

　衆議院が解散されてしまうと、国会は、選挙後に特別会が召集されるまで停止することになります。しかし、その間に、**Case 3** のように、国会の活動が必要とされる場合があります。このような緊急事態のための制度が、**参議院の緊急集会**です。

　参議院の緊急集会は、衆議院の解散中、「緊急の必要があるとき」に、内閣の求めによって行われます（54条2項ただし書）。緊急集会は、国会の権能を代行するものなので、この緊急集会では、国会がすることのできるすべての措置をとることができます。ただ、これはあくまで臨時の措置です。緊急集会における措置は、後に衆議院の同意が得られなければ、将来に向かってその効力を失います（54条3項）。

(3)　会議にはどんな原則があるの？

（1）定足数ってなんだろう？

19　定足数とは、国会が審議や議決を行うために必要となる最小限の出席者の数をいい、憲法上、定足数は**各議院の総議員の3分の1**と定められています（56条1項）。あまりに少人数で会議を行い、議決をすると、広く国民の意思が反映されたとはいえない状況になります。そこで、このような最低ラインが定められています。

（2）表決数ってなんだろう？

　表決数とは、国会が意思決定を行うのに必要な賛成票の数

第53条
内閣は、国会の臨時会の召集を決定することができる。いづれかの議院の総議員の4分の1以上の要求があれば、内閣は、その召集を決定しなければならない。

第54条
1　衆議院が解散されたときは、解散の日から40日以内に、衆議院議員の総選挙を行ひ、その選挙の日から30日以内に、国会を召集しなければならない。
2　衆議院が解散されたときは、参議院は、同時に閉会となる。但し、内閣は、国に緊急の必要があるときは、参議院の緊急集会を求めることができる。
3　前項但書の緊急集会において採られた措置は、臨時のものであって、次の国会開会の後10日以内に、衆議院の同意がない場合には、その効力を失ふ。

第56条
1　両議院は、各々その総議員の3分の1以上の出席がなければ、議事を開き議決することができない。
2　両議院の議事は、この憲法に特別の定のある場合を除いては、出席議員の過半数でこれを決し、可否同数のときは、議長の決するところによる。

をいいます。憲法上、原則として、**出席議員の過半数が必要**とされています（56条2項）。ただし、例外も規定されています。出席議員の3分の2以上の多数が必要な場合として、①資格争訟の裁判での議席の喪失（55条ただし書）、②秘密会の開催（57条1項ただし書）、③議員の除名（58条2項ただし書）、④法律案の再議決（59条2項）が、総議員の3分の2以上の多数が必要な場合として、⑤**憲法改正の発議**（96条1項前段）があげられます。これらの具体的な内容については、それぞれの章で学習します。

（3）会議は公開されるのが原則！

両議院の会議は**公開する**こととされています（57条1項本文）。公開とは、国民の傍聴が自由であるとともに、報道も自由であることを意味します。この公開原則は、国会が国民に開かれているということにとどまらず、主権者である国民の知る権利に仕えるという意義をもっています。

ただし、出席議員の3分の2以上の多数で議決したときには、**秘密会**を開くことができます（57条1項ただし書）。秘密会においては、議員以外の者は議場に入ることができず、傍聴の自由も報道の自由も認められません。

資格争訟の裁判での議席の喪失については、第17章 国会・議院の権能の2(1)(3)で詳しく学習します。

憲法改正の発議については、第26章 憲法改正の1(3)(1)で詳しく学習します。

第57条
1 両議院の会議は、公開とする。但し、出席議員の3分の2以上の多数で議決したときは、秘密会を開くことができる。

▶ **プラスα文献**
試験対策講座 17章2節
条文シリーズ 42条、43条、45条、46条、49条～54条、56条、57条、59条～61条
ステップアップ No. 20、No. 21、No. 25

1	法律案の議決および条約の締結に必要な国会の承認について、参議院が、衆議院の可決した案を受け取った後、憲法で定められた期間内に議決しない場合は、衆議院は、参議院が否決したとみなすことができ、衆議院で出席議員の3分の2以上の多数で再び可決したときは、衆議院の議決が国会の議決となる。　　　　（国ⅡH21年）	× 1【2】(3)(b)
2	内閣総理大臣の指名および予算の議決について、衆議院が指名の議決をした後または参議院が衆議院の可決した予算を受け取った後、憲法で定められた期間内に議決しない場合は、衆議院の議決が国会の議決となる。　　　　（国ⅡH21年）	○ 1【2】(3)(b)
3	両議院の議員は、国会の会期中逮捕されないとの不逮捕特権が認められ、憲法が定めるところにより、院外における現行犯の場合でも逮捕されない。　　　　（行書R1-3）	× 3【2】(1)
4	国会議員は、議院で行った演説、討論または表決については、院外で民事上や刑事上の責任を問われず、その責任には所属政党による除名といった制裁や有権者に対する政治責任も含まれる。　　　　（特別区R1年）	× 3【2】(2)
5	憲法は、国会が一定のかぎられた期間だけ活動すべき状態におかれるとする会期制を採用するとともに、会期中に議決にいたらなかった案件は後会に継続しないとする会期不継続の原則を定めている。　　　　（国ⅡH22年）	× 4【1】(1)
6	参議院の緊急集会において採られた措置は、臨時のものであり、次の国会において衆議院の同意がない場合には、当該措置は将来に向かって効力を失うばかりではなく、過去に遡及して効力を失う。　　　　（特別区H30年）	× 4【2】
7	両議院は、各々その総議員の3分の2以上の出席がなければ、議事を開き、議決することができない。　　　　（裁事H17年）	× 4【3】(1)
8	両議院の会議は、公開とする。ただし、出席議員の過半数で議決したときは、秘密会を開くことができる。　　　　（裁事H17年）	× 4【3】(3)

国会・議院の権能
——国政の調査は議院にお任せあれ！

1 国会の権能ってなんだったかな？

　第15章、第16章と、国会について学習してきましたが、具体的に、国会はどのようなことができるのかについて、みていきましょう。

(1) 憲法改正を発議する！

　憲法改正の手続は、**各議院の総議員の3分の2以上の賛成で国会が発議する**ことで始まります（96条1項前段）。詳しくは第26章 憲法改正の1で学習します。

(2) 法律を議決する！

　国会は、唯一の立法機関（41条後段）として立法権を有し、法律は原則として国会の議決のみによって成立します。ここは、すでに第15章 国会の地位の4で学習しました。

(3) 内閣総理大臣を指名する！

　議院内閣制のもと、内閣総理大臣の指名は国会の議決によって行われます（67条1項前段）。これは国会による内閣のコントロールの一環です。

(4) 弾劾裁判所を設置する！

　第22章 司法権の独立の3(2)（2）で学習するように、身分保障がされている裁判官を辞めさせる場合のひとつとして、弾劾裁判による場合があげられます（78条前段）。弾劾裁判とは、裁判官を罷免する、つまり辞めさせるかどうかを審

側注

キ……ここは**基本**！
ステ…君なら**できる**！
……できたら**ス**ゴイ！

1　**第96条**
1　この憲法の改正は、各議院の総議員の3分の2以上の賛成で、国会が、これを発議し、国民に提案してその承認を経なければならない。この承認には、特別の国民投票又は国会の定める選挙の際行はれる投票において、その過半数の賛成を必要とする。

2　**第41条**
国会は、国権の最高機関であって、国の唯一の立法機関である。

3　議院内閣制とは、議会と政府をいちおう分離したうえで、内閣が国会に対して連帯責任を負い、国会の信頼が内閣の存立のために必要なシステムのことをいいます。

詳しくは、第18章 行政権と内閣の4で学習します。

4　**第67条**
1　内閣総理大臣は、国会議員の中から国会の議決で、これを指名する。この指名は、他のすべての案件に先だって、これを行ふ。

第78条
5　裁判官は、裁判により、

心身の故障のために職務
を執ることができないと
決定された場合を除いて
は、公の弾劾によらなけ
れば罷免されない。裁判
官の懲戒処分は、行政機
関がこれを行ふことはで
きない。

理し、判断するための裁判であり、弾劾裁判所によって行われます。この弾劾裁判所を設置するのが国会であり、これは国会による裁判所のコントロールの一場面です。

(5)　財政を監督する！

　憲法は、国会に対し、財政について広い監督権を与えています。これは、国家財政が国民生活にとって重大な影響を及ぼし、行政の活動の基礎となることから、国会による民主的なコントロールを及ぼそうとしたものです。詳しくは第24章 財政で学習します。

(6)　皇室の財産関連を議決する！

第8条
皇室に財産を譲り渡し、
又は皇室が、財産を譲り
受け、若しくは賜与する
ことは、国会の議決に基
かなければならない。

　皇室への財産の集中を防ぐべく、皇室へ財産を譲り渡すときには国会の議決が必要です（8条）。ここは、第23章 天皇の3で学習します。

(7)　条約を承認する！

(1) 条約ってなんだろう？

　条約とは、国家間で結ばれる合意をいいます。たとえば、国際人権規約、動植物保護に関するワシントン条約のような多国間条約や、日米租税条約のような2国間条約があります。条約を結ぶ権限は内閣にありますが、**事前または事後に国会の承認を経ることが必要です**（73条3号）。

第73条　内閣の職務
内閣は、他の一般行政
事務の外、左の事務を
行ふ。
③　条約を締結すること。但し、事前に、時宜によっては事後に、国会の承認を経ることを必要とする。

(2) 条約と憲法、どちらが上？

　条約と憲法が同じ事項について異なる内容を規定している場合、どちらが優先するのでしょうか。一般には、憲法が優先すると考えられています。なぜなら、かりに条約が優先すると考えると、憲法の改正の厳格な手続（96条1項）を無視して、内閣による条約締結＋国会の承認という簡単な手続で憲法の内容が変更されてしまうことになるからです。

（3）国会が承認してくれないときはどうなるの？

　国会の事前承認が得られなかったときには、内閣は条約を締結することができず、条約は成立しません。

　では、内閣が条約を結んだけれども、国会の事後承認を得られなかったときには、条約はどうなるのでしょうか。

　ここは、考え方が大きく２つに分かれています。１つは、条約が無効になるという考え方です。これは、国会の事前承認が得られなかったときは条約が成立しないのに、事後承認が得られない場合には有効に成立するのではおかしいと考える考え方です。もう１つは、条約は有効に成立するという考え方です。これは、事前承認と事後承認は意味が異なるものであることや、事後承認が得られず無効となると考えると、国際的な混乱が生じてしまうこと、などを理由としています。

2 議院の権能ってなんだったかな？

| **Case** | 衆議院議員であるＡ男が、賄賂を受け取ったとして、収賄罪で逮捕されました。衆議院は、Ａ男を不起訴とするために、検察官に政治的圧力をかける目的で、検察官がどのような捜査を行っているかについて、国会に検察官を呼び出し、質問を行うことを考えています。このようなことは認められるでしょうか。
その後、Ａ男は、起訴され、裁判が始まり、収賄罪で有罪判決が言い渡されました。衆議院は、判決の内容が不当であるとして、Ａ男への有罪判決が妥当なものであるかについて国会に裁判官を呼び出し、質問を行うことを考えています。このようなことは認められるでしょうか。 |

| **Answer** | 衆議院が、このような目的で検察官や裁判官を呼び出し、質問を行うことは認められません。 |

　衆議院と参議院は国会として一体で活動しますが、一方で、

それぞれの議院が独立して活動することもあります。この活動についてみていきましょう。

(1) 議院自律権ってなんだろう？

議院自律権とは、各議院が、他の国家機関や他の議院の干渉を受けずに、内部の事柄について自主的に決定する権限をいいます。つまり、各議院に議院自律権が認められるということは、衆議院のことは衆議院が、参議院のことは参議院が決めるということです。その具体的な内容として、次のようなものがあります。

（1）役員を選任できる！

憲法は、議員の自律権を尊重し、両院に、議長などの役員の選任の権限を与えています（58条1項）。⑧

（2）議員の逮捕を許したり、釈放を求めることができる！

これは第16章 国会の組織と活動の3（2）（1）不逮捕特権のところで学習しました。

（3）議員の資格についての裁判ができる！

両議院は、議員の資格についての裁判をすることができます（55条本文）。⑨議員の資格とは、たとえば、その議員が被選挙権を有しているなど、議員であるための要件のことをいいます。

このように、議院は議員の資格について裁判できますが、**議員の資格を失わせるためには、出席議員の3分の2以上の多数による議決が必要**となります。

（4）議院規則を制定できる！

各議院は、会議その他の手続および内部の規律について規則を定めることができます（58条2項本文前段）。⑩たとえば、衆議院規則では、表決のルールや、議員の辞職の手続などが規定されています。

（5）議員を懲罰できる！

両議院は、院内の秩序を乱した議員を懲罰することができ

第58条
1 両議院は、各々その議長その他の役員を選任する。

第55条
両議院は、各々その議員の資格に関する争訟を裁判する。但し、議員の議席を失はせるには、出席議員の3分の2以上の多数による議決を必要とする。

第58条
2 両議院は、各々その会議その他の手続及び内部の規律に関する規則を定め、又、院内の秩序をみだした議員を懲罰することができる。但し、議員を除名するには、出席議員の3分の2以上の多数による議決を必要とする。

ます（58条2項本文後段）。この議員懲罰権とは、各議院が組織としての秩序を維持し、スムーズに権能を行使するために認められる権利です。懲罰の種類として、たとえば、公開の議場における戒告、一定期間の登院停止、除名などがあります。このうち、除名は、国会議員としての身分を奪ってしまう重大なものですから、これを行うためには、**出席議員の3分の2以上の多数による議決が必要である**とされています（58条2項ただし書）。

⑵　国政調査権ってなんだろう？

（1）国政調査権でどんな調査をするの？

　両議院は、それぞれ国政に関する調査を行い、このために証人に対して出頭および証言ならびに記録の提出を求めることができるとされています（62条）。これを、**国政調査権**といいます。

　この国政調査権は、一般に、国政に関して議院のなすべきことがきちんと行われるようにするために認められている、補助的な権能であると考えられています。

（2）国政調査権でどこまで調査できるの？

（a）議会の権能の及ぶ範囲にかぎられる！

　国政調査権は議院の権能を補助するものなので、国政調査の対象は議院の権能の及ぶ範囲にかぎられています。たとえば、立法や予算に関する事柄、行政の監督に関する事柄が対象となります。

（b）他の国家権力との関係から限界がある！

　国政調査権には、まず、権力分立との関係から一定の限界があります。つまり、他の権力に対しては無用な口出しをしてはならないという権力分立から考えると、国会が国政調査権によって司法権や行政権を調査することが、無用な口出しとなる場合には、国政調査権に基づく調査は許されないということになります。

> **第62条**
> 両議院は、各々国政に関する調査を行ひ、これに関して、証人の出頭及び証言並びに記録の提出を要求することができる。

次に、司法権、行政権との関係からの限界を具体的にみていきましょう。

（ⅰ）司法権との関係

第 22 章 司法権の独立で詳しく学習します。

司法権の独立とは、裁判官が、他の国家機関の指揮・命令に服することを否定する原則であるだけでなく、裁判官が裁判をするにあたって、他の国家機関から事実上重大な影響を受けることを禁止する原則でもあると考えられています。つまり、司法権の独立は、法律上他の者から指揮命令を受けないことだけでなく、事実上も他の者から重大な影響を受けないことも意味しているのだと考えられているのです。このような考え方からすると、**裁判官の裁判活動に事実上重大な影響を及ぼすような調査は許されない**ことになります。たとえば、①特定の個人が有罪であることを証明することを唯一の目的とするような調査、②現に行われている裁判事件について、裁判官の訴訟指揮・裁判手続を対象に行う調査、③裁判の内容についてもっぱらその当否を判断するために行う調査などが、これにあたります。**Case** の判決の内容についての調査は③にあたり、認められません。

ただし、**議院が、裁判所とはまったく異なる目的で調査を行うことは認められる**と考えられています。たとえば、ある法律について重要な判決がされようとしているときに、それをその法律の改正の参考にするために国政調査を行うことは、立法目的というまったく異なる目的なので、許されるでしょう。

（ⅱ）一般行政権との関係

66 条 3 項については、第 18 章 行政権と内閣の 4 (2) で詳しく学習します。

内閣は、行政権の行使について国会に対し連帯して責任を負うとされています (66 条 3 項)。ですから、議院は、原則として行政事務全般にわたって調査をすることができます。

（ⅲ）検察権との関係

検察権も行政権の一部ですから、原則として調査の対象となります。しかし、一般の行政権とは異なる配慮が必要です。

なぜなら、検察の事務は、刑事裁判などを扱うことから、司法権と密接に関わるものであり、司法権の独立に似た独立性が認められなければならないからです。ですから、①起訴・不起訴について、検察権の行使に政治的圧力をかけることが**目的**である調査、②起訴事件に直接関係する事項や、公訴追行の内容を**対象**とする調査、③捜査の続行に重大な支障を及ぼすような**方法**による調査などは、認められないと考えられています。**Case**の検察官に対する調査は、①にあたり、認められません。

（c）人権との関係で限界がある！

国政調査権の行使に際して、基本的人権を侵害するような手段や方法がとられてはいけないことは当然です。たとえば、内心の思想を強制的に述べさせるような調査は、思想・良心の自由（19条）との関係で認められません。

また、国政調査の場面でも、証人には黙秘権（38条1項）が認められると考えられています。さらに、国政調査権の性質から、刑事手続で認められているような捜索差押えや逮捕などは認められません。

《復習 Word》
公訴とは、検察官が刑事事件について裁判所に裁判を求める申立てをいいます。

思想・良心の自由については、第5章 思想・良心の自由を見よう！

> **プラスα文献**

試験対策講座 17章3節
条文シリーズ 55条、58条、62条
ステップアップ No. 25、No. 27

1	国会の事後承認が得られなかった条約の効力について、国内的にも国際的にも無効であるとする説は、事前の承認と事後の承認の効力について区別するべきではないということを、1つの根拠としている。 (地方上級 H27 年)	○ 1【7】(3)
2	両議院は、それぞれその議員の資格に関する争訟を裁判するが、議員は、その裁判に不服がある場合には、<u>司法裁判所に救済を求めて出訴することができる</u>。 (特別区 H18 年)	× 2【1】(3)
3	両議院は、それぞれ院内の秩序を乱した議員を懲罰することができるが、議員を除名するには、<u>所属院の総議員の</u>3分の2以上の多数による議決を必要とする。 (特別区 H18 年)	× 2【1】(5)
4	国政調査権を行使する場合、議院は、証人の出頭および証言ならびに記録の提出を要求することができる。 (都庁 H20 年)	○ 2【2】(1)
5	立法、予算審議、行政監督など、国政調査権の及ぶ範囲は、国政のほぼ全般にわたる。 (特別区 H24 年改題)	○ 2【2】(2)(a)
6	裁判所で審理中の事件について、議院が裁判と並行して調査することは、裁判所と<u>異なる目的であっても</u>、司法権の独立を侵すこととなるので許されない。 (特別区 H24 年)	× 2【2】(2)(b)(ⅰ)
7	検察事務は、行政権の作用に属するが、検察権が裁判と密接に関連する準司法作用の性質を有することから、司法権に類似した独立性が認められなくてはならないので、<u>国政調査権の対象となることはない</u>。 (特別区 H24 年)	× 2【2】(2)(b)(ⅲ)

第18章

行政権と内閣──拡大し続ける行政の役割

1 内閣の役割は大きい！

キ……ここは基本！
スデ……君ならできる！
……できたらスゴイ！

国会が立法権の担い手、裁判所が司法権の担い手ですが、内閣は行政権の担い手です。ここにいう行政権とは何であるかを一言でいうのは難しいですが、身近な例としては、道路や橋などを建設する公共事業、水道局による上下水道整備、生活保護や住民票発行といった住民サービスのほか、税務署による税の徴収や消防署の消防活動などがあげられます。このような行政活動全体をまとめる立場にあるのが内閣です。

1 第65条
　行政権は、内閣に属する。

内閣は、国家作用のうちで、もっとも広い範囲の多様な活動を行い、国民生活に直接に関わります。しかも、現代では、社会国家あるいは福祉国家として、国民生活の全般について積極的に配慮することが求められているので、行政の果たすべき任務はより重要といえます。そのうえ、今後更に社会が複雑に発展していくと、社会情勢に応じた政策をつくりあげることが期待され、ますます行政の役割は拡大していくことでしょう。

2 社会国家・福祉国家とは、国民に積極的に関わり、国民の生活を保障することを使命とする国家をいいます。

ちなみに、明治憲法下では、天皇が行政権の担い手とされ、国務大臣は天皇の補佐役にとどまり、内閣それ自体についての規定はありませんでした。これに対して、日本国憲法は、第5章で内閣の章を設け、行政権を内閣に帰属させると定めています。

3 大日本帝国憲法第4条
天皇ハ国ノ元首ニシテ統治権ヲ総攬シ此ノ憲法ノ条規ニ依リ之ヲ行フ

4 大日本帝国憲法第55条
1　国務各大臣ハ天皇ヲ輔弼シ其ノ責ニ任ス

2 行政権の範囲はどこまでなの？

行政権の範囲についてはさまざまな考え方がありますが、

すべての国家作用のうちから、立法作用と司法作用を除いた残りのすべての作用であると考えるのが一般的です。つまり、国家作用のうち、立法でも司法でもないものがすべて行政ということです。

18-1

国家作用

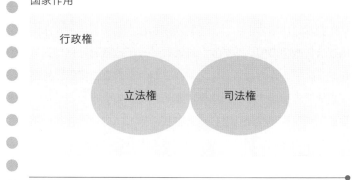

行政権

立法権　司法権

3 行政活動は分担して行う

(1) 内閣が何でもやってるの？

65条にあるように、行政権は内閣に帰属しますが、これは、内閣みずからがあらゆる行政を行うという意味ではありません。1にあげたような行政の活動をすべて内閣だけで行うのは、現実的ではありません。行政の活動は、行政各部が分担して行います。たとえば、国土交通省が高速道路を建設し、気象庁が災害警報を発令するなどしています。これらの行政各部を内閣は、人事と職務を通じてコントロールし、その全体を調整してまとめる役割を担っています。つまり、内閣は、行政権のリーダーとして、行政各部の活動をコントロールし、何か問題が起きたときには責任をとることになります。

ところで、行政の活動を行う機関のなかには、内閣から独立して活動している独立行政委員会というものがあります。ここからは、この独立行政委員会についてみてみましょう。

(2) 独立行政委員会ってなんだろう？

独立行政委員会とは、①通常の行政機関は大臣による独任制となっているのに対して、合議制の行政機関であること、②多かれ少なかれ内閣から独立して活動していること、③通常、立法や司法に似た活動を行うこと、を特徴とする行政機関をいいます。たとえば、公正取引委員会、人事院、国家公安委員会などです。

これらの独立行政委員会が設けられた目的は、政党の圧力を受けない第三者の立場で公正な行政活動を行うことができるようにするためです。そして、独立行政委員会の任務は、規則の制定などの国会に似た活動（準立法的作用）、裁決・審決という裁判所に似た活動（準司法的作用）、人事・警察・行政審判などのような政治的中立性が強く求められる活動を行うことです。たとえば、人事院では、人事院規則の制定改廃という準立法的作用、不利益処分審査の判定という準司法的作用、給与に関する勧告のような行為を行います。

(3) 独立行政委員会は内閣から独立していても大丈夫なの？

独立行政委員会は、その職務を行うにあたって内閣から独立して活動して、行政権を行使しています。このような独立行政委員会は、「行政権は、内閣に属する」という65条に違反しないのでしょうか。

独立行政委員会は65条には反しないとする結論にはほとんど異論がありませんが、その根拠については考え方が分かれています。

1つは、65条はすべての行政権を内閣のコントロール下におくことを規定していると考えたうえで、独立行政委員会はなんらかの意味で内閣のコントロール下にあるから、合憲であると考える立場です。実際に、独立行政委員会の委員をだれにするかということや、その予算をいくらにするのかとい

5 行政審判とは、行政機関による審理、判定などの手続のうち、公開の口頭審理など訴訟に準じた手続がとられるものをいいます。

6 不利益処分審査とは、国家公務員が、意思とは関係なく降給、降任、休職、免職などの著しい不利益な処分または懲戒処分を受けた場合に、その処分が適当かどうかについて人事院が行う審査をいいます。

う決定は内閣が行っていることが多く、この決定を通じて内閣のコントロールは及んでいると考えられるからです。

　もう１つは、65条は必ずしもすべての行政組織を内閣のコントロール下におくことを必要としていないと考えたうえで、①権力分立と②民主主義に背かないので、独立行政委員会は合憲であると考える立場です。

　まず、①**権力分立**との関係を説明します。

　権力分立制度では、国会、内閣、裁判所の三権がバランスを保っていることが望ましいのです。ここは第14章で学習しました。しかし、現代では内閣の役割が増し、内閣に権限が集中しがちです。独立行政委員会に内閣の活動の一部を担わせることは、内閣への権限集中を抑えることにもなり、かえって三権のバランスを保つことにつながります。そのため、独立行政委員会を認めても権力分立に背くことにはならないと考えられます。

18-2 ●

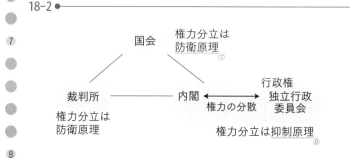

防衛原理とは、権力分立が国会の立法権と裁判所の司法権をほかに奪われないように守る役割を果たすことをいいます。

⑦

抑制原理とは、権力分立が内閣にとっては内閣の権限を抑制する役割を果たすことをいいます。

⑧

　次に、②**民主主義**との関係を説明します。

　民主主義のもとでは、国民の意見を行政活動に反映させることが望ましいことはいうまでもなく、行政活動に国会のコントロールが及んでいることが重要となります。そうすると、独立行政委員会の活動が内閣から独立していても、国会のコントロールが及んでいるならば、民主主義の考え方には背かないといえます。ここは、委員の任命について国会の同意が

必要であるとされているため、国会がコントロールしている
といえます。

　このように、独立行政委員会は、内閣のコントロール下に
はないが、権力分立や民主主義に背いてはいないので、合憲
と考えるのです。

　また、65条が「すべて行政権は、」としていないことも、合
憲であると考える立場の根拠となるでしょう。

４ 国会と内閣は敵？味方？
─議院内閣制─

(1)　議院内閣制ってどんな制度？

　議会と政府をいちおう分離したうえで、内閣が国会に対し
て連帯責任を負い、国会の信任が内閣の存立のために必要な
システムのことを議院内閣制といいます。

　議院内閣制の中心的な要素としては、①議会（立法）と政府
（行政）がいちおう分立していること、②政府が議会に対して
連帯責任を負うことがあげられます。

　議院内閣制の本質的要素のなかに、①②のほかに、内閣が
議会の解散権をもっていることをあげる考え方もあります。
そうではないという考え方もあり、ここでは細かいので触れ
ませんが、興味があれば『伊藤真試験対策講座5　憲法』（弘
文堂）を読んでみてください。

(2)　日本国憲法下の議院内閣制をみてみよう！

　憲法には、議院内閣制という言葉は登場しませんが、議院
内閣制の根拠となる規定がいくつかあります。

　たとえば、66条3項は、内閣の連帯責任の原則を定め、憲
法が議院内閣制をとることを明らかにしています。ほかにも、
衆議院の内閣不信任決議（69条）や内閣総理大臣を国会が指
名すること（67条1項）、内閣総理大臣および他の国務大臣の

過半数は国会議員であること（67条1項前段、68条1項前段ただし書）、内閣総理大臣と国務大臣に議院出席の権利と義務があること（63条）などが、議院内閣制をとることを明らかにした規定ということができます。

63条	内閣総理大臣その他の国務大臣は、両議院の一に議席を有すると有しないとにかかはらず、何時でも議案について発言するため議院に出席することができる。又、答弁又は説明のため出席を求められたときは、出席しなければならない。
66条3項	内閣は、行政権の行使について、国会に対し連帯して責任を負ふ。
67条1項	内閣総理大臣は、国会議員の中から国会の議決で、これを指名する。この指名は、他のすべての案件に先だって、これを行ふ。
68条1項	内閣総理大臣は、国務大臣を任命する。但し、その過半数は、国会議員の中から選ばれなければならない。
69条	内閣は、衆議院で不信任の決議案を可決し、又は信任の決議案を否決したときは、10日以内に衆議院が解散されない限り、総辞職をしなければならない。

5 議会の解散で民意を問う！
―衆議院の解散―

Case 衆議院で内閣の重要な法律案が否決された場合、内閣は衆議院を解散させることができるでしょうか。
また、総選挙の争点ではなかった新しい重大な政治的課題に対処するために、内閣は衆議院を解散させることができるでしょうか。

Answer どちらの場合も、内閣が国民の真意を問うために衆議院を解散することができます。

(1) 解散があるのは衆議院だけ！

解散とは、任期の満了する前に全議員の地位を失わせることをいいます。解散は、憲法上、衆議院についてのみ認めら

衆議院の解散については、第16章 国会の組織と活動の1(2)(1)を見よう！

れています。

　解散には、国会と内閣の意見が対立したときにその解決を図るという機能や、重要な国政上の争点が生じたときなどに解散・総選挙を行うことにより、改めて国民の意見を聞くという機能があります。郵政民営化法案が否決された後に、当時の小泉純一郎首相により行われた衆議院の解散は、この例にあたります。

(2)　どうやって解散権を行使するの？

　解散は、天皇の国事行為とされています（7条3号）。このように、形式的には解散を行うのは天皇ですが、それを実質的に決定する権限はだれにあるのでしょうか。また、いつ解散権を行使することができるのでしょうか。

（1）解散権はだれが行使するの？

　一般的には、解散をするかどうかを実質的に決定するのは内閣のみであると考えられています。内閣のみでなく衆議院もみずから解散することができるとする考え方もありますが、明文がなく、また、多数者の意思によって少数者の議員の地位が奪われることになるため、衆議院みずから解散することは認めるべきではないと批判されています。

（2）解散権行使はどの条文に根拠があるの？

　内閣が衆議院を解散できるのは、69条の内閣不信任決議案の可決や信任決議案の否決の場合に限定されるのかどうかについて考えてみましょう。

　まず、解散の根拠を69条に求め、解散権の行使は69条が定める場合にかぎられるという考え方があります（69条限定説）。しかし、それでは解散によって国民の意見を聞く機会が著しく限定されてしまうと批判されています。

　これに対して、解散権を行使できるのは69条の場合に限定されないとしたうえで、解散の根拠を天皇の国事行為を定めた7条3号に求める考え方があります。衆議院の解散とい

> **第7条**
> 天皇は、内閣の助言と承認により、国民のために、左の国事に関する行為を行ふ。
> ③　衆議院を解散すること。

う国事行為に対する内閣の「助言と承認」（7条柱書）を根拠として、内閣の自由な解散権の行使を認める考え方です。

（3）解散権は好き勝手に行使できるの？

　もし解散が69条の場合に限定されないとすると、どのような場合にも解散権の行使が認められるのかどうかが問題となります。

　一般的には、7条により内閣に自由な解散権が認められるとしても、解散は国民に対して内閣が真意を問う制度であることから、それにふさわしい理由がなければならないと考えます。具体的には、69条の場合を除けば、次にかぎられるとします。

　①衆議院で内閣の重要案件（法律案、予算等）が否決され、または審議未了になった場合

　②政界再編等により内閣の性格が基本的に変わった場合

　③総選挙の争点ではなかった新しい重大な政治的課題（立法、条約締結等）に対処する場合

　④内閣が基本政策を根本的に変更する場合

　⑤議員の任期満了時期が近づいている場合

プラスα文献

試験対策講座 18章1節、3節
条文シリーズ 65条〜75条
ステップアップ No. 23

1	憲法第65条が「行政権は、内閣に属する」と定め、内閣において行政全般に統括権をもつことを要求していることからすれば、<u>すべての行政は、内閣による直接の指揮監督を受けなければならない。</u> （裁事R1年）	× 3【1】
2	「行政権は、内閣に属する」と規定する憲法第65条はすべての行政組織を内閣のコントロール下におくことを必要としていないとする立場であれば、独立行政委員会は第65条に反しないと説明することが可能である。　（裁事H21年改題）	○ 3【3】
3	憲法第66条3項は、内閣は行政権の行使について「国会」に対し「連帯して」責任を負う旨定めているが、国会に対し責任を負うとの規定は、衆議院および参議院の各議院がそれぞれ個別に内閣の責任を追及することを排除するものではなく、また、連帯して責任を負うとの規定は、国会が各国務大臣の単独の責任を追及することを否定するものではないと解される。ただし、衆議院の内閣不信任決議は法的効力を有するが、個別の国務大臣に対する不信任決議や参議院の内閣総理大臣に対する問責決議は、政治的責任を生じさせうることは格別、法的効力を有しない。　（国ⅠH17年）	○ 4【2】
4	衆議院で内閣不信任の決議案を可決したときは、内閣は、10日以内に<u>衆議院を必ず解散しなければならない。</u>　（特別区H18年）	× 5【1】
5	憲法第7条が定める天皇の国事行為のひとつとして、衆議院の解散があげられており、内閣には実質的な解散権があるとされているが、<u>衆議院自身にも解散決議による自律的な解散権があるとする点で学説は一致している。</u>　（国税H21年）	× 5【2】(1)
6	衆議院の解散は憲法第69条の場合に限定されるものではなく、憲法第7条3号を根拠として、<u>内閣は衆議院の解散を決定する権限を有すると解すべき</u>であるとしつつも、直接国家統治の基本に関する高度に政治性のある国家行為は裁判所の審査権の外にあるから、現実に行われた衆議院の解散が無効であるかどうかの判断はできないとするのが判例である。　（国ⅠH23年）	× 5【2】(2)
7	憲法第7条に衆議院の解散権の根拠を求める見解は、第7条の内閣の「助言と承認」は実質的決定を含む場合もあることを前提とする。 （国税H21年）	○ 5【2】(2)

第19章

内閣の組織・権能
――総理大臣がリーダーシップを発揮する内閣！

キ……ここは基本！
スデ・君ならできる！
:……できたらスゴイ！

1 内閣ってどんな組織だったかな？

| Case 1 | A男は現役の自衛隊員ですが、愛国心が強く、日ごろから日本をもっと良い国にしたいと思っていました。ついにA男は、自分が総理大臣になってこの国を変えるしかないと考えるようになりました。A男は、自衛隊員のまま総理大臣になることができるのでしょうか。 |

Answer 1 A男は総理大臣になることができません。

(1) 内閣は行政全体のまとめ役

第18章 行政権と内閣の1、2で学習したとおり、内閣は、行政を担当する機関のことをいいます。道路や橋などを作る公共事業や、水道局による上下水道整備などの行政活動は、多くの行政機関の力を必要としています。内閣は、それらの行政全体を総合調整し、まとめる役割を担っています。

(2) 内閣はだれが組織しているの？

内閣は、内閣総理大臣とその他の国務大臣で組織される合議体です（66条1項）。内閣総理大臣とは、いわゆる首相のことです。その他の国務大臣とは、厚生労働大臣や経済産業大臣など各省の大臣をイメージしてください。

内閣総理大臣は、行政の各部門を指揮・監督します。具体的には、国務大臣を、厚生労働省や経済産業省などの行政の各部門に配置して、各省の長として行政事務を分担、管理さ

合議体とは、複数の人で組織し、その構成員の全会一致または多数決によってその意思の決定が行われる組織体をいいます。

第66条
1 内閣は、法律の定めるところにより、その首長たる内閣総理大臣及びその他の国務大臣でこれを組織する。
2 内閣総理大臣その他の国務大臣は、文民でなければならない。
3 内閣は、行政権の行使について、国会に対し連帯して責任を負ふ。

せています。

(3)　どんな人が内閣に入れるの？

　内閣総理大臣やその他の国務大臣として内閣に入るために
は、まず、①文民である必要があります（66条2項）。文民統制
③
の原則を徹底するためです。文民統制（シビリアンコントロール）
とは、軍が政治に介入することを防止するために、通常の政
治部門と軍とを分離して、政治部門が軍に関する重要決定を
行うことで、軍を政治部門の統制下におくことをいいます。
この原則は、軍の暴走により戦争に発展してしまった過去の
反省の表れといえるでしょう。

　Case 1 では、A男は現役の自衛隊員であるため、文民とは
いえません。そのため、A男は内閣総理大臣になることがで
きません。

　また、第18章　行政権と内閣の **4(2)** でも触れたように②
内閣総理大臣と、**国務大臣の過半数**は、国会議員でなければ
なりません（67条1項前段、68条1項ただし書）。国務大臣の全員
が国会議員でなければならないというわけではないことに注
意してください。

　A男は現役の自衛隊員であり、国会議員ではありませんの
で、そういった意味でも、A男は内閣総理大臣になることが
できません。

2 内閣総理大臣って何ができるの だったかな？

　内閣総理大臣は、国会議員の中から国会の議決で指名され
④
（67条1項）、天皇が任命します（6条1項）。明治憲法のもとで
④
は、内閣総理大臣は「同輩中の首席」にすぎず、他の国務大
臣と対等の地位にありました。しかし、日本国憲法のもとで
は、内閣の一体性を確保し、内閣の連帯責任の強化を図るた

3
文民の具体的な意味に
ついてはさまざまな考
え方がありますが、政
府見解によれば、①職
業軍人の経歴がある者
であって、軍国主義的
思想に深く染まってい
ると考えられる者以外
の者と、②自衛官の職
にある者以外の者をい
います。

4
指名と任命の違い
指名とは、一定範囲の
人のなかから、特定の
1人または数人を指定
することをいいます。
任命とは、ある人を一
定の地位または職に就
けることをいいます。

め、内閣総理大臣は、内閣という合議体の首長として位置づけられています（66条1項）。

内閣総理大臣の権限として、次の4つが認められています。

①国務大臣の任免権（68条）

内閣の一体性を確保するために、内閣総理大臣に、国務大臣の任命権、罷免権を与えました。内閣総理大臣は内閣の首長であるため、閣議にかけることなく、単独かつ任意で国務大臣を任免することができます。

罷免とは、職務を辞めさせることをいいます。

5

②内閣を代表して議案を国会に提出する等の権限（72条）

具体的には、議案を国会に提出すること（72条前段）、一般国務と外交関係について国会に報告すること（72条中段）、行政各部を指揮監督すること（72条後段）の3つがあります。

③法律、政令に対する連署（74条）

法律を執行するときの責任がどこにあるか、政令を制定・執行するときの責任がどこにあるかを明らかにするため、主任の国務大臣の署名と内閣総理大臣の連署が必要とされています。

④国務大臣の訴追に対する同意（75条）

国務大臣は、在任中であれば、内閣総理大臣の同意がないかぎり、訴追されません。この規定は、内閣の一体性を確保し、また内閣総理大臣の首長としての地位を強化するため、検察官などの訴追機関の判断のみによる国務大臣の訴追を、その在任中は禁じたものです。なお、75条ただし書の「訴追の権利は、害されない。」とは、在任中は、公訴時効の期間が進まないことをいいます。

《復習Word》
訴追とは、検察官などの公的機関が、刑罰を科すために刑事訴訟を起こすことをいいます。

3 内閣はどんなときに総辞職するんだろう？

| Case 2 | マスコミの報道によって、内閣総理大臣のBが数々の汚職事件に関与していたことが明ら |

かになってしまい、B内閣の国民の支持率が10%を下回ってしまいました。このような国民からの支持が得られないB内閣は、責任をとって、全員辞職しなければならないのでしょうか。

また、B内閣が全員辞職しないうちに、衆議院に提出されていたB内閣不信任決議案が可決されてしまいました。B内閣は全員辞職しなければならないのでしょうか。

Answer 2 国民からの支持が得られないからといって、B内閣は全員辞職しなければならないというわけではありません。

ただし、内閣不信任決議案が可決された場合は、全員辞職しなければなりません。

　内閣総理大臣と国務大臣の全員が同時にその地位から去ることを、内閣総辞職といいます。

　内閣は、いつでも総辞職をすることができますが、下の表の3つの場合には、内閣は総辞職をしなければなりません（69条、70条）。

69条については、第18章 行政権と内閣の4を見よう！

総辞職の原因

	原　因	備　考
①	衆議院で不信任の決議案を可決し、または信任の決議案を否決したときに、10日以内に衆議院が解散されない場合（69条）	－
②	内閣総理大臣が欠けた場合（70条前段）	欠ける原因には、死亡、内閣総理大臣となる資格の喪失、辞職等がある
③	衆議院議員総選挙の後、はじめて国会の召集があった場合（70条後段）	任期満了による総選挙後→臨時会 解散による総選挙後→特別会

6　**第70条**
　内閣総理大臣が欠けたとき、又は衆議院議員総選挙の後に初めて国会の召集があったときは、内閣は、総辞職をしなければならない。

　表の①はどういう場合かというと、衆議院から、内閣を信頼・信用することができないと判断された場合に、10日以内に衆議院を解散させなかったときのことです。

　②は、内閣総理大臣が死亡したり、除名などで国会議員の

総理大臣がリーダーシップを発揮する内閣！　*173*

地位を失って、内閣総理大臣となる資格を失ったりした場合などをいいます。そのため、病気や、一時的な生死不明の場合は、内閣総理大臣が「欠けたとき」にはあたらないと考えられています。

Case 2 では、B内閣は、いくら国民からの支持率が低くても、衆議院の不信任決議案が可決されるまでは、必ずしも総辞職をしなければならないというわけではありません。もちろん、みずからの意思で総理大臣を辞職することでB内閣の総辞職をすることは可能です。

ただし、衆議院の不信任決議案が可決されると、内閣は、衆議院が解散されない場合は総辞職をしなければならず（①の場合）、衆議院が解散されて衆議院の総選挙が行われた後の最初に国会召集があった場合も、結局は総辞職をしなければなりません（③の場合）。

なお、総辞職した内閣は、新たに内閣総理大臣が任命されるまでは引き続き職務を行うことになります。

4 内閣って何をするところだったかな？

内閣は、内閣総理大臣の権能とは異なり、閣議によって、次のようなことを行っています。⑦

(1) 内閣の主要な権能をみてみよう！

内閣の権能は、73条各号の規定に定められている権能と73条以外の規定に定められている権能とに分けられます。主要な権能である、73条に定められている権能は、次の7つです。

①法律の誠実な執行と国務の総理（73条1号）

内閣のもっとも主要な任務は、国会の制定した法律に書かれている内容を誠実に実行することです。たとえ内閣として

閣議とは、内閣の会議をいいます。はっきりと規定されている条文はありませんが、決定は全員一致によるものとされています。

第73条
内閣は、他の一般行政事務の外、左の事務を行ふ。
① 法律を誠実に執行し、国務を総理すること。
② 外交関係を処理すること。
③ 条約を締結すること。但し、事前に、時宜によっては事後に、国会の承認を経ることを必要とする。
④ 法律の定める基準に従ひ、官吏に関する事務を掌理すること。
⑤ 予算を作成して国会に提出すること。
⑥ この憲法及び法律の規定を実施するために、政令を制定すること。但し、政令には、特にその法律の委任がある場合を除いては、罰則を設けることができない。
⑦ 大赦、特赦、減刑、刑の執行の免除及び復権を決定すること。

は賛成できない法律であっても、法律の目的にかなうように実行しなければなりません。

②外交関係の処理（73条2号）

外国との関係を適切に処理することは内閣の任務です。

③条約の締結（73条3号）

条約を締結することは②の外交関係の処理（73条2号）のひとつですが、特に重要であることから別個に明記されています。ただし、外交に対する民主的コントロールを及ぼすために、事前か事後の国会の承認が必要とされています。

④官吏に関する事務の掌理（73条4号）

官吏（内閣の権能に属する事務を行う国家公務員）に関する事務の掌理（取りまとめること）も内閣の任務です。

⑤予算の作成と国会への提出（73条5号）

予算の作成は、内閣の任務ですが、財政に対する民主的コントロールを及ぼすために、国会に提出して、その審議を受け、議決を経なければなりません。

⑥政令制定権（73条6号）

政令とは、行政機関が制定する法規、すなわち命令のうち、特に内閣が制定するものをいいます。

⑦恩赦の決定（73条7号）

恩赦とは、刑罰権の全部または一部を消滅させることをいいます。恩赦は、内閣が決定し、天皇が認証します。

(2) 他の機関との関係はどうなっているの？

（1）**天皇との関係はこう！**

天皇の国事に関するすべての行為には、内閣の助言と承認を必要とし、すべて内閣の意思と責任に基づくことになっています（3条）。つまり、天皇は単独で国事に関する行為を行うことはできず、すべて内閣のアドバイスに従って行う必要があるということです。

予算については、第24章財政の2(1)で詳しく学習します。

命令については、第15章国会の地位の4(2)(1)を見よう！

天皇については、第23章天皇の1、2で詳しく学習します。

9 **第3条**
天皇の国事に関するすべての行為には、内閣の助言と承認を必要とし、内閣が、その責任を負ふ。

（2）**国会との関係はこう！**

　①国会の召集、②衆議院の解散、③参議院の緊急集会の要請権があります。

（3）**裁判所との関係はこう！**

　①最高裁判所長官の指名、②最高裁判所裁判官や下級裁判所裁判官の任命などがあります。

(3)　予算・財政上の権能はどうなっているの？

　(1)⑤にもあったように、内閣は予算を作成し、国会に提出しなければなりません。そして、内閣が作成し提出する予算は、国会の審議を受け議決を経るべきものとしました（86条）。

　財政は、本来、行政権を行使する内閣が関与するものであり、立法権を行使する国会が関与する事項ではありません。しかし、財政は、国民の税金がもととなっているため、国民の生活と直接利害関係があることから、国民の代表機関である国会に財政を監視する権限を与えています。これを、<u>財政民主主義</u>といいます。

<u>プラスα文献</u>
試験対策講座 18 章 2 節
判例シリーズ 86 事件
条文シリーズ 65 条〜75 条

第 86 条
内閣は、毎会計年度の予算を作成し、国会に提出して、その審議を受け議決を経なければならない。

財政民主主義については、第 24 章 財政の**1(1)**で詳しく学習します。

Exercise

1	シビリアンコントロール（文民統制）の見地から、憲法上、国務大臣の過半数は文民でなければならないとされている。 （裁事 H20 年）	× 1【3】
2	内閣総理大臣は、衆議院議員のなかから、国会の議決で、これを指名する。 （裁事 H23 年）	× 1【3】
3	国務大臣は、内閣総理大臣の指名に基づき、天皇が任命する。 （裁事 H16 年）	× 2
4	内閣総理大臣は、閣議にかけることなく、国務大臣を罷免することができる。 （裁事 R1 年）	○ 2
5	内閣は、任意に総辞職できるが、必ず総辞職しなければならないのは、衆議院が不信任の決議案を可決し、または信任の決議案を否決したときで 10 日以内に衆議院が解散されない場合と内閣総理大臣が欠けた場合とにかぎられる。 （特別区 H21 年）	× 3
6	衆議院で内閣不信任の決議案を可決したときは、内閣は、10 日以内に衆議院を必ず解散しなければならない。 （特別区 H18 年）	× 3
7	日本国憲法では、内閣が総辞職をしなければならない場合として、衆議院で不信任の決議案を可決し、または信任の決議案を否決して 10 日以内に衆議院が解散されない場合、内閣総理大臣が欠けた場合および衆議院議員総選挙の後にはじめて国会の召集があった場合を規定している。また、日本国憲法では、内閣は、その存続が適当でないと考えるときは、国会の承認を経ることにより総辞職をすることができると規定している。 （国Ⅰ H19 年）	× 3
8	内閣は、最高裁判所の長たる裁判官を任命し、その他の最高裁判所の裁判官も任命する。 （国家一般 H30 年改題）	× 4【2】(3)

司法権
——裁判所にも判断できないことがある？

キ……ここは基本！
スデ……君ならできる！
……できたらスゴイ！

1 争いごとは司法にお任せ！
——司法権——

(1) 司法権ってなんだろう？

司法権は、三権の一翼を担う国家権力です。テレビのニュースで放映されるような法廷で裁判官が裁判をしている場面をイメージできると思います。

76条1項をみてみましょう。司法権が裁判所に属すると規定しています。

第76条
1 すべて司法権は、最高裁判所及び（略）下級裁判所に属する。

しかし、司法権が何であるかについては書いてありません。一般に、司法権とは、**具体的な争訟について、法を適用し、宣言することによって、争訟を裁定する国家の作用**といわれています。

つまり、司法権とは、具体的な事件について、法を適用し、判決をだすことによって、事件を解決する国家の作用をいいます。

次から具体的な争訟とは何かについて学習します。

(2) どんな事件でも司法権を行使できるの？

具体的な争訟にあたらない事件は、司法権の範囲に含まれず、裁判所は司法権を行使できません。また、たとえ具体的な争訟であっても、司法権を行使できない場合があり、これを司法権の限界といいます。

それでは、2 で司法権の範囲、3 で司法権の限界についてみていきましょう。

2 どんな事件でも裁判ができるの？
―司法権の範囲―

| Case 1 | A子は、B宗教を信じていましたが、その教義に疑問が生じました。そこで、B宗教の教義が正しいかどうかを裁判所に判断してもらおうと思い、「B宗教の教義が正しいことの確認を求める」という内容の訴えを起こしました。裁判所は、A子の訴えについて判断できるのでしょうか。 |

| Answer 1 | 裁判所は、A子の訴えについて判断できません。 |

(1) 具体的な争訟ってどんな意味？

具体的な争訟とは、裁判所法3条1項の「一切の法律上の争訟」と同じ意味であると考えられています。

そして、この「法律上の争訟」とは、一般に、①当事者間の具体的な法律関係や権利義務があるのかないのかに関する争いであり、②法律の適用により終局的に解決できるものであると考えられています。たとえば、MN間の借金のトラブルについての訴訟は、MのNに対する貸金返還請求権という権利義務があるかないかに関する争いであって、民法を適用することで、終局的に解決することができます。

(2) 具体的な争訟ではない場合ってどんな場合？

具体的な争訟、つまり「法律上の争訟」といえない訴えは、却下されます。それでは、「法律上の争訟」といえるかが問題になるのは、どのような場合でしょうか。

(1) 具体的な事件が発生していない場合

何ら具体的な事件が発生していないのに、抽象的に法令の解釈または効力について争うことは、当事者間の具体的な法律関係や権利義務があるのかないのかに関する争いであると

② **裁判所法第3条**
1 裁判所は、日本国憲法に特別の定めのある場合を除いて一切の法律上の争訟を裁判し、その他法律において特に定める権限を有する。

③ 訴えが却下されるとは、訴訟を行うための要件がみたされていないために、裁判所による判断を受けることができないまま、訴訟が終了することをいいます。

はいえないので**(1)**の①の要件を欠き、その訴えは却下され
ます。たとえば、自衛隊の前身であった警察予備隊が憲法9
条に違反すると主張した訴えが、具体的な事件が発生してい

警察予備隊事件

④ ないということを理由に却下された判例があります。④

（2）単なる事実の存否等に関する争いの場合

単なる事実の存否（たとえば、Mが東京ドームに行ったことがあ
るかどうか）、個人の主観的意見の当否（たとえば、N歌手の声は美
しいかどうか）、学問上・技術上の争い（たとえば、O教授の学説と
P教授の学説のどちらが正しいのか）は、当事者間の具体的な**法律
関係や権利義務の存否**に関する争いとはいえないので、**(1)**
の①の要件を欠きます。また、上にある例は、法律を適用し
ても判断できるものではないため、②の要件も欠きます。で
すから、これらの争いは①②の要件が欠けるため、裁判の対
象にはなりません。

実例として、国家試験の合否の争いは、「法律上の争訟」に
あたらず、裁判の対象とならないとした1966年の判例があ
ります。

（3）その他の場合

（a）信仰の対象の価値に関する争いの場合

信仰の対象の価値や宗教上の教えが正しいかどうかなどに
関する判断を求める訴えは、**(1)**の①②の要件を欠き、「法律
上の争訟」にあたらないので却下されます。

Case 1では、A子がB宗教の教えが正しいことの確認を求
める旨の訴えを提起していますが、信仰の対象の価値や、宗
教上の教えが正しいかどうかに関する争いは、**法律関係や権
利義務**に関する争いとはいえないので、①の要件を欠きます。
また、信仰の対象の価値や、宗教上の教えが正しいかどうか
は、法律を適用して決まるものではないため、法律の適用に
より終局的に解決することはできないといえ、②の要件も欠
きます。このような訴えは、「法律上の争訟」にあたらないの
で却下されます。ですから、A子の訴えは却下されます。

（b）宗教上の教義に関する事項についての争いの場合

　では、訴えが、直接的には信仰の対象の価値の当否の確認などを求めているわけではなく、それが前提問題となっている場合には、「法律上の争訟」にあたるのでしょうか。次の判例の事案をみてみましょう。

　宗教団体Mの元会員であるNらは、正本堂を建立するための資金を寄附しました。しかし、Nらは正本堂に安置する板まんだら像が偽物であり、寄附行為は 錯誤無効（改正前民法95条本文）であるから、寄附金は 不当利得 になると主張して、寄附金の返還を求めました。

　この訴訟は、不当利得を理由とする寄附金の返還請求であり、当事者間の具体的な法律関係や権利義務の存否に関する争いの形式をとっています。そのため、①の法律関係や権利義務の存否に関する争いであるという要件をみたします。

　また、教義上の価値の判断は原告の寄附金返還請求が認められるのかを判断するための前提にとどまり、教義上の価値について判断しなくても、寄附金の返還請求権の存否の判断はできそうです。そのため、法律を適用することでこの紛争を解決することができ、②の要件もみたすように思えます。しかし、この訴訟は、板まんだら像が本物である場合には、錯誤無効の主張は認められないのに対して、板まんだら像が偽物である場合には、錯誤無効の主張が認められ、寄附金の返還請求が認められることになります。ですから、寄附金の返還請求が認められるか否かを判断するには、板まんだら像が本物か偽物かをどうしても判断しなければなりません。そして、板まんだら像が本物か偽物かは、教義上の価値によるので、教義上の価値の判断をしなければなりませんが、この教義上の価値は、法律を適用しても判断できるものではないのです。そのため、この訴訟は実質的にみて、法令を適用して解決することは不可能といえます。ですから、②の要件が欠け、「法律上の争訟」にはあたりません。

5　「板まんだら」事件

6　錯誤と不当利得については、民法の学習を進めていくとわかります。ここでは、勘違いによって寄附をしてしまったから、寄附金を返してくれ、という訴訟をしていると考えてください。
　なお、ここでは錯誤無効という概念が登場していますが、民法改正後の現在では、錯誤を理由に主張することができるのは「取消し」です。試験との関係では、改正前民法を学習する必要はないので、混乱しないように注意してください。

3 争いに関与しないこともあるの？
─司法権の限界─

| Case 2 | 大学生であるC男は、期末試験を受けました。しかし、大学が単位を与えるかどうかの決定をしてくれません。そこでC男は、「大学は単位を与えるかどうかの決定をする義務があることの確認を求める」という訴えを起こしました。裁判所は、C男の訴えを判断できるのでしょうか。 |

| Answer 2 | 裁判所は、C男の訴えについて判断することはできません。 |

　2でみたとおり、裁判所は「一切の法律上の争訟」を裁判するのが原則です。しかし、「法律上の争訟」に該当するようにみえても、司法権と他の権利との関係、および司法の制度上の理由から、その判断を避けることがあります。これが司法権の限界とよばれる問題です。

(1) 憲法上の限界はここ！

　憲法は、司法作用のうちいくつかを他の国家機関に委任しています。たとえば、①国会の各議院による議員の資格争訟の裁判（55条）、②国会内に設置された弾劾裁判所による裁判官の弾劾裁判（64条）です。議員の資格争訟の裁判は、議員の資格の有無の判断をもっぱら議院の判断に委ねる趣旨なので、裁判の結果に不服があっても、通常裁判所で争うことはできません。

(2) 性質上の限界（解釈上の限界）はここ！

　(1)と異なり、憲法や法律などに明文がありませんが、一定の場合には性質上裁判所の審査は及ばないとされることがあります。

第55条
両議院は、各々その議員の資格に関する争訟を裁判する。（以下略）

弾劾裁判については、第22章 司法権の独立の3 (2)(2)で詳しく学習します。

第64条
1 国会は、罷免の訴追を受けた裁判官を裁判するため、両議院の議員で組織する弾劾裁判所を設ける。

（1）自律権に属する行為に裁判所の審査は及ばないの？

　自律権とは、懲罰や議事手続など、国会または各議院の内部事項については自主的に決定できる権能をいいます。

　過去に次のような訴えがありました。大混乱のなかで参議院の会期延長の決議が可決され、その会期延長中に新警察法の法案が可決されました。そして、それについての予算が支出されました。そこで、ある議員は、大混乱のなかでの会期を延長する決議は無効であるため、その会期延長中に可決された法案も無効であり、そのため、新警察法に基づいて支出された予算は無効であると主張して提訴しました。

　この訴えについて、判例は、新警察法が両院において議決を経たものとされ適法な手続によって公布されている以上、裁判所は、両院の自主性を尊重すべきであり、議事手続に関する事実を審理して有効なのか無効なのかを判断すべきでないとしました。つまり、裁判所の審査は、国会の両院の議事手続の適否には及ばないとしたのです。

9　警察法改正無効事件

（2）統治行為に裁判所の審査は及ばないの？

　司法権の性質上の限界として、次に統治行為をみていきます。

　統治行為とは、「直接国家統治の基本に関する高度に政治性のある国家行為」（判例）をいいます。そして、この統治行為については、「法律上の争訟」として裁判所による法律的な判断が理論上は可能であっても、裁判所の審査は及ばないと考えられています。

10　苫米地事件

　では、なぜ統治行為については、判断が可能であるにもかかわらず、裁判所の審査ができないのでしょうか。

　それは、統治行為について、裁判所が判断することは、他の権力への口出しを禁止した三権分立に背くからだと考えられています。つまり、統治行為について判断するということは、国会等が決めた結論に対して、裁判所が口をだすことになるため、三権分立に背くことになるのです。

11　判例も、衆議院議員だった苫米地義三氏が衆議院の解散が
無効であることを前提に、任期満了までの歳費などを求める
訴えを起こした事件において、一般論として、三権分立の原
12　理により司法権には内在的制約があり、「直接国家統治の基
本に関する高度に政治性のある国家行為」は、「裁判所の審査
権の外にあ」ると判示し、統治行為の存在を認めました。そ
のうえで、衆議院の解散は統治行為にあたり、裁判所の審査
は及ばないと判断しました。

（3）団体の内部事項に関する行為に裁判所の審査は及ばな いの（部分社会論、部分社会の法理）？

地方議会、大学、政党などの自主的な団体の内部紛争に対
して裁判所の審査が及ぶかどうかが問題になることがありま
す。

これについては、紛争の対象が純粋に内部的事項である場
合には、事柄の性質上、団体の自治を尊重して、司法審査を
控えるべきであると考えられています（部分社会論、部分社会の
法理）。つまり、団体のなかでの争いは、団体のなかで解決す
るのが一番だから、裁判所が介入するべきではないと考えら
れているのです。

ひとくちに団体といっても、地方議会、大学、政党などさ
13　まざまなものがあり、各々団体の性質が異なるので、団体内
部の紛争が司法審査の対象となるかどうかは、団体ごと、事
案ごとに検討する必要があります。

（a）地方議会

14　以前の判例は、地方議会議員に対する3日間の出席停止の
懲罰決議の有効無効が争われた事件で、地方議会議員の出席
停止の懲罰決議には、裁判所の審査は及ばないとしました。

15　しかし、最近の判例は、地方議会議員に対する23日間の出
席停止の懲罰の取消しの可否が争われた事件で、山北村判決
を変更しました。どのように変更したかというと、出席停止
の懲罰が課された議員は、議事に参与して議決に加わるなど

内在的制約とは、事柄の本質から論理必然的に導かれる制約をいいます。

統治行為論については、論拠やその範囲をめぐって議論があります。詳しくは章末のプラスα文献を参照してください。

たとえば、公的な団体であるのか私的な団体であるのか、学問の自由などに配慮する必要があるのかないのかなど、その団体によって異なります。

山北村判決

☆岩沼市議出席停止処分事件

の議員として中核的な活動をすることができず、住民の負託を受けた議員としての責務を十分に果たすことができなくなるから、裁判所は、常に出席停止の懲罰の適否を判断することができる、としました。

（b）大学

富山大学（国立大学）の学生MとNは、試験を受けたにもかかわらず学部長、学長が単位を与えるかどうかの決定をしなかったため、学長らを相手に、Mは①単位取得の認定をする義務があることの確認を求め、Nは②専攻科修了の認定をする義務があることの確認を求めて提訴しました。

判例は、まず①について、単位認定行為は、ほかにそれが一般市民法秩序（一般の社会における秩序）と直接関係することを認める特段の事情のないかぎり、純然たる大学内部の問題として大学の自主的、自律的な判断に委ねられるべきものであって裁判所の審査は及ばないと判断しました。

16　富山大学単位不認定事件

ですから、**Case 2** においても、裁判所はC男の訴えについて判断することはできないことになります。

これに対して、②については、まず、学生には一般市民として国公立大学を利用する権利があるから、学生に対して国公立大学の利用を拒否することは、学生が一般市民としてもっている施設を利用する権利を侵害するものとして裁判所の審査が及ぶ、と一般論を述べました。そのうえで、大学が専攻科修了の認定をしないことは、実質的にみて、学生が一般市民として有する施設を利用する権利を侵害するものである、と判断しました。つまり、大学を利用する目的は、専攻科修了の認定を受けることにもあり、この認定を受けられなければ、大学を利用する意味がなくなってしまうので、専攻科修了の認定をしないことが、実質的に、大学の利用拒否にあたると判断したのです。このような判断のもと、判例は、専攻科修了認定義務確認の訴えは、裁判所の審査が及ぶとしました。

（c）政党

　　M政党は、所有する家屋を党幹部であったNに住居として使用させていました。しかし、M政党は、Nを除名し、Nが党員ではなくなったとして家屋の明渡しを求めました。この事件では、Nの除名処分の有効性が争点となりましたが、その前提として、そもそも党員の除名処分の有効・無効について裁判所の審査が及ぶのかが問題となりました。

共産党袴田事件　⑰

　　この点について、判例は、政党の内部的自律権に属する行為は尊重されるべきであり、政党が組織内の党員に対してした除名などの処分の当否については、処分が**一般市民法秩序**と直接の関係がない内部的な問題にとどまるかぎり、裁判所の審査は及ばないとしました。この判例は、更に続けて、処分が一般市民としての権利利益を侵害する場合であっても、

処分の当否は、政党が自律的に定めた規範（自主的に定めたルール）があればその規範に照らして、規範がないときは条理に基づいて、処分が適正な手続に則ってされたかどうかによって決するべきであり、審理もその点にかぎられる、としました。

　　この判例は、M政党には自律的規範として党規約があり、除名処分は規約に則ってされたということができるので、除名処分は有効としました。

　　ポイントは、政党の内部行為が一般市民としての権利利益を侵害する場合、裁判所の審査は及びますが、その判断は処分が適正な手続に則っていたか否かにのみ着目してなされるという点です。

プラスα文献
試験対策講座 19 章 1 節
判例シリーズ 89 事件〜95 事件
条文シリーズ 76 条
ステップアップ No. 29

1	裁判所法第3条第1項にいう「法律上の争訟」として裁判所の司法審査の対象となるのは、法令を適用することによって解決しうるべき権利義務に関する当事者間の紛争をいうと考えられ、裁判所は、具体的事件を離れて法令の合憲性を判断することができない。 （財務・労基 H24年）	○ 2【2】(1)
2	具体的な権利義務や法律関係に関する紛争の形式をとる訴訟は、<u>信仰の対象の価値または宗教上の教義に関する判断が、訴訟の帰すうを左右する前提問題となり、紛争の核心である場合でも、司法審査の対象となる</u>とした。 （都庁 H18年）	× 2【2】(3)
3	判例によると、裁判所は、法令の形式的審査権をもつので、両院において議決を経たものとされ適法な手続によって公布されている法について、<u>法制定の議事手続に関する事実を審理してその有効無効を判断することができる</u>。 （特別区 H24年）	× 3【2】(1)
4	最高裁判所の判例では、自律的な法規範をもつ社会ないし団体にあっては、当該規範の実現を内部規律の問題として自治的措置に任せ、必ずしも、裁判に委ねることを適当としないものがあり、<u>地方議会議員の出席停止処分は、権利行使の一時的制限にすぎず、司法審査の対象とならない</u>とした。 （特別区 H30年）	× 3【2】(3)(a)
5	大学は、国公立であると私立であるとを問わず、自律的な法規範を有する特殊な部分社会を形成しているから、大学における法律上の紛争は、一般市民法秩序と直接の関係を有しない内部的な問題にとどまるかぎり、その自主的・自律的な解決に委ねられる。 （行書 H19-5）	○ 3【2】(3)(b)
6	政党に対しては、高度の自主性と自律性を与えて自主的に組織運営をなしうる自由を保障しなければならないから、政党による党員の処分は、<u>一般市民としての権利利益を侵害する場合であっても、裁判所の審判権は及ばない</u>とした。 （都庁 H18年）	× 3【2】(3)(c)

Topics

裁判員裁判について考えよう！

　裁判員裁判とは、一定の重大犯罪を対象とする刑事裁判において、一般市民のなかから選ばれた裁判員6人が裁判官3人と一緒に事実の認定と量刑の判断を行う裁判をいいます。

　裁判員裁判は、2009年5月からスタートしました。しかし、被告人や裁判員の権利の観点からいくつか問題があり、実際に裁判で争われたこともあります。

　たとえば、被告人が裁判員裁判と裁判官のみの裁判のどちらかを選択することができないことが憲法に違反するのではないかという問題があります。2012年の判例では、被告人に裁判員裁判選択権を認めなくても、憲法32条や37条には違反しないと判断されました。しかし、引き続き議論を深めていくべきでしょう。

　ほかにも、裁判員に対する心理的負担が大きすぎるのではないかという問題があります。これに関しては、たとえば、裁判員が鮮明な死体写真を見たことで急性ストレス障害にかかってしまったため、その損害賠償を国に請求した裁判があります。この裁判では、2016年に、最高裁判所で損害賠償請求を棄却する判断が確定しましたが、第一審では、裁判員裁判に参加したことと急性ストレス障害を発症したこととの間に相当とされる因果関係が認められました。

　この事件などを受け、現在では、生々しい傷の残る死体が写った写真などの証拠は、傷を塗りつぶしたり、全体をイラストにしたりする運用が主流となっています。

　たしかに、このようにすれば、裁判員の心理的負担を軽減することができます。それは、突然裁判員に選ばれた国民にとっくはよいことでしょう。しかし、一方で、こうした重要な証拠をそのまま見ることなく判断にいたるというのでは、事案の真相を明らかにするという、刑事訴訟法の定める目的がないがしろにされているのではないかという疑問も生じます。

　いろいろと問題がある裁判員制度について、今後の動向に要注意です。

裁判所の構成と権能
──国民に審査される最高裁判所裁判官

　裁判所はどのような構成で、どのような権限があるのでしょうか。憲法は、司法権を行使する裁判所として、最高裁判所と下級裁判所をあげています（76条1項）。それぞれの構成・権能について、詳しくみていきましょう。

1 法の番人──最高裁判所──

Case 1　A子は、最高裁判所の裁判官がどのような仕事をしているのかよく知りません。そこで、最高裁判所裁判官の国民審査にあたり、自分はよくわからないので、ほかの有権者の判断に任せようと思い、投票用紙に○も×もつけずに白票として投票しました。その後、A子は、自分の票が裁判官の罷免を不可とする票として扱われることを知りました。A子は、自分が意図していたことと違うので、自分の白票が裁判官の罷免を不可とする票として扱われることは憲法に違反するのではないかと主張しています。
A子のこのような主張は、認められるのでしょうか。

Answer 1　A子のこのような主張は、認められません。

(1) 最高裁判所は15人で構成される

　最高裁判所は、最高裁判所長官1名と14名のその他の裁判官（最高裁判所判事）によって構成されます（79条1項、裁判所法5条1項、3項）。最高裁判所長官は、内閣の指名に基づいて、天皇が任命します（憲法6条2項、裁判所法39条1項）。その他の

> **第79条**
> 1　最高裁判所は、その長たる裁判官及び法律の定める員数のその他の裁判官でこれを構成し、その長たる裁判官以外の裁判官は、内閣でこれを任命する。
> 2　最高裁判所の裁判官の任命は、その任命後初めて行はれる衆議院議員総選挙の際国民の審査に付し、その後10年を経過した後初めて行はれる衆議院議員総選挙の際更に審査に付し、その後も同様とする。
> 3　前項の場合において、投票者の多数が裁判官の罷免を可とするときは、その裁判官は、罷免される。
> 4　審査に関する事項は、法律でこれを定める。
> 5　最高裁判所の裁判官は、法律の定める年齢に達した時に退官する。
> 6　最高裁判所の裁判官は、すべて定期に相当額の報酬を受ける。この報酬は、在任中、これを減額することができない。

認証とは、一定の行為などが、正当な手続によってなされたことを確認、証明することをいいます。

② 裁判官は、内閣が任命し（憲法79条1項、裁判所法39条2項）、天皇が認証します（裁判所法39条3項）。

最高裁判所の構成と選出手続の違い

21-1

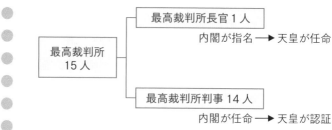

最高裁判所長官の給与は月額201万円で、最高裁判所判事の給与は月額146万6000円です。
（2023年1月現在）

③ 最高裁判所裁判官は、**(2)** で学習する国民審査を受けるほか、在任中はその身分を保障され（憲法78条）、また、定期に相当額の報酬を受けます（79条6項）。最高裁判所の裁判官について、任期は定められていませんが、定年があり、年齢が70歳に達した時は退官します（79条5項、裁判所法50条）。

(2) 国民審査ってどんな制度？

最高裁判所の裁判官には、**国民審査**の制度が設けられています（憲法79条2項から4項まで）。

国民審査とは、最高裁判所裁判官を罷免するかしないかを国民の投票によって決める手続のことをいいます。

《復習 Word》
罷免とは、職務を辞めさせることをいいます。

最高裁判所の裁判官は、任命後最初に行われる衆議院議員総選挙のときに、国民審査を受けることになります。また、その後10年を経過した後に最初に行われる衆議院議員総選挙のときにも国民審査を受けることになり、その後も同様に国民審査を受けます。国民審査に際して、投票者の多数が裁判官の罷免を可とするときは、その裁判官は罷免されます。

国民審査は、最高裁判所裁判官の選任について国民の声を反映させ、内閣が好き勝手に最高裁判所裁判官を選任するのを防ぐことを目的としています。

国民審査の例

13年5月	14年6月	23年5月	25年8月
任命	衆議院議員総選挙	任命から10年経過	衆議院議員総選挙
	国民審査		国民審査

（1）国民審査にはどのような法的性質があるの？

　国民審査の法的性質（法的性格）の理解について判例は、国民審査を最高裁判所裁判官に対する一種の解職（リコール）の制度としています。つまり、国民審査は、国民の手で最高裁判所裁判官を辞めさせる制度だということです。

④ 最高裁裁判官国民審査法事件

（2）国民審査は具体的にどうやって行うの？

　憲法は、国民審査のやり方は、法律で定めるとしています（79条4項）。そして、最高裁判所裁判官国民審査法によれば、国民審査は、審査の対象となる裁判官の氏名が記載された投票用紙に、投票者が罷免したい裁判官の欄に×印を付けるという方法で行われ、×印の投票が過半数の場合にのみ罷免になるとされています（最高裁判所裁判官国民審査法14条2項、15条1項、32条本文）。何の印も付けられていない白票は、罷免しない票として扱われます。

（3）現在のやり方に問題はないの？

　現在のやり方では、白票はすべて罷免しない票として数えられてしまいますから、たとえば、個人的に裁判官を知らないから白票のままにしたとしても、罷免しない場合と同じに扱われてしまいます。このようなやり方は思想・良心の自由を定めた憲法19条に違反しないのでしょうか。

　この問題について判例は、国民審査の性質が辞めさせるという解職の制度であることを理由に、積極的に欄に×と書いた投票以外は○（罷免しないもの）として扱うことのほうがむしろ適当であるとしています。

×を書く欄	裁判官の名						
小	西	伊	原	森	林	川	山
○志	○一	○原	三	○子	○美	○郎	○男
○	○	○裕					

注意（ちゅうい）

一　やめさせた方がよいと思う裁判官については、その名の上の欄に×を書くこと。

二　やめさせなくてよいと思う裁判官については、何も書かないこと。

ですから、**Case 1** の場合のように、他の人の判断に任せるという意思で白票として投票された票を、罷免を不可とする票として扱うことも、憲法には違反しないと考えられます。

そのため、A子の主張は、認められません。

（4）最高裁判所長官に任命されたらどうなるの？

最高裁判所判事だった人が最高裁判所長官に任命された場合、改めて国民審査を受ける必要があるかどうかという問題があります。判事は「最高裁判所の裁判官」としてすでに国民審査を受けている以上、判事が長官になっても「最高裁判所の裁判官」であることには変わりないので、長官就任後に最初に行われる衆議院議員総選挙の時に、改めて国民審査を受ける必要はないと考えられています。

(3)　最高裁判所では何人で裁判をするの？

最高裁判所の審理および裁判は、大法廷または小法廷で行われます（裁判所法9条1項）。大法廷は15人全員の裁判官の合議体であり、小法廷は5人の裁判官の合議体です。小法廷は第1小法廷から第3小法廷まであります。

事件を大法廷または小法廷のいずれで取り扱うかについては、最高裁判所の定めによりますが（裁判所法10条本文）、特別の場合（たとえば法律等が憲法に適合しないと認めるとき。裁判所法10条2号）には大法廷で裁判をすることが必要です（裁判所法10条各号）。

(4)　最高裁判所の権限についてみてみよう！

これまでは最高裁判所の構成についてみてきました。次に、

> 小法廷の人数は、最高裁判所が3名以上と定めていますが、発足当時から現在まで5名の裁判官の合議体となっています。

最高裁判所がどのような権限をもつのか、つまり、最高裁判所はどのようことができるのかをみていきましょう。

（1）裁判権がある！

最高裁判所は、事件について最終的な判断を言い渡すことができます（裁判所法 7 条参照）。

（2）違憲審査権がある！

最高裁判所は違憲審査権をもつ終審裁判所です（憲法 81 条）。つまり、最高裁判所は、法律や命令などが憲法に適合するかしないかを判断する最終的な権限をもっているということです。これはきわめて重要な権限です。

（3）規則制定権がある！

（a）規則制定権ってどんなもの？

77 条 1 項は最高裁判所による規則制定権について定めています。

国会中心立法の原則 の憲法上の例外のひとつとして最高裁判所規則がありました。最高裁判所に規則制定権があるとしているのは、立法府や行政府ではなく司法府がみずから自分たちのルールを定めることにより、司法府の自主性を強化することにあります。同時に、訴訟・裁判に関する事柄については訴訟・裁判に通じている裁判所の判断を尊重するとい

違憲審査権については、第 27 章 違憲審査制と憲法訴訟で詳しく学習します。

⑥ **第 81 条**
最高裁判所は、一切の法律、命令、規則又は処分が憲法に適合するかしないかを決定する権限を有する終審裁判所である。

⑦ **第 77 条**
1　最高裁判所は、訴訟に関する手続、弁護士、裁判所の内部規律及び司法事務処理に関する事項について、規則を定める権限を有する。

国会中心立法の原則については、第15章 国会の地位の 4(2)（1）を見よう！

う配慮もあります。

（b）最高裁判所規則ではどんなことを規定できるの？

　規則制定権の及ぶ範囲は、①訴訟に関する手続、②弁護士に関する事柄、③裁判所の内部規律に関する事柄、④司法事務処理に関する事柄の4つです。

（c）最高裁判所規則と法律が矛盾した場合どうなる？

　この4つについて、法律で定めることもできるのか、それとも最高裁判所規則でしか定めることができないのか、どちらでしょうか。

　これは、国会を唯一の立法機関としており、また司法権に関する事柄についても法律で定めるべき場合を多く想定していることから（たとえば76条1項や79条4項、5項）、最高裁判所規則で定めることができる事柄は法律によっても定めることができると考えられています。

　このように考えた場合、法律の規定と最高裁判所規則の規定とが矛盾する場合が起こりえます。この場合、どちらが優先するのかというと、憲法は、国会を「国権の最高機関であって、国の唯一の立法機関である」（41条）として、法律は憲法以外の国家規範のなかでは最高の効力をもっているので、法律の規定が優先すると考えるべきです。

（4）下級裁判所裁判官の指名権がある！

　最高裁判所は、下級裁判所の裁判官を指名する権利をもっています。

　なお、下級裁判所裁判官の任命権は内閣にあり、その任命は、最高裁判所の指名した者の名簿によって行われます（80条1項本文前段）。詳しくは 2(2)（1）で学習します。

第76条
1　すべて司法権は、最高裁判所及び法律の定めるところにより設置する下級裁判所に属する。

2 その他の法の番人─下級裁判所─

Case 2　内閣は、下級裁判所の裁判官については、最高裁判所の指名した者の名簿に基づいて任命す

ることになっています。しかし、内閣は、名簿に記載され
ている B 男は裁判官にふさわしくないと考え、裁判官に任
命したくないと考えました。内閣は、B 男の任命を拒否で
きるのでしょうか。

Answer 2 内閣は、B 男の任命を拒否できないと考えら
れています。

(1) 下級裁判所にはどんなものがあるの？

どのような下級裁判所を設置するかは法律で決めるとされ
(76 条 1 項)、裁判所法は、下級裁判所として高等裁判所、地方
裁判所、家庭裁判所、簡易裁判所の 4 種類を定めています（裁
判所法 2 条 1 項)。また、裁判所法は、下級裁判所の裁判官とし
て、高等裁判所長官、判事、判事補、簡易裁判所判事の 4 種
類を定めています（裁判所法 5 条 2 項)。

(2) 下級裁判所裁判官の任命・再任はどうなっている
の？

(1) 憲法はどう定めているの？

憲法 80 条 1 項本文は、下級裁判所裁判官の任命・再任につ
いて、最高裁判所の指名した者の名簿に基づいて内閣が任命
すること、任期は 10 年であること、および、再任されること
ができることを規定しています。

(2) 内閣の任命権は無制約なの？―指名と任命との関係―

80 条 1 項本文前段は、下級裁判所裁判官の任命権を内閣に
与えながら、その任命権を自由なものとはせず、最高裁判所
の指名の枠内にとどめています。つまり、下級裁判所の裁判
官は、最高裁判所が作成した名簿を基準に内閣が任命します
が、内閣は下級裁判所の裁判官を自由に選べないということ
です。これは、三権の抑制均衡を図り行政権から司法権に対
し一定のコントロールを及ぼす一方で、司法部門の自主性を
尊重して司法権の独立が侵害されることのないようにするた

第 80 条
1 下級裁判所の裁判官は、最高裁判所の指名した者の名簿によって、内閣でこれを任命する。その裁判官は、任期を 10 年とし、再任されることができる。但し、法律の定める年齢に達した時には退官する。

めです。

　では、内閣は、最高裁判所の指名した者の任命を拒否することはできるのでしょうか。

　ここは、司法権の独立を重視して、内閣は任命を拒否することはできないと考えられています。したがって、**Case 2** でも、内閣が B 男の任命を拒否することはできません。

　最高裁判所の指名に対して、内閣が任命を拒否した事例はこれまでないといわれています。ですから、最高裁判所の指名は、実質的には任命に等しいのです。

（3）再任（再指名）はどのように判断されるの？

　80 条 1 項後段は、下級裁判所の裁判官は任期が 10 年であり、10 年経過したところで再任されることができることを定めています。

　そして、この「再任されることができる」の意味について、

宮本裁判官再任拒否事件 **10** 最高裁判所は、裁判官は任命の日から 10 年を経過すれば当然に退官するから、ここにいう**「再任」とは新任と同じ意味**であるとし、**再任するかどうかは新任の場合と同様、最高裁判所の自由な**判断によって決定されるとの立場をとっています。つまり、下級裁判所の裁判官は、当然に再任されるわけではないということです。

　　┏━━━━━━━━━━┓
　　┃ **プラス α 文献** ┃
　　┗━━━━━━━━━━┛

試験対策講座 19 章 3 節
判例シリーズ 88 事件
条文シリーズ 76 条、77 条、79 条〜81 条
ステップアップ No. 28、No. 29

1	最高裁判所は、最高裁判所長官 1 名および最高裁判所判事 14 名で構成されるが、三権相互の抑制・均衡の見地から、最高裁判所長官は国会の指名に基づいて天皇が任命し、最高裁判所判事は<u>内閣の指名に基づいて天皇が任命</u>することとされている。 （国ⅡH21 年）	× 1【1】
2	下級裁判所の裁判官は、任期を 10 年とし再任されることができ、定年に達した時は退官するとされているが、最高裁判所の裁判官については、<u>任期および定年に関する定めがない</u>。 （都庁 H17 年）	× 1【1】、2【2】(1)
3	最高裁判所の裁判官が、任命後はじめて行われる衆議院議員総選挙の際に国民審査に付された後、最高裁判所長官に任命された場合には、次の衆議院議員総選挙の際に、<u>改めて国民審査に付されなければならない</u>と解されている。 （都庁 H17 年）	× 1【2】(4)
4	最高裁判所の大法廷・小法廷のいずれで審理・裁判をするかは、最高裁判所の個別の決定によるが、<u>慣例により</u>、憲法適合性を判断するときや判例を変更するときなどには大法廷で裁判される。 （国家総合改題）	× 1【3】
5	下級裁判所の裁判官は<u>内閣</u>の指名した者の名簿によって<u>最高裁判所</u>が任命し、最高裁判所の長たる裁判官は、内閣の指名に基づいて天皇が任命する。 （特別区 H18 年）	× 1【1】、2【2】(1)
6	下級裁判所の裁判官は、最高裁判所の指名した者の名簿に基づいて内閣が任命するが、内閣は名簿に記載されていない者を任命することができない。 （国家総合改題）	○ 2【2】(2)

第22章

司法権の独立——裁判官の給料は減額されない?!

（キ……ここは基本！／ス・デ：君ならできる！／……できたらスゴイ！）

1 司法権を独立させる理由はなんだろう？

　司法権の独立とは、一体何を意味するのでしょうか。

　司法権の独立には2つの意味があります。

　第1は、司法権が立法権・行政権から独立しているということです。つまり、司法権が立法権や行政権の一部として扱われないということです。これは、広義の司法権の独立（司法府の独立）とよばれています。

① 明治憲法下では、行政機関である司法大臣が司法行政権を握っていました。

　第2は、裁判官が裁判をするにあたって独立して職権を行使することです。つまり、裁判官はまわりから不当な影響を受けることなく裁判をするということです。これは、**裁判官の独立**とよばれています。そして、この裁判官の独立こそが、**司法権の独立の中核**です。この裁判官の独立を側面から強化するものが、78条などで規定されている裁判官の身分保障です。

　では、なぜ司法権が独立している必要があるのでしょうか。

　司法権は、裁判を通じて国民の権利を保護することを職責としています。しかし、歴史上、司法権が政治的権力の干渉を受けた結果、不公正な裁判が行われ、ひいては国民の権利がないがしろにされたということがありました。このような歴史を繰り返さないために、憲法は、裁判を担当する裁判官を外部から圧力や干渉を受けないような独立した立場においたのです。

　次からは、司法権の独立の中核である裁判官の独立と、この裁判官の独立を支える身分保障を中心に学習します。

第22章

```
┌─────────────────────────────────────────────┐
│  裁判官の職権の独立  ◀──  裁判官の身分保障    │
│       ▲        強化                          │
│       │ 強化                                 │
│  広義の司法権の独立                           │
└─────────────────────────────────────────────┘
```

2 一人で悩む裁判官―裁判官の独立―

Case 1 A地方裁判所の裁判官B子は、刑事事件を担当しています。ある日、部長のC男が、B子に対して、この事件は死刑判決にしなさい、と指示をだしました。C男が、このような指示をだすことは許されるのでしょうか。

Answer 1 B子に対して、C男がこのような指示をだすことは許されません。

(1) 裁判官が従うべき「良心」ってなんだろう？

　76条3項は、裁判官が「良心」に従って職権を行うことを定めています。この「良心」とは、一体何を意味するのでしょうか。

　「良心」とは、裁判官の個人的な良心を意味するものではなく、客観的な裁判官としての良心を意味すると考えられています。つまり、裁判官は、自分を基準にして何が正しいのかを考えるのではなく、一般的な裁判官を基準として、何が正しいのかを考えなければならないということです。たとえば、みずからが死刑を廃止するべきだと主張していたとしても、自分の考えを基準に死刑が正しいかどうかを判断するのではなく、あくまでも一般的な裁判官を基準に死刑が正しいのかを判断しなければならないということです。

②
第76条
3　すべて裁判官は、その良心に従ひ独立してその職権を行ひ、この憲法及び法律にのみ拘束される。

③
裁判官として最低限こうあるべきという裁判官像があり、その裁判官がもっているであろう良心が76条3項の「良心」にあたるとイメージしてください。

(2)　裁判官の独立ってどんな意味なの？

（1）裁判官は独立していなければいけない！

76条3項は、裁判官が独立して職権を行うことも定めています。「独立してその職権を行ひ」とは、ほかのだれの指示・命令をも受けずに、みずからの判断に基づいて裁判を行うことをいいます。立法権・行政権の指示・命令はもちろんのこと、**司法組織の内部の指示・命令も受けません**。

たとえば、国会や内閣が、M地方裁判所に所属する裁判官Nが担当している事件に、「このように判決せよ」と指示・命令をだしたとしたら、独立して職権を行うという規定に違反します。また、組織的には上司にあたる部長が、裁判官Nに対して同様の指示・命令をだすことも、独立して職権を行うという規定に違反します。ですから、**Case 1**で、C男がB子に対して死刑判決にせよと指示をすることは許されません。

裁判官の独立には、単に、法律上ほかの国家機関からの指示・命令に従わないというだけではなく、ほかの国家機関から裁判について**事実上重大な影響を受けない**ということも含んでいると考えられています。つまり、裁判官の自由な判断形成に対して事実上重大な影響を及ぼす行為はすべて、司法権の独立を侵すことになります。そのため、国家機関であれ、だれであれ、裁判官に事実上圧力をかける行為は、司法権の独立を侵すことになりえます。

（2）国政調査権との関係はこうなる！

両議院には国政調査権があり（62条）、国政調査権は、裁判に関する調査権も含んでいます。しかし、裁判官の裁判活動に事実上重大な影響を及ぼすような調査は許されないと考えられています。詳しくは<u>第17章　国会・議院の権能</u>を見てください。

国政調査権については、第17章の 2 (2)（2）（b）（i）を見よう！

（3）司法内部統制との関係はこうなる！

裁判官の職権の独立の侵害は、司法部の外からのみならず、司法部内においても起こりえます。これまでに、最高裁判所

の司法行政権による干渉、裁判所所長による干渉などが問題となりました。

　たとえば、札幌地方裁判所所長が、同地裁に係属中の事件を担当する裁判長に対して、私的に、執行停止の申立ては却下するのが妥当であると暗に示唆したところ、裁判長は不当な干渉であるとして、これを公表した事件がありました（平賀書簡事件）。これが「司法の危機」といわれる一連の事件の発端になりました。

（4）裁判批判との関係はこうなる！

　一般国民やマス・メディアによる裁判批判が、裁判官の裁判活動に事実上重大な影響を及ぼし、司法権の独立を侵すのではないかという議論があります。国民の側から行われる裁判批判は「表現の自由」（21条1項）の一環ですから、健全なかたちのものであるかぎり、裁判官の独立を理由に禁止されてはなりません。たとえば、新聞の社説で裁判批判を行うことは、健全なかたちのものといえ、裁判官の裁判活動に事実上重大な影響を及ぼすものとはいえないでしょう。ただし、裁判官を脅迫したりするようなものは、限度を超えており、裁判活動に事実上重大な影響を及ぼすといえるので、裁判官の独立を侵すものといえるでしょう。

3 だれにも影響されないようにする
─裁判官の身分保障─

Case 2｜裁判所は、電車内で痴漢行為に及んだ裁判官D男を辞めさせるべきだと考えています。裁判所は、D男を懲戒処分として辞めさせることはできるのでしょうか。

Answer 2　裁判所は、D男を懲戒処分として辞めさせることはできません。D男を辞めさせるためには、弾劾裁判所の弾劾裁判による必要があります。

裁判官の身分を保障することで、裁判官の独立や司法権の独立が強化されるという関係にあります。

(1) 裁判官にはどんな身分保障がされているの？

78条は、裁判官が、裁判によって心身に支障があるため職務を執行することができないと決定されたとき以外は、弾劾裁判によらないかぎり罷免されないと定めています。裁判官が職を失う原因は限定されています。そう簡単にクビにはならないということです。

78条のほか、憲法は、裁判官が定期に相当額の報酬を得ることを保障し、更に、減額を禁止しています（79条6項、80条2項）。たとえば、国家権力に不利な判決をした裁判官を槍玉にあげ、クビにしたり報酬を減額したりすることがあれば、それは裁判官にとっては脅威であり、裁判を通じて国民の権利を保護するという職責を全うすることができません。

そこで憲法は、裁判官の身分保障を通じて司法権の独立を守っているのです。

(2) 裁判官はどんな場合に職を失うの？

78条の前段に、裁判官が職を失う事由があげられています。具体的には、分限裁判による罷免と弾劾裁判による罷免です。

（1）分限裁判の場合

78条前段は、裁判により心身の故障を理由に職務を遂行することができないと決定された場合には罷免される旨を規定していますが、ここにいう「裁判」が分限裁判です。

裁判官の身分保障のため、罷免事由は狭く考えられる必要があります。そこで、「心身の故障」は、一時的なものではなく、相当長い期間にわたって継続することが確実に予想される事故で、しかも、裁判官の職務の執行に支障をきたす程度のものでなければならないと考えられています。具体的には

78条
裁判官は、裁判により、心身の故障のために職務を執ることができないと決定された場合を除いては、公の弾劾によらなければ罷免されない。裁判官の懲戒処分は、行政機関がこれを行ふことはできない。

第79条
6　最高裁判所の裁判官は、すべて定期に相当額の報酬を受ける。この報酬は、在任中、これを減額することができない。

第80条
2　下級裁判所の裁判官は、すべて定期に相当額の報酬を受ける。この報酬は、在任中、これを減額することができない。

分限裁判は「罷免」をするときに行われますが、「懲戒」をするときにも行われます。つまり、分限裁判をするのは、必ずしも「罷免」をする場合にかぎられないということです。

精神的・肉体的な病気をさしますが、そのほか、失踪、行方不明の場合で発見の見込みのないときも含まれるという考えもあります。

（2）弾劾裁判の場合

　78条前段は、裁判官は弾劾裁判により罷免される旨を定めています。弾劾とは、一般に、一定の官職にある公務員に対して、直接に国民または国民の意思を代表する機関が、その者の責任を追及し、それに基づいてその者を罷免する制度をいいます。

　弾劾は、国会が設置する弾劾裁判所の裁判によって行われます。弾劾裁判と分限裁判とで、裁判を行う主体が異なるので注意してください。

8　これに対して分限裁判は、高等裁判所、最高裁判所が行います（裁判官分限法3条参照）。

　弾劾裁判における罷免事由は、①職務上の義務に著しく違反し、または職務を甚だしく怠った場合と、②その他職務の内外を問わず、裁判官としての威信を著しく失うべき非行があった場合とされています（裁判官弾劾法2条）。走行中の電車内で、携帯電話を使い、乗客の女性のスカート内を動画で盗撮した裁判官の行為が、②の裁判官の威信を著しく失うべき非行に該当するとして、その裁判官が罷免された例があります。

（3）懲戒処分もあるの？

　裁判官の懲戒について、憲法78条後段は、裁判官の懲戒処分は行政機関が行うことはできない旨を規定しています。明文はありませんが、立法機関による懲戒処分も禁止されていると考えられています。この規定は、行政機関による懲戒処分を禁止し、裁判官の身分保障を図るものです。そのため、懲戒処分は、裁判所自身が行います。

9　懲戒処分とは、一般に、懲らしめ、戒めることをいいます。懲戒処分の具体的内容には、免職、停職、減給や戒告などがあります。

　一般の公務員に対する懲戒処分の上限は罷免ですが、裁判官の罷免は憲法上特に制限されていますから（78条前段）、懲戒処分として裁判官を罷免することは許されないと考えられ

ています。ですから、**Case 2**では、裁判所が、懲戒処分とし
てD男を辞めさせることはできません。D男を辞めさせるた
めには、弾劾裁判所の弾劾裁判による必要があります。

なお、懲戒事由は、弾劾事由に準ずる厳しい事由に限定さ
10 れていて（裁判所法49条参照）、懲戒は、戒告または1万円以下
の過料と規定されています（裁判官分限法2条）。

戒告とは、公務員など
の職務上の義務違反に
対する懲戒処分のひと
つです。本人の将来を
戒める旨を言い渡しま
す。
過料とは、いくつかの
意味がありますが、広
い意味では金銭的な制
裁のことをいいます。
ここでの過料は、公務
員などの職務上の義務
違反に対する懲戒処分
のひとつとして金銭を
支払わせることを意味
しています。

4 司法府にも自主性を！
─司法府の独立─

司法府の独立とは、裁判機関を他の権力（立法権・行政権）か
ら分離・独立させ、裁判機関の運用をできるかぎり司法府の
自主性に委ねることを意味します。

たとえば、行政機関による裁判官の懲戒の禁止（憲法78条
後段）、第21章でも触れたように司法行政監督権（77条1項お
よび第6章全体の趣旨）などにより、憲法は司法府の自主性を保
障しようとしています。

明治憲法下では、行政機関である司法大臣が司法行政権を
握っていて、司法府の独立という点では不完全な制度でした。
これに対して、日本国憲法は、司法行政権も完全に裁判所に
委ね、ほぼ完全な司法府の独立を実現させています。

プラスα文献
試験対策講座 19章2節
条文シリーズ 76条〜80条
ステップアップ No. 28

1	司法権の独立は、個々の裁判官が憲法および法律によって拘束されるだけではなく、その良心に従い独立して職権を行使することによって達成される。ここで「その良心に従い」とは、個々の裁判官が<u>個人として</u>有する良心や倫理観について、ほかから干渉されないということを意味するから、<u>死刑廃止論を妥当と考える裁判官が、その良心に従って死刑制度を否定する判断を行いうるとする点において争いはない。</u> （国家総合改題）	× 2【1】
2	司法権の独立とは、裁判官が個々の事件の裁判を行うについて、もっぱら他の国家機関などからなんらかの命令、指示、更には実質的影響を受けてはならないことを意味する。それゆえ、司法内部において上級裁判所が下級裁判所へ指示を行うことは、<u>司法権の独立を侵害するものではないとする点に争いはない。</u> （国家総合改題）	× 2【2】(3)
3	憲法は、裁判官に対する相当額の報酬の保障および減額禁止を定めており、懲戒処分により、これを減額することはできないが、過料を科すことはできる。 （都庁 H17 年）	○ 3【1】、【3】
4	裁判官は、分限裁判により、回復の困難な心身の故障のために職務を執ることができないと決定された場合は、罷免される。 （特別区 H25 年）	○ 3【2】(1)
5	公の弾劾による罷免の事由は、職務上の義務に著しく違反し、または職務を甚だしく怠った場合と、<u>回復の困難な心身の故障のために職務を執ることができない場合に限定されている。</u> （都庁 H17 年）	× 3【2】(2)
6	司法権の独立を確保するため、裁判官を懲戒する権限は裁判所自身に与えられており、裁判所は、法律で定められた手続により、非行を行った裁判官に対して、<u>免職、停職、減給、または戒告の処分</u>をすることができる。 （国Ⅱ H21 年）	× 3【3】

天皇——天皇って忙しい?!

キ……ここは基本！
ステ・君ならできる！
……できたらスゴイ！

1 天皇ってどんな存在？

天皇についての報道をテレビや新聞で見ることは多いと思いますが、天皇とは、どのような存在なのでしょうか。

第1条
天皇は、日本国の象徴であり日本国民統合の象徴であって、この地位は、主権の存する日本国民の総意に基く。

① 1条は、天皇は日本国や日本国民統合の象徴であると規定しています。これは、戦前の明治憲法と異なり、**天皇には主権がなく、日本国民に主権がある**ということと、**天皇は単なるシンボルにすぎない**ということを示しています。

象徴とは、抽象的・無形的・非感覚的なものを具体的・有形的・感覚的なものによって具現化する作用やその媒介物をいいます。たとえば、鳩は平和の象徴である、のような使い方をします。

② このように、天皇は特別な地位にあることから、天皇には民事裁判権が及ばず（判例）、刑事裁判権も及ばないと考えられています。つまり、天皇は民事訴訟や刑事訴訟で訴えたり訴えられたりすることはない、ということです。

★天皇と民事裁判権判決 ③

2 天皇に認められている行為って何？

Case | 天皇が次の行為を行うことは、憲法上認められているでしょうか。

①次の内閣総理大臣を A 男にすることを決定する

②犯罪者である B 子の刑を軽くすることを決定する

③C 男に文化勲章を授ける

④D 国との間で条約を結ぶ

Answer ③のみが認められ、①、②、④は認められていません。

第4条
1 天皇は、この憲法の定める国事に関する行為のみを行ひ、国政に関する権能を有しない。

(1) 天皇は国事行為だけ行うの？

日本国憲法では、4条1項において天皇の権能は大幅に限

定され、**国事行為のみ**を行うものとされました。国事行為とは、政治に関係のない形式的・儀礼的な行為をいうとされています。これは、天皇が象徴であることに基づきます。

このような国事行為は、**内閣の助言と承認**を必要とし、内閣がその責任を負います（3条）。つまり、天皇は政治とは関わりのない、かたちのみの行為を行い、内閣のアドバイスを通じて、内閣が実質的に決定を行っているのです。

(2) 国事行為にはどんなものがあるの？

国事行為とは、憲法に定められた次の行為をいいます。

（1）内閣総理大臣の任命（6条1項）

天皇は、国会の指名に基づいて、内閣総理大臣を任命します。「国会の指名に基いて」とは、国会の指名どおりに、という意味であり、天皇がなんらかの判断ができるわけではありません。ですから、**Case** の①のように、天皇みずからが内閣総理大臣を決定することはできません。

（2）最高裁判所長官の任命（6条2項）

天皇は、内閣の指名に基づいて、最高裁判所の長たる裁判官を任命します。これも、天皇に判断権があるわけではありません。

（3）憲法改正、法律、政令および条約の公布（7条1号）

公布とは、広く国民に知らせることをいいます。公布は官報によって行われますが、その官報には「御名御璽」と、天皇の署名・公印を示す表記があります。

（4）国会の召集（7条2号）

召集とは、国会の会期を開始させるために、天皇が国会議員に対し集合することを命じることをいいます。報道でよく見る国会の開会式は、召集日の数日後に行われるもので、この式典自体には法的な意味はありません。

（5）衆議院の解散（7条3号）

解散とは、任期満了前に全衆議院議員の地位を失わせるこ

---

⑤ **第3条**
天皇の国事に関するすべての行為には、内閣の助言と承認を必要とし、内閣が、その責任を負ふ。

⑥ **第6条**
1　天皇は、国会の指名に基いて、内閣総理大臣を任命する。
2　天皇は、内閣の指名に基いて、最高裁判所の長たる裁判官を任命する。

⑦ **第7条　天皇の国事行為**
天皇は、内閣の助言と承認により、国民のために、左の国事に関する行為を行ふ。
①　憲法改正、法律、政令及び条約を公布すること。
②　国会を召集すること。
③　衆議院を解散すること。
④　国会議員の総選挙の施行を公示すること。
⑤　国務大臣及び法律の定めるその他の官吏の任免並びに全権委任状及び大使及び公使の信任状を認証すること。
⑥　大赦、特赦、減刑、刑の執行の免除及び復権を認証すること。
⑦　栄典を授与すること。
⑧　批准書及び法律の定めるその他の外交文書を認証すること。
⑨　外国の大使及び公使を接受すること。
⑩　儀式を行ふこと。

衆議院の解散については、第18章 行政権と内閣の 5 を見よう！

とをいいます。解散自体は天皇が行いますが、その決定権は内閣がもっています。

（6）国会議員の総選挙の施行の公示（7条4号）

　天皇は、衆議院議員総選挙と参議院議員選挙が行われる際に、選挙を行う旨を一般に知らせます。これを総選挙の施行の公示といいます。

（7）国務大臣その他の官吏の任免等の認証（7条5号）

⑧　天皇は、国務大臣や官吏の任免について、適法に行われたことを証明することになります。これを認証といいます。

> 官吏とは、公務員のなかから、地方公務員、国会議員や国会職員を除いたものをいいます。

（8）恩赦の認証（7条6号）

　恩赦とは、行政権が犯罪者の刑を免除したり軽くしたりすることをいいます。たとえば、皇室の慶賀行事などに際して行われることがあります。

　これについても、恩赦の決定権限は内閣にあり、天皇はあくまで認証を行うにとどまります。ですから、**Case** の②のように、天皇みずからがこれを決定することはできません。

（9）栄典の授与（7条7号）

⑨　栄典とは、その人の名誉を表彰するために与えられる位階や勲章などをいいます。報道でよく耳にする、紫綬褒章や、**Case** の③の文化勲章は栄典にあたります。

> 位階とは、国家にとって勲功・功績のあった者に対して授与される位をいいます。

（10）批准書等の外交文書の認証（7条8号）

　内閣が作成した批准書を、天皇が認証します。条約の批准自体は内閣の権能であり、**Case** の④のように天皇が条約を結ぶことはできません。

（11）外国の大使・公使の接受（7条9号）

　接受とは、外国の大使や公使を接見することをいいます。

（12）儀式を行うこと（7条10号）

　天皇は、皇位承継時に行われる即位の礼や天皇が崩じたときに行われる大喪の礼といった儀式をとり行います。

　天皇はこのような数多くの国事行為をこなしているため、とても忙しいのです。

(3) 天皇が国事行為を行えない場合はどうするの？
―権能の代行―

　天皇が成年に達していないときや、精神もしくは身体の重患または重大な事故により、国事行為をみずから行うことができないときには、摂政がおかれ、天皇に代わって国事行為を行います（5条、皇室典範16条）。

3 皇室の経費ってどうなっているの？

(1) 皇室財産と皇室の費用ってだれのもの？

（1）皇室財産は？

　皇室財産は、国に属します（憲法88条前段）。これは国有であるという意味です。

（2）皇室の費用は？

　皇室の費用は、①皇族の日常生活の費用にあてられる**内廷費**、②宮廷の公務にあてられる費用である**宮廷費**、③皇族の品位保持などのために支給される**皇族費**の3種類があります。これらは、すべて予算に計上して国会の議決を経なければなりません（88条後段）。

(2) 皇室財産の授受には制限がある

　戦前のように皇室に財産が集積されるのを防ぐため、皇室に財産を譲り渡すような場合には、国会の議決が必要とされています（8条）。

> **プラスα文献**
> 試験対策講座3章3節
> 条文シリーズ1条〜8条、88条
> ステップアップNo.3

10　**第5条**
皇室典範の定めるところにより摂政を置くときは、摂政は、天皇の名でその国事に関する行為を行ふ。（以下略）

11　**第88条**
すべて皇室財産は、国に属する。すべて皇室の費用は、予算に計上して国会の議決を経なければならない。

12　**第8条**
皇室に財産を譲り渡し、又は皇室が、財産を譲り受け、若しくは賜与することは、国会の議決に基かなければならない。

第23章

1	憲法上の象徴としての天皇には民事裁判権は及ばないが、<u>私人として</u><u>の天皇については当然に民事裁判権が及ぶ。</u> （行書 H29-3）	× 1
2	天皇の国事行為に対する助言と承認は、国会ではなく内閣が行わなければならず、天皇の行う国事行為すべてについて必要とされる。 （都庁 H14 年）	○ 2【1】
3	内閣総理大臣の指名は、憲法上、天皇の国事行為として認められていない。 （行書 H18-4）	○ 2【2】(1)
4	憲法改正、法律、政令および条約の裁可は、憲法上、天皇の国事行為として認められていない。 （行書 H18-4）	○ 2【2】(3)
5	国会を召集することは、憲法上、天皇の国事行為として定められている。 （裁事 H17 年）	○ 2【2】(4)
6	衆議院の解散は、憲法上、天皇の国事行為として<u>認められていない。</u> （行書 H18-4）	× 2【2】(5)
7	大赦、特赦、減刑、刑の執行の免除および復権の決定は、憲法上、天皇の国事行為として認められていない。 （行書 H18-4）	○ 2【2】(8)
8	栄典を授与することは、憲法上、天皇の国事行為として定められている。 （裁事 H17 年）	○ 2【2】(9)
9	天皇が心身の故障または事故により国事行為を行うことができない場合には、<u>内閣総理大臣</u>が天皇に代わって国事行為を行い、当該国事行為については、内閣の助言と承認を必要としない。 （国Ⅱ H14 年）	× 2【3】
10	すべて皇室の費用は、予算に計上することが必要であり、かつ、国会の議決を経なければならない。 （行書 H24-5）	○ 3【1】(2)

財政——国もお金の管理が大事！

1 家計の国家版！―財政の基本原則―

キ……ここは基本！
ステ……君ならできる！
……できたらスゴイ！

(1) 財政民主主義ってなんだろう？

Case 1 内閣は、インフラ整備事業を行うために必要な費用を独自に国民から徴収し、これを使うことができるでしょうか。

①

インフラとは、社会生活を支えるための公共的な仕組みや基盤のことをいいます。

Answer 1 独自に国民から徴収したり、それを使うことはできません。

（1）そもそも財政ってなんだろう？

　財政とは、国家がその任務を行うために必要な財力を調達し、管理し、使用する作用、言い換えると、国家の歳入と歳出をいいます。具体的には、国家が国民から税金を徴収し、予算を組んで何にどの程度使うかを決定し、それを実際に支出するという一連の作業をいいます。

②

歳入とは、一会計年度におけるいっさいの収入のことをいいます。なお、会計年度とは、収入・支出を時間的に区分して収支の状況を明確にするための期間をいいます。

（2）財政は国民がコントロールするもの！

　国家が使用する費用というものは、結局国民が負担するものなので、財政が適正に運営されているかどうかは国民にとって、とても気になるところです。また、国民に金銭の負担をさせたり、調達した財力をもとに公的サービスを提供するよう予算を組んだりする点で、財政は、国民の自由や権利、生活に大きな影響を与えるものでもあります。そこで、日本国憲法は、国民の、国民による、国民のための財政を実現するために、第7章で財政の章を設け、国の財政処理の権限を国民の代表機関である国会のコントロール下においています。このように、財政を、主権者である国民自身がコントロールすることを財政民主主義といいます。この財政民主主義の

③

歳出とは、一会計年度におけるいっさいの支出のことをいいます。

中核となっているのが83条です。

　ですから、**Case 1**のように、国会のコントロールがなく、内閣が独自に税金を徴収し、使うことは認められません。

(2) 租税法律主義ってなんだろう？

Case 2	A市は、①市長が決めた事項について、その時の市の経済状況に応じて税を課す、②徴収手

続は市長がそのときに定めた方法による、という条例を制定しました。このような条例は憲法に違反していないでしょうか。

Answer 2	このような条例は、課税の基準も手続も不明確なため、84条に違反しています。

（1）租税ってなんだろう？

　租税とは、国や地方公共団体が、法令によって認められた権利に基づいて、公的サービスとして必要とされる経費にあてるために、一方的に国民からお金を納めてもらうことをいいます。これを正確にいうと、国または地方公共団体が、課税権に基づいて、使用する経費に充当するために、一方的、強制的に賦課、徴収する金銭給付のことを租税といいます。

　公的な何かのサービスを得るためにお金を納めることは、一方的、強制的に賦課、徴収されるものではないため、租税には含まれません。

（2）課税は簡単にはできない？

　84条は、歳入面から財政民主主義を定めたものです。国民に対して義務を課したり権利を制限したりするには法律の根拠が必要であるという法原則がありますが、84条はこの法原則を租税についてより厳しく適用する趣旨の規定となっているのです。お金を一方的に納めてもらうという重い負担を国民に課すのですから、その根拠を、国民の代表機関である国会が制定する法律に求めることは、当然のことといえるでしょう。

第83条
国の財政を処理する権限は、国会の議決に基いて、これを行使しなければならない。

第84条
あらたに租税を課し、又は現行の租税を変更するには、法律又は法律の定める条件によることを必要とする。

賦課とは、割り当てて負担させることをいいます。

（3）法律により議決が必要な事柄はなんだろう？

　①納税義務者、課税物件（所得に課税する等）、課税標準（所得金額を基準とする等）、税率等の**課税要件**と、②税の賦課・徴収の手続（**課税手続**）が法律によって定められていることが必要です（課税要件法定主義）。つまり、何に対して、何を基準に、何パーセントの税率で税が賦課され、だれが、どのような手続で、納税するのかまたは徴税されるのかを法律で定めることが必要となります。

　また、これらの法律の規定は、読めばだれにでもわかるように明確に書かれなくてはなりません（課税要件明確主義）。明確に書くことによって、新たな租税の負担が求められる場合や、現行の租税の変更が行われる場合でも、国民はあらかじめ予測できることになります。

　また、条例も、地方住民の代表である地方議会が定めたものなので、民主的コントロールが及んでいるといえます。そのため、地方税について、条例によって、新たに租税を課したり、現行の租税を変更したりすることができるとしても、84条の趣旨には背きません。つまり、84条の「法律」は、地方公共団体の租税については、条例をも含むと考えられています。

　Case 2 において、A市の課税関連の条例は、84条の「法律」に含まれているにもかかわらず、何を基準に、何パーセントの税率で税が賦課され、だれが、どのような手続で、徴税されるのかが不明です。そこで、この条例は、84条に違反しています。

（4）国民健康保険の保険料って租税なの？

　（1）で説明したように、税という名前がついているかどうかにかかわらず、国または地方公共団体が課税権に基づき、その経費にあてるための資金を調達することを目的として、特別の給付に対する反対給付としてではなく、一定の要件に該当するすべてのものに対して課する金銭給付が、84条が規

⑦ 反対給付とは、一方の給付に対する他方の給付のことをいいます。たとえば、何か物を買うときに代金を支払うことは、買った物を受け取ることに対する反対給付になります。

定する租税にあたります。そうだとすれば、保険料は、被保険者が保険給付を受けるための反対給付として徴収されるため、直接には84条の租税に該当しないこととなります。つまり、保険料は、保険というサービスが提供されるため、一方的に徴収されるという定義に直接はあたらないのです。

　ただし、84条は、**国民に対して義務を課したり権利を制限したりするには法律の根拠が必要という法原則を、租税について厳格に適用するかたちで明文化した**ものといえます。つまり、金銭を徴収することは、国民に負担を課すため、国民のコントロールが及ぶ国会が制定した法律を根拠としないと金銭を一方的に徴収することはできない、としたものなのです。そのため、国または地方公共団体が公の目的のために課す租税以外の金銭の負担についても、租税と類似の規制を及ぼすべきであると考えることができます。つまり、賦課徴収の強制の度合いなどの点で租税に類似する性質があるものについては、84条の趣旨が及ぶといえます。そのため、租税以外の金銭を徴収する場合でも、それが、賦課徴収の強制の度合いなどの点で租税に類似する性質がある場合には、どのような場合にそのような金銭を徴収することができるかが明確に規定されなければなりません。

　ただし、租税以外の金銭の負担（公課）は、租税と共通する点や異なる点があり、さらに、賦課徴収の目的に応じてさまざまであるため、租税法律主義が適用されるとしても、要求される課税要件の明確性は柔軟に対応しなくてはなりません。

　そこで、**賦課要件の明確の程度は、強制の度合いのほか、賦課徴収の目的、特質等をも総合考慮して判断すべき**とされています。

<aside>旭川市国民健康保険条例事件</aside>

8　判例では、保険料率算定の基礎となる賦課総額の算定基準が明確に規定されており、その算定に必要な事項を市長の合理的な選択に委ねているといった理由から、問題になった条例は、84条に違反しないとされました。

(3) 国がお金を出すには国会の議決が必要！

　85条は、国の支出はすべて、国民の代表機関である国会の議決によって行われることを定めています。国民のコントロールが及んでいる国会による議決がないと、債務の負担等が認められないとして、支出といった歳出面にも、83条の財政民主主義の理念を及ぼしたものなのです。

　「国が債務を負担する」とは、たとえば、公債を発行して経費を調達することです。

9　第85条
国費を支出し、又は国が債務を負担するには、国会の議決に基くことを必要とする。

(4) 公金を支出できない場合がある?!

Case 3 　国は、国の支配や監督がいっさい及んでいない私的団体が慈善事業として行っている経済的弱者へのお米支援のボランティアを助成するために、お金を支出することができるでしょうか。

Answer 3 　国は助成金を支出することはできません。

　国または地方公共団体の所有する公金やその他の公の財産は、もともと国民の負担によるものなので、適正に管理され、民主的にコントロールされる必要があります。そこで、憲法は、特に、宗教上の組織・団体と公の支配に属さない慈善、教育、博愛の事業に対しての公金等の支出を禁止しました（89条）。

　「公の支配」の意味については、さまざまな考え方がありますが、どの考え方も、「公の支配」があるといえるためには、少なくとも、国による一定程度の支配や監督を受けていることが必要であるとしています。

　ですから、**Case 3** のような、何らの支配や監督を受けていない「慈善」「事業」を行う私的団体にお金を支出することは認められないことになります。

　なお、89条前段は、宗教上の組織・団体への公金の支出を禁止することによって、**政教分離の原則**を財政面から確保し

10　第89条
公金その他の公の財産は、宗教上の組織若しくは団体の使用、便益若しくは維持のため、又は公の支配に属しない慈善、教育若しくは博愛の事業に対し、これを支出し、又はその利用に供してはならない。

政教分離の原則については、第6章　信教の自由の③ を見よう！

ようとするものです。

2 お金には厳しく！─財政監督の方式─

(1) 予算についてみてみよう！

（1）予算ってなんだろう？

予算とは、一会計年度（財政法上、4月1日から翌年の3月31日までと規定）における国の財政行為の準則をいいます。言い換えると、一定期間における支払・徴収といった財政行為はこのように行うべき、と記した法律の定めをいいます。クラブ活動などの予算制度が、国会においても求められると考えればいいでしょう。

予算の作成・提出権は、内閣に専属します（73条5号）。国会に提出された予算は、衆議院が先に議決することとなっているほか、衆議院の議決が参議院の議決に優越することも認められています（60条）。

（2）予算ってどんな性質なの？

予算がどのような性質であるかについてはいろいろな考え方があります。

予算は、財政民主主義の観点から、財政を監督する手段として重要な意味をもっています。行政は、国会の民主的コントロールにより定められたお金の範囲でしか活動できなくなるためです。そのため、予算は、単なる歳入歳出の見積表ではなく、政府の行為を縛る法であると考えるべきです。

しかし、通常の法律は一般国民を拘束するものである一方、予算は政府を拘束するものであるため、予算には、通常の法律とは異なる面がみられます。

ですから、予算は、法律とは異なる独自の形式の法と考えるべきでしょう。

準則とは、よりどころとすべき法律の定めをいいます。

第86条
内閣は、毎会計年度の予算を作成し、国会に提出して、その審議を受け議決を経なければならない。

60条については、第16章国会の組織と活動の1（2）（3）を見よう！

内閣　　国会
予算案 → 予算成立

予算の法的性格についての3つの学説

予算行政説	予算の法的性格を否定し、予算は国会が政府に対して1年間の財政計画を承認する意思表示であって、もっぱら国会と政府の間でその効力をもつとする考え
予算国法形式説	予算は法律とは異なる独自の形式の法という考え ∵財政民主主義の観点からは法形式と考えるべき。しかし、「予算が政府を拘束するのみで、一般国民を直接拘束しない」「予算の効力が一会計年度にかぎられている」等の点で通常の法律とは異なるといえる。
予算法律説	予算は法律それ自体という考え ∵①予算と法律との矛盾の発生が排除される。②予算を法律とすると国会の予算修正権の限界の問題が生じない。

(3) 予算と法律の不一致が起きたらどうするの？

Case 4

①予算措置を必要とする法律が成立したにもかかわらず、それを執行するのに必要な予算が成立しなかった場合、内閣はどのような対応をすべきでしょうか。

②ある目的のための予算は成立しているが、その予算の執行を命ずる法律が成立しなかった場合、内閣や国会はどのような対応をすべきでしょうか。

Answer 4

①補正予算や経費の流用、予備費を支出するなどの方法によって対処すべきです。

②内閣は、法律案を提出し、国会の議決を求めるべきです。他方、国会には法律制定の義務はありません。

内閣は、法律を誠実に執行する義務を負っています（73条1号）。そのため、**Case 4**①の場合には、補正予算や経費の流用、予備費を支出する等の方法によって対処することが求められます。

また、内閣は法律に基づかずに予算を執行することはできません。そのため、**Case 4**②の場合には、内閣としては、法律案を提出し、国会の議決を求めるしかありません。一方で、国会に法律制定の義務はないのです。

13 補正予算とは、予算が成立した後に生じた自然災害などの予測することが困難な事態に対応するために作成される予算のことをいいます。

経費の流用とは、予算においてすでに使い道が決まっている経費を抑えて、それをほかの支出費目にあてて使用することをいいます。

予備費については(2)で詳しく学習します。

（4）国会は、予算を修正することができるの？

Case 5 ①国会に提出された予算について、公共事業Bが無駄であるとされた場合、国会は、その予算を減額できるでしょうか。

②公共事業Cが必要であるとされた場合、国会は、公共事業Cに予算をつけるために予算を増額できるでしょうか。

Answer 5 ①はできますが、②は内閣の予算作成・提出権を損なわない場合でないかぎりできません。

　まず、①のような減額修正は、財政民主主義の観点から、国会の修正権に制限はないと考えられています。減額する分には、国民の負担が軽くなるにすぎないためです。

　他方で、②のような増額修正については、内閣の予算作成・提出権を損なわない範囲内において可能であるというのが政府見解です。

14 **(2)　予備費ってなんだろう？**

　予見しがたい予算の不足にあてるため、歳入歳出予算に計上される費用を予備費といいます（87条）。つまり、万が一の事態、たとえば地震や台風による被害などに備えた費用が予備費なのです。予備費自体はどのような用途に使われるか未定の財源で、予備費そのものとして支出されることはありません。

15 **(3)　決算審査ってなんだろう？**

（1）決算の審査は2か所で行う

　一会計年度における収入・支出を計算し、利益または損失（損益）を計算する決算は、国家においてもすることが求められています（90条）。言い換えると、企業で行われる、その1年の収入と支出を計算して黒字または赤字を計算する行為を、国会でも行うものとされているのです。そして、その決

第87条
1　予見し難い予算の不足に充てるため、国会の議決に基いて予備費を設け、内閣の責任でこれを支出することができる。
2　すべて予備費の支出については、内閣は、事後に国会の承諾を得なければならない。

第90条
1　国の収入支出の決算は、すべて毎年会計検査院がこれを検査し、内閣は、次の年度に、その検査報告とともに、これを国会に提出しなければならない。
2　会計検査院の組織及び権限は、法律でこれを定める。

算の審査は、会計検査院と国会の２か所で行われなければいけないとされています。これは、二重に審査することによって、財政民主主義の徹底を図っているのです。

（2）国会の決算審査が必要な理由

　内閣は、会計検査院による決算の検査報告とともに、決算を国会に提出しなければなりません。この趣旨は、国会が提出された決算を審議し、それを認めるかどうかを議決することを必要として財政民主主義の徹底を図る点にあります。

（4）　内閣は財政状況を国会と国民に報告しないとダメ！

Case 6　内閣は、国会に少なくとも毎年１回財政状況について報告すれば、これで足りるのでしょうか。

Answer 6　国民にも報告する義務があるので、これでは足りません。

　91条は、内閣が国会と国民に対して、国の財政状況を報告する義務を規定し、財政状況公開の原則を明らかにしたものです。国会が財政状況について正確な情報を把握することを保障して、適切に財政監督権を行使できるようにしたのです。この条文は、財政が適切に行われているかをチェックするためには、その財政自体の情報が正確でなければならない、ということから規定されました。

> **第91条**
> 内閣は、国会及び国民に対し、定期に、少くとも毎年１回、国の財政状況について報告しなければならない。

プラスα文献
試験対策講座 20 章
判例シリーズ 98 事件
条文シリーズ 83 条〜91 条
ステップアップ No. 26

1	日本国憲法は、新たに租税を課しまたは現行の租税を変更するには、法律または法律の定める条件によることを必要とすると定めているが、納税義務者、課税標準、徴税の手続はすべて法律に基づいて定めなければならないと同時に法律に基づいて定めるところに任せられているとするのが判例である。　　　　（国Ⅱ H20 年）	○ 1【2】(3)
2	国会は、その限度はさておき、予算の款項を削除し、款項の金額を減額し、または予算の総額を減額することができると解されている。　　　　（国Ⅱ H17 年）	○ 2【1】(4)
3	国会は、内閣の提出した予算について、その減額修正または増額修正を行う場合には、必ず内閣の同意を得なければならない。　　　　（特別区 H19 年）	× 2【1】(4)
4	国会は、予算の議決に際し、予算原案にあるものを廃除削減する修正を行うことはできるが、予算原案に新たな款項を設けたり、その金額を増加する修正を行うことは許されない。　　　（特別区 H27 年）	× 2【1】(4)
5	予見しがたい予算の不足にあてるため予備費の制度が設けられているが、いわゆる財政民主主義の原則から、日本国憲法は、予備費の支出について、事前に国会の承諾を得なければならないと定めている。　　　　（国Ⅱ H20 年）	× 2【2】
6	国の財政に対する国会の監督の実効性を確保するため、日本国憲法は、内閣は国会に対し、少なくとも四半期ごとに、国の財政状況について報告しなければならないと定めている。　（国Ⅱ H20 年）	× 2【4】

第25章

地方自治──地域密着型政治とはどんなもの？

1 地方自治って大切だ！

キ……ここは基本！
スデ…君ならできる！
………できたらスゴイ！

(1) なぜ地方自治が大切なんだろう？

地方自治とは、地方の政治を、国家とは別の団体を設けて、住民の自治によって行うことをいいます。

明治憲法では、地方自治については規定されておらず、法律によって定められているにすぎませんでした。しかし、日本国憲法は、第8章で地方自治の章を設け、地方自治を憲法上の制度として厚く保障しています。その目的は、憲法の基調とする政治の民主化の一環として、住民の日常生活に密接に関連する公共的事務は、その地方の住民の手で、その住民の団体が主体となって処理する政治形態を保障しようとしたところにあります（判例）。

1 ★憲法上の地方公共団体判決

(2) 「地方自治の本旨」ってなんだろう？

憲法は、地方公共団体の組織および運営に関する事項は、**地方自治の本旨**に基づいて、法律で定めることとしています（92条）。この「地方自治の本旨」は、**住民自治**と**団体自治**を意味するものと考えられています。

2

> **第92条**
> 地方公共団体の組織及び運営に関する事項は、地方自治の本旨に基いて、法律でこれを定める。

住民自治とは、地方自治が住民の意思に基づいて行われることをいいます。たとえば、都道府県知事が住民の直接選挙で選ばれることは、住民自治の表れです。

また、**団体自治**とは、地方自治が、国から独立した団体（地方公共団体など）に委ねられ、団体みずからの意思と責任のもとに、国家からの干渉を受けずに行われることをいいます。たとえば、東京都が独自に東京都条例を制定できることは、

団体自治の表れといえます。

25-1 ●

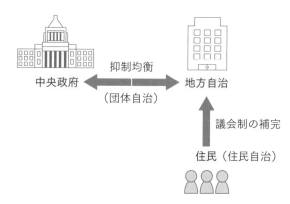

2 地方公共団体にできること

Case

A県迷惑防止条例には、いわゆるつきまとい行為について、6か月以下の拘禁刑または50万円以下の罰金が科されると規定されています。一方で、B県迷惑防止条例には、同様の行為について、6か月以下の拘禁刑または40万円以下の罰金が科されると規定されています。

①そもそも、このように条例で、条例違反に対する罰則を規定することは許されるのでしょうか。

②C男は、A県でつきまとい行為を行って50万円の罰金刑に処せられました。B県で同様の行為を行っても、罰金刑では、最高で40万円にしかなりません。このような地域差が生じることは許されるのでしょうか。

Answer

①条例で罰則を定めることも許されます。

②このような差が生じることも許されると考えられます。

刑法の一部改正（2022年法律第67号）によって「拘禁刑」と改正され、公布日から3年以内に施行されますが、それまでは「懲役」になります。

(1) 地方公共団体ってどんな団体？

　地方公共団体とは、**Case** における A 県、B 県のような都道府県や市町村のことをさします。

　地方公共団体の機関として、**地方議会**と**地方公共団体の長**があげられます。

　地方議会とは、住民の直接選挙によって選ばれた議員で構成される合議体であり（93条2項）、憲法上、その設置が義務づけられています（93条1項）。ただし、町村においては、議会をおかずに、選挙権をもつ者の総会を設置することも認められると考えられています（地方自治法94条）。なぜなら、このような町村総会は、選挙権をもつ者によって選ばれる議員によって組織される議会に比べて、より高い程度において「地方自治の本旨」に沿うものであるといえるからです。

　地方公共団体の長は、地方公共団体を代表して職務を行う者であり、都道府県知事や市町村長がこれにあたります。これらの者もその地方公共団体の住民の直接選挙によって選ばれます（憲法93条2項）。

　国会が国家権力の最高機関である（41条前段）のとは違い、地方議会と地方公共団体の長は対等な関係にあり、地方議会が最高機関としての地位にあるわけではありません。

(2) 地方公共団体の役割ってなんだろう？

(1) 地方公共団体は何ができるの？

　地方公共団体は、①財産の管理、②事務の処理、③行政の執行、④条例の制定をすることができるとされています（94条）。このなかでも重要な、条例の制定についてみていきましょう。

(2) 条例ってなんだろう？

　条例とは、地方公共団体がその自治権に基づいて制定する自治法をいいます。たとえば、よく耳にするものとして、**Case** にある迷惑防止条例や、路上喫煙禁止条例があります。

---

3 第93条

1　地方公共団体には、法律の定めるところにより、その議事機関として議会を設置する。

2　地方公共団体の長、その議会の議員及び法律の定めるその他の吏員は、その地方公共団体の住民が、直接これを選挙する。

4 第94条

地方公共団体は、その財産を管理し、事務を処理し、及び行政を執行する権能を有し、法律の範囲内で条例を制定することができる。

（3）条例でどこまで定めることができるの？

条例については、①憲法が「法律」で定めることを要請している事柄を条例で定めることができるのか、②条例が「法律の範囲内」（94条）であるかどうかをどのように判断するのか、③各地方公共団体がそれぞれ条例を制定し、内容に地域差が生まれることは許されるのか、という問題があります。次から、それぞれみていきましょう。

（a）「法律」で定めるべき事項を条例で定めることもできるの？

（ⅰ）条例と罰則

憲法上、刑罰は「法律」の定める手続によらなければ科せられないとされています（31条）。そこで、条例で罰則を定めることができるかどうかが問題となります。

判例は、法律による具体的、限定的な権限を与えることによって、条例で罰則を定めることもできるとしています。なぜなら、条例は地方公共団体の議会の議決を経て制定される自治立法であって、国会の議決を経て制定される法律と同じように民主的コントロールが及んでいるからです。現に、地方自治法14条3項では、地方公共団体に権限を与えており、**Case** のように、条例で罰則を科すことも認められています。

（ⅱ）条例と課税権

憲法84条は、税金を課す場合には、「法律」によらなければならないとして、租税法律主義を規定しています。そこで、条例で地方税を課すことが認められるかどうかが問題となります。

これについては、「法律」に条例が含まれ、条例によって地方税を課し、徴収することも許されると考えられています。ここは、第24章 財政で学習しました。

（b）「法律の範囲内」ってどんな意味？

条例は「法律の範囲内」で制定することができます（94条）。これに違反した条例は無効であると考えられています。ですから、すでに同様の事柄について別に法律がある場合に、そ

第31条
何人も、法律の定める手続によらなければ、その生命若しくは自由を奪はれ、又はその他の刑罰を科せられない。
第11章 人身の自由の2 (2)を見よう！

大阪市売春取締条例事件

租税法律主義については、第24章 財政の1 (2)を見よう！

の法律の範囲内であるかどうかについてどのように判断すればよいかが問題となります。

この問題について、判例は、条例が国の法律に違反するかどうかは、両者の対象になっている事柄と規定されている文言を対比するのみでなく、それぞれの趣旨、目的、内容および効果を比較し、両者の間に矛盾や抵触することがあるかどうかによって決めるとしています。ですから、条例が国の法律よりも厳しい規制をしているからといって、当然に「法律の範囲内」でないといえるわけではなく、その条例や法律のもつ意味や地域の実情などを考えて「法律の範囲内」かどうかを決めることになります。

7 **徳島市公安条例事件**
試験対策講座 604 頁

(c) 地域によって差がでてもいいの？

地方公共団体がそれぞれ独立に条例を制定すると、Case のように、その内容に地域差が生まれることがあります。このような地域差は、法の下の平等を定めた 14 条 1 項に違反しないのでしょうか。

判例は、14 条 1 項に違反しないとしています。なぜなら、憲法が各地方公共団体の条例制定権を認める以上、地域によって差が生じることは当然に予定されているから、このような地域差は憲法みずからが認めるものであると考えられるからです。ですから、Case において、A 県と B 県で C 男の行為に対する罰金の額が異なることは、14 条 1 項には違反せず、許されるものと考えられます。

8 **東京都売春等取締条例事件**
福岡県青少年保護育成条例事件

(3) 地方自治特別法についての規定ってどうしてあるの？

憲法は、国会が「一の地方公共団体のみに適用される特別法」（地方自治特別法）を制定するにあたっては、地方公共団体の住民の過半数の同意を得る必要があると定めています（95条）。これは、国会単独立法の原則の例外です。地方自治特別法の例としては、広島平和記念都市建設法があげられま

9 **第95条**
一の地方公共団体のみに適用される特別法は、法律の定めるところにより、その地方公共団体の住民の投票においてその過半数の同意を得なければ、国会は、これを制定することができない。

国会単独立法の原則については、第 15 章 国会の地位の 4 (2)（2）を見よう！

す。

　このような規定がある理由は、国の特別法による地方公共団体の自治権の侵害を防止することにあります。つまり、かりに地方自治特別法を国会が自由に制定できるとすれば、地方の政治について国家の介入を大きく許してしまうことになり、地方自治が侵されてしまうからです。

プラスα文献

試験対策講座 21 章 1 節、2 節②〜④
判例シリーズ 45 事件、60 事件、100 事件
条文シリーズ 92 条〜95 条
ステップアップ No. 32

1	地方公共団体の組織および運営に関する事項は、地方自治の本旨に基づいて法律で定められ、地方自治の本旨のうち団体自治とは、地方自治が住民の意思に基づいて行われることをいう。　（都庁 H20 年）	× 1【2】
2	日本国憲法は、地方公共団体に議事機関として議会を設置することを定めているが、町村が条例で、議会をおかず、選挙権を有する者の総会を設けることは、憲法の規定に違反しない。　（特別区 H20 年）	○ 2【1】
3	「第 31 条　何人も、法律の定める手続によらなければ、その生命若しくは自由を奪われ、又はその他の刑罰を科せられない。」という条文について、「法律の定める手続」とあるので、条例によって刑罰その他についての手続を定めることは、許されていない、と一般的に説明されている。　（行書 H19-7）	× 2【2】(3)(a)(ⅰ)
4	新たに租税を課し、または現行の租税を変更するには、法律によることを必要とするが、ここでいう法律には条例が含まれないと解されるので、地方公共団体は条例で地方税を賦課徴収することはできない。　（特別区 H22 年）	× 2【2】(3)(a)(ⅱ)
5	条例は、国の法令に違反してはならないから、国の法令が規制する事項について、条例で別段の規制をすることは許されない。　（裁事 H20 年）	× 2【2】(3)(b)
6	憲法が各地方公共団体に条例制定権を認めているからといって、地域によって取締りにおける差別が生じることを容認しているとまではいえず、地方公共団体が同一の取締事項について各別に条例を制定し、実際上の取扱いにおいて差別を生じることになった場合には、憲法第 14 条に違反する。　（国ⅡH20 年）	× 2【2】(3)(c)
7	特定の地方公共団体のみに適用される特別法は、法律の定めるところにより、その地方公共団体の住民の投票においてその過半数の同意を得なければ、国会は、これを制定することができない。　（特別区 H27 年）	○ 2【3】

第26章

憲法改正──憲法は簡単には変えられない

キ……ここは基本！
スデ…君ならできる！
……できたらスゴイ！

1 憲法改正の手続は超慎重に！

(1) 憲法も改正が必要なの？

　刻々と変化する社会の状況に憲法を対応させていくには、通常、憲法の規定の解釈を変化させるという方法がとられます。憲法の規定は漠然としたものなので、解釈できる幅が広く、既存の規定の範囲内で、変化した社会に解釈を対応させていくことができます。たとえば、従来、非嫡出子の相続分に関する旧民法900条4号ただし書は合憲であると判断されてきましたが、2013年9月に判例の変更があり、これが法の下の平等に違反しているとの判断がされました。これは、家族というものの考え方に対する社会状況の変化に基づく解釈の変更といえます。その後、この非嫡出子の相続分に関して民法の改正がされたことは、以前にも学習しました。

法の下の平等については、第4章 法の下の平等の2 (2) (4) を見よう！

　しかし、解釈によっては社会状況の変化に対応できない場合には、憲法そのものを変更する必要があります。そのような場合に、憲法の内容を、憲法の手続に基づいて、意識的に変更することを**憲法の改正**といいます。9条や96条の改正などは社会的にも活発に議論されています。

(2) 硬性憲法ってなんだろう？

　日本国憲法は、改正手続を定めていますが、その要件は、(3)にあるように、通常の法律の改正の要件に比べて厳しいものとなっています。これは、政治・経済・社会の動きに対応するためにその内容が変更される余地も残しておく必要があるので、改正を認めつつも、憲法が最高法規であるため、

その内容が頻繁に変わっては困るということから、その要件を厳しくしているのです。

　このように、通常の法律の改正の要件に比べて、憲法改正の要件が厳しくなっているような憲法のことを**硬性憲法**といいます。

(3) 憲法改正の手続ってどうするの？

　憲法の改正のためには、①国会の発議、②国民の承認、③天皇の公布という手続を経る必要があります（96条）。

　では、順にみていきましょう。

（1）国会の発議が必要！

　憲法の改正のためには、まず、**国会の発議**が必要です（96条1項前段）。発議とは、国民に提案される憲法改正案を国会が決定することをいいます。

　発議の手続としては、まずは国会議員によって、改正の原案の提案（発案）が行われます。そして、両議院において憲法改正について**審議**が行われます。この審議の方法（定足数など）について、憲法や国会法には規定はなく、法律案の審議と同様に行われるものと考えられています。その後、**各議院の総議員の3分の2以上の賛成**によって**議決**します。この議決によって、発議が成立し、同時に国民に対して提案がされたことになります。なお、この両議院の議決には、衆議院の優越は認められていません。

（2）国民の承認も必要！

　憲法改正は、**国民の承認**を経てはじめて成立します（96条1項前段）。国会による発議が行われた後、国民投票は「特別の国民投票」または「国会の定める選挙の際行はれる投票」（衆議院の総選挙や参議院の普通選挙の際に行われる）のいずれかによって行われます（96条1項後段）。国民の承認があるというためには、国民の「過半数」の賛成が必要とされています。この「過半数」の意味について、有権者総数の過半数とする

第96条
1　この憲法の改正は、各議院の総議員の3分の2以上の賛成で、国会が、これを発議し、国民に提案してその承認を経なければならない。この承認には、特別の国民投票又は国会の定める選挙の際行はれる投票において、その過半数の賛成を必要とする。
2　憲法改正について前項の承認を経たときは、天皇は、国民の名で、この憲法と一体を成すものとして、直ちにこれを公布する。

衆議院の優越については、第16章 国会の組織と活動の1 **(2)**（3）を見よう！

考え方、投票者総数の過半数とする考え方、有効投票数の過半数とする考え方があります。現在は、法律で、**有効投票数の過半数で足りる**と定められています（日本国憲法の改正手続に関する法律 126 条 1 項、98 条 2 項）。

（3）最後に天皇の公布が必要！

国民の承認が得られた後に、天皇により、国民の名で、この憲法と一体を成すものとして公布されます（憲法 96 条 2 項）。

「この憲法と一体を成す」とは、改正された憲法の規定が日本国憲法の一部として効力をもつということです。

憲法改正の流れ

26-1

国会の発議
議員による発案
↓
審議
↓
議決
（総議員の 3 分の 2 以上）

国民の承認
（有効投票数の過半数）

天皇の公布

2 憲法改正に限界ってあるの？

Case
与党である A 党は、憲法上のさまざまな規定を、A 党の考えに基づいて改正しようと考えています。そこで、憲法改正を行いやすくするために、まずは 96 条を改正して、国民投票制を廃止しようと考えました。このような改正は認められるのでしょうか。

Answer
一般に、このような改正は認められないと考えられます。

(1) どんな憲法の改正でも認められるの？

96条には、憲法改正の手続が定められているだけで、どのような改正を行うことができるかについては書かれていません。ですから、どのような改正でもすることができるのか、という問題は別に残ります。

これについては、憲法改正には限界がなく、あらゆる内容の改正も行うことができるという考え方があります。この考え方を支える理由のひとつとして、主権が国民にあること、つまり憲法を制定することのできる国民の権力は全能であるから、改正権も制定権と同様に考えて、全能である、というものがあげられます。この考え方に立つと、**Case** でも、改正が認められることになります。

しかし、憲法の前文は、人権の保障と国民主権に背く憲法を認めないことを定めています。そのため、一般的には、憲法改正には限界があると考えられています。

(2) 憲法の改正はどこまでできるの？

では、憲法改正について限界があるとして、どの条項は改正できて、どの条項は改正できないのでしょうか。

これについては、憲法の土台となる基本的人権の尊重や国民主権などは改正することができないと考えられています。そして、憲法改正の国民投票制は、国民主権の表れといえますから、憲法改正の国民投票制を廃止することも、認められないと考えられています。

ですから、**Case** の場合も、国民投票制を廃止することは認められないと考えられます。

プラスα文献

試験対策講座 24章1節、2節
条文シリーズ 96条

1	憲法改正手続を一般の法改正よりも厳格にすることで憲法保障を高めようとする憲法を硬性憲法といい、日本国憲法はこれに属する。　　　　　　　　　　　　　　　　　　（特別区 H21 年）	○ 1【2】
2	憲法改正の発議が成立するためには、各議院においてそれぞれ総議員の３分の２以上の賛成を必要とするため、審議の定足数については、憲法上は３分の２以上である。　　　　（特別区 H21 年）	× 1【3】(1)
3	国会における憲法の改正の発議についても、法律案と同様に衆議院の優越が認められている。　　　　　　　　　（特別区 H12 年）	× 1【3】(1)
4	憲法改正のための国民投票は、衆議院の総選挙や参議院の通常選挙の際に、同時に行うことはできず、特別の国民投票を実施しなければならない。　　　　　　　　　　　　　　　（都庁 H18 年）	× 1【3】(2)
5	憲法改正の発議に対する国民の承認には、特別の国民投票または国会の定める選挙の際行われる投票において、有権者総数の過半数の賛成を必要とする。　　　　　　　　　　　（特別区 H21 年）	× 1【3】(2)
6	憲法改正について国民の承認を経たとき、天皇は、内閣の助言と承認により、国民の名で、改正前の憲法と一体をなすものとして憲法改正を公布する。　　　　　　　　　　　　（都庁 H18 年）	○ 1【3】(3)
7	憲法改正に関して、憲法改正権と憲法制定権力は同質であり、制定された憲法の枠には拘束されず、法は社会の変化に応じて変化すべきであり、憲法もその例外でないことから、法的な限界はないとするのが通説である。　　　　　　　　　　（特別区 H28 年）	× 2【1】
8	通説によれば、憲法に規定する憲法改正の国民投票制は、国民の憲法制定権力を具体化したもので、これを廃止することは、国民主権の原理をゆるがすため認められない。　　　（特別区 H21 年）	○ 2【2】

Topics

なぜ「過半数」ではなく「3分の2」なのか

　民主主義のもとでは過半数で意思決定されるのが通常なのに、憲法改正の発議ではなぜ3分の2以上の賛成が求められるのでしょうか。

　憲法は、特に少数者の人権を保障するために定められています。この憲法の目的を達成するためには、形式的な多数決による意思決定ではなく、十分な審議討論を尽くしたうえでの多数決による意思決定が必要となるのです。多数決による意思決定は、その過程で少数者の人権にも配慮した審議討論がされてはじめて正当化されるのです。

　憲法改正における国民投票（96条1項）が許容されるためには、国会による発議が前提となります。憲法は、この発議の要件として、各議院の総議員の3分の2以上の賛成を要求しています。これは、全国民の代表である国会議員によって構成される国会において、**議員の3分の2以上もの大多数が納得するほどの十分な審議討論を尽くし、少数者の人権に配慮することを憲法が予定している**からです。

　このように、少数者の人権、そして、その核心にある個人の尊重というきわめて重要な価値を保障している憲法が、形式的な多数決によって安易に改正されないように、半分より上という過半数ではなく、3分の2以上の賛成が求められるのです。

　なお、第2次安倍内閣では、安倍晋三首相がこの発議の要件を過半数に改正しようとしていました。しかし、憲法は、形式的な多数決による政治によって個人の人権が侵害されないように、あえて厳格な要件で国家権力に縛りをかけているのです。それにもかかわらず、縛られるべき国家権力の側が、自分たちのやりたいように政治を行うためにこの要件を緩和するというのは、国家権力を憲法によって制限するという立憲主義そのものを否定するに等しく、多くの憲法学者や弁護士などの法律家から反対されました。

違憲審査制と憲法訴訟
── 憲法違反はどうやって争うの？

キ……ここは基本！
スデ·君ならできる！
：△··· できたらスゴイ！

1 違憲審査制ってどんな制度？

Case 1　国は、自衛隊の基地を設けるために、A子から土地を購入しました。基地の設置に反対するB男は、この土地の購入は9条に違反するから無効であると主張したいと考えています。B男は、地方裁判所が国の行為の合憲性を判断できるかどうかについて疑問に思いつつも、C地方裁判所に提訴しました。

①地方裁判所は国の行為について合憲性の判断をすることができるのでしょうか。

②できるとした場合、裁判所は、国が土地を購入する行為を、違憲審査の対象とすることができるのでしょうか。

Answer 1　①地方裁判所も合憲性の判断をすることができます。

②裁判所は、98条1項を根拠として国が土地を購入する行為を違憲審査の対象とすることはできません。

> **第98条**
> 1　この憲法は、国の最高法規であって、その条規に反する法律、命令、詔勅及び国務に関するその他の行為の全部又は一部は、その効力を有しない。

> **第81条**
> 最高裁判所は、一切の法律、命令、規則、又は処分が憲法に適合するかしないかを決定する権限を有する終審裁判所である。

(1) 違憲審査制ってなんだろう？

　81条には、最高裁判所が、法律などが憲法に適合するかしないかを判断する権限をもつとあります。

　このように、法律などが憲法に適合するかどうかを、特定の国家機関、特に裁判所が審理判断する制度のことを、**違憲審査制**といいます。つまり、国会が法律をつくり、内閣がそれに基づいて行政行為をしますが、その法律や行政行為が、憲法に適合するかどうかを裁判所がチェックする制度のことを違憲審査制というのです。

(2) 違憲審査制をもっと具体的にみていこう！

（1）どんな制度設計が考えられるの？

違憲審査制については、大きく分けて 2 つの考え方があります。1 つは、通常の裁判所が具体的な争訟を裁判するのに付随（関連）して事件の解決に必要なかぎりで、事件にあがった法律などが違憲かどうかを審査するもので、**付随的違憲審査制**といいます。もう 1 つは、特別に設けられた憲法裁判所（日本にはありません）が、具体的な争訟の有無とは関係なく、抽象的に法律などが違憲かどうかを審査するもので、**抽象的違憲審査制**といいます。

両者の違いは、たとえば、M が N 法という法律は憲法違反であると考えたため、「（抽象的に）N 法が無効である」と主張して裁判所に提訴した場合に、裁判所がそれを判断できるのか、という場面で表れます。

付随的違憲審査制であると考えれば、この例では具体的な争訟がないので、それを解決するために N 法の違憲性を審査する必要はなく、違憲かどうかを判断することはできません。これに対し、抽象的違憲審査制であると考えれば、具体的な争訟がなくても、違憲かどうかを判断することができることになります。

（2）日本国憲法上の違憲審査制はどっち？

日本国憲法は、<u>付随的違憲審査制と抽象的違憲審査制のいずれを採用しているのでしょうか。</u>③

一般的には、付随的違憲審査制を採用したものと考えられています。つまり、日本の裁判所には、具体的に起こった事件の訴訟を前提として、その解決に必要なかぎりにおいてのみ違憲審査を行う権限があると考えられているのです。

なぜ、そのように考えられているのでしょうか。司法権の概念を思いだしてみてください。司法権とは具体的な争訟について、法を適用し、宣言することによって、争訟を裁定する国家の作用であると学習しました。このような司法権の概

③ 抽象的違憲審査制は、付随的違憲審査制が認められていることを前提としているため、憲法は付随的違憲審査権を超えて抽象的違憲審査権まで認めているのか、という問題であると言い換えることもできます。

司法権の概念については、第 20 章 司法権の 1 (1) を見よう！

念からすれば、日本の違憲審査制は具体的な争訟を前提とした付随的違憲審査制であると考えられるのです。しかも、憲法は抽象的違憲審査権を認める規定をおいていません。ですから、抽象的違憲審査制を採用しているとはいえないのです。

(3)　違憲審査権はどの裁判所にもあるの？

81 条では、最高裁判所が違憲審査権を行使する終審裁判所であるとしています。ですから、最高裁判所に違憲審査権があるのは明らかです。

それでは、最高裁判所以外の下級裁判所には違憲審査権がないのでしょうか。81 条からは必ずしも明らかではないので問題となります。

食糧管理法違反事件
④

判例は、具体的な訴訟に法令を適用して裁判をするにあたり、その法令が憲法に適合するかどうかを判断することは裁判官の職務であって、その職務は最高裁判所の裁判官と下級裁判所の裁判官で違いがないとして、**下級裁判所にも違憲審査権がある**としています。ですから、**Case 1**における C 地方裁判所には違憲審査権があることになります。

⑤ 命令とは、行政機関によって制定される法規をいいます。たとえば、各省の省令がこれにあたります。

(4)　違憲審査の対象ってなんだろう？

⑥ 規則とは、憲法が認めている規則という名称をもつ国法形式をいいます。たとえば、議院規則、最高裁判所規則があります。

（1）国内法規範は違憲審査の対象になるの？

違憲審査の対象は、81 条に「一切の法律、命令、規則又は処分」とあります。これらのなかには、いっさいの国内法規範や個別・具体的な公権行為が含まれていると考えられています。

⑦ 処分とは、個別的・具体的な国家行為をいいます。たとえば、行政機関がする許可・不許可の処分（原子炉設置許可処分など）があります。

では、裁判所の行う判決は違憲審査の対象となるのでしょうか。判例は、裁判所の行う判決は「処分」に含まれるとして、違憲審査の対象になると考えています。

（2）条約は違憲審査の対象になるの？

★違憲審査の対象判決
⑧

条約は、81 条にあげられていないので、違憲審査の対象になるかは明らかではありません。しかし、その前に、そもそ

も条約が憲法に違反することはありえるのでしょうか。

これは、第17章 国会・議院の権能の1(7)(2)で学習した、憲法と条約の優劣関係という問題です。条約が憲法に優先すると考えれば、下位にある憲法が、上位にある条約を拘束することにはなりえないので、そもそも条約が憲法に違反するということにはなりません。しかし、判例は、憲法は条約に優先すると考えているので、条約が憲法に違反することはありえることになります。

では、条約は違憲審査の対象となるのでしょうか。

判例は、旧日米安全保障条約の違憲性が争われた事件で、条約は一見きわめて明白に違憲無効であると認められないかぎりは司法審査の対象とはならないとしました。

（3）立法不作為は違憲審査の対象になるの？

国会や行政機関がするべきである行為をしないこと、つまり不作為は、違憲審査の対象となるのでしょうか。

行政機関の不作為に対しては、「不作為の違法確認の訴え」（行政事件訴訟法3条5項）があるので、行政機関が必要な行為を行わない場合は、その訴えのなかで行政機関の不作為が違憲審査の対象となります。

これに対して、国会の不作為（立法不作為）に対しては、国家賠償請求訴訟のなかで争う方法が考えられます。国家賠償請求については、第13章 受益権・参政権の1(4)(2)をもう一度見てください。

（4）国の私法的行為は違憲審査の対象になるの？

国の行為は、公的な形式にかぎられるものではなく、私的な形式で行われる場合もあります。たとえば、国が国民から土地を購入する行為や、事務作業をするために文具等を購入する行為は、国民間で行う取引と変わりません。ですから、これらの行為は、私的な形式で行われるものにあたります。この場合、国民間で行われる売買が当事者と当事者が対等であるのと同じように、土地や文具の売主と国とは対等な関係

9　砂川事件（条件の違憲審査）

10　不作為の違法確認の訴えについては、ファーストトラック行政法第19章を見よう！

11　たとえば、国会が法律を制定する行為が公的な形式で行う国の行為に該当します。

《復習 Word》
私法とは、国民と国民との間の関係を規律する法律を総称するもので、民法などがその代表例です。

百里基地事件 ⑫

に立ちます。

　では、このような国の私法的行為は違憲審査の対象となるのでしょうか。国の私法的行為が憲法98条1項の「国務に関するその他の行為」に該当すれば、違憲審査の対象となることになります。これについて判例は、私人と対等の立場で行う国の私法的行為は、「国務に関するその他の行為」にはあたらないとしました。ですから、98条1項は、国の私法的行為が違憲審査の対象となる根拠にはなりません。

2 憲法訴訟がわかる！

| Case 2 | 最高裁判所は、D事件において、Xという法律（以下「X法」といいます）が違憲であり無効であると判断しました。D事件と似たようなE事件があった場合、E事件において、X法は違憲無効であることが当然の前提となるのでしょうか？ |

| Answer 2 | E事件において、X法が違憲無効であることは当然の前提にはなりません。 |

(1) 憲法訴訟ってどんな訴訟？

　憲法訴訟とは、ある事件の訴訟において、その事件に適用される法律などが憲法に違反しているのではないかと主張されている訴訟をいいます。つまり、通常の裁判所に提起される訴訟のうち、憲法上の争いになる点を含む訴訟が、憲法訴訟です。

(2) 憲法判断にはどんな方法があるの？

　憲法判断の方法にはさまざまなものがありますが、ここでは次の2つの違憲判断の方法を中心にみていきます。

（1）法令違憲という方法がある！

　法令違憲の方法とは、起こされた訴訟のなかで争われた法

令の規定そのものを違憲とする方法です。

たとえば、第4章 法の下の平等の**3(1)**で学習したように、旧刑法200条は刑罰が極端に重すぎるため違憲であるとした判例が、法令違憲の方法を用いた例です。

（2）適用違憲という方法がある！

適用違憲の方法とは、起こされた訴訟のなかで法令を違憲とするのではなく、その法令が適用されたことを違憲とする方法です。争われた法令の規定そのものは違憲とはしません。

たとえば、裁判例のなかには、教科書検定制度自体は合憲としたうえで、教科書検定制度を定めた法令を家永教科書の検定に適用した行為は、思想内容を事前に審査するものであるから、21条2項前段の「検閲」にあたり、違憲であると判断したものがあります。

(3) 違憲判決はほかの事件にも影響するの？

最高裁判所が、ある事件で法律を違憲無効と判断した場合に、その違憲判決はほかの事件に影響するのでしょうか。この問題が違憲判決の効力の問題です。

まず、適用違憲の場合、裁判所の判断は個別・具体的なものなので、その判決の効力はその事件にとどまり、ほかの事件に影響することはありません。

また、法令違憲の場合にも、違憲と判断された法律は、その事件についてだけ無効と扱われるにすぎないため、違憲判決はほかの事件に影響することはないと考えられています（個別的効力説）。

ですから、**Case 2** では、X法が違憲無効とされるのは、あくまでもD事件を解決する範囲にかぎられ、その効力はE事件には及びません。その結果、E事件でX法が違憲無効であることは当然の前提とはなりません（ただし、まったく同じ内容の事案であれば、E事件においても、D事件と同様に、X法は法令違憲と判断される可能性が高いです）。

13 ★尊属殺重罰規定違憲判決

14 教科書裁判第二次訴訟第一審＜杉本判決＞

検閲については、第9章 表現の自由の限界の**2(2)**を見よう！

15 下級裁判所も違憲審査権をもつと考えられていますが、最終的な違憲審査権は最高裁判所がもっています。

16 違憲と判断された法律は、その事件を超えて、一般的に効力を失い、議会がその法律を廃止することを待たずに存在を失うと考える立場もあります（一般的効力説）。

最高裁判所のだした法令違憲判決には個別的効力しかない
と考えると、法令違憲判決が言い渡されても当然に法律が廃
止されたり、法律の執行が停止されたりするわけではありま
せん。

　　ですが、最高裁判所が違憲と判断した以上、他の国家機関
は最高裁判所の判断を十分尊重することが求められます。そ
のため、憲法は、国会は違憲とされた法律をすみやかに改廃
し、内閣はその法律の執行を控えるなどの措置をとることを
17　期待していると考えるべきでしょう（礼譲期待説）。

　　薬局距離制限事件の際も、違憲判決後まもなく国会が薬局
距離制限規定を削除する手続をとりました。

礼譲期待説は、個別的
効力説を出発点にし、
内容としては一般的効
力に近い結果を求めよ
うとする考え方です。

薬局距離制限事件につい
ては、第 10 章の 1 **(3)**
（3）を見よう！

プラスα文献
試験対策講座 23 章
判例シリーズ 80 事件、84 事件
条文シリーズ 81 条、98 条
ステップアップ No. 27、No. 30

1	違憲審査制には、憲法裁判所が争訟と関係なく違憲審査を行う<u>付随的違憲審査制</u>と、通常の裁判所が訴訟事件を裁判する際に違憲審査を行う<u>抽象的違憲審査制</u>があり、<u>日本は抽象的違憲審査制を採用している。</u>（特別区 H20 年）	× 1【2】(1)、(2)
2	憲法 81 条の文言上、違憲審査権を行使できるのは最高裁判所に限定されているから、<u>下級裁判所は、違憲審査権を行使することができない。</u>（裁事 H21 年）	× 1【3】
3	日本では、<u>条約優位説を採っているため</u>、違憲審査の対象は、法律、命令、規則または処分だけにかぎられ、<u>条約はいっさいその対象とならない。</u>（特別区 H20 年）	× 1【4】(2)
4	判例は、憲法 98 条 1 項にいう「国務に関するその他の行為」は、その文言から明らかなとおり、<u>国の行為全般を意味しており</u>、公権力を行使して法規範を定立する国の行為のみならず、<u>そのような法規範の定立を伴わないような私人と対等の立場で行う国の行為も含まれると解される。</u>したがって、<u>国が個々的に締結する私法上の契約であっても、憲法の規定の直接適用を受け、違憲審査の対象となると考えるべきである</u>とした。（国Ⅰ H20 年）	× 1【4】(4)
5	違憲審査権は、具体的な訴訟の解決に必要なかぎりにおいてのみ行使されるのが原則であるから、裁判所が違憲判断をする場合は、<u>法令そのものを違憲と判断する方法によることはできず</u>、<u>当該裁判所における具体的な適用だけを違憲と判断する方法によらなければならない。</u>（国Ⅱ H19 年）	× 2【2】(1)
6	最高裁判所によって、ある法律の規定が違憲と判断された場合、違憲とされた法律の規定は、当該事件にかぎらず、<u>一般的に無効となる</u>とするのが個別的効力説である。（特別区 H22 年）	× 2【3】

憲法学習の最後に
—— 憲法を理解するための4つの原則

キ……ここは基本！
スデ·君ならできる！
::……できたらスゴイ！

1 憲法の基本的な考え方を確認してみよう！

　憲法はどういうものなのか、いろいろある人権規定のそれぞれの意味はどういうものなのか、国会・内閣・裁判所・地方自治などの統治機構はどういうものなのか、ということについて学習してきました。実は、人権規定や統治機構の考え方の背景には、これからみていく4つの基本的な考え方があります。この考え方を理解することで、これまで学習してきた憲法のことがよりいっそう深く理解でき、身近に感じられるようになると思います。

　4つの考え方とは、①法の支配、②立憲主義と民主主義、③国民主権、④平和主義です。いずれも高校生までの教科書で1度は見たことがあると思います。それでは、1つずつ確認していきましょう。

2 法の支配ってなんだったかな？

　法の支配とは、専断的な国家権力の支配（人の支配）を排斥し、権力を法で拘束することによって、国民の権利・自由を擁護することを目的とする考え方です。つまり、法の支配とは、国家権力という非常に強い力を、法で縛り、好き勝手にさせないようにすることで、私たちの権利と自由を守ろうとするものなのです。

　法の支配という考え方は、憲法に必要不可欠の要素であると考えられています。では、なぜ、このように考えられてい

るのでしょうか。

その答えは、権力は濫用されるおそれがあるという点にあります。強い権力であればあるほど、濫用のおそれは大きくなります。そして、国家権力というものは、数ある権力のなかでももっとも強力なものです。ですから、国家権力は、濫用を防ぐために法でしっかりと縛っておかなければならないのです。

このように、国家権力が濫用されるおそれが大きいものであることは、今も昔も変わりません。ですから、法の支配という考え方は、古くから現代にいたるまでもっとも大切な憲法の要素であるとされてきたのです。

そして、この法の支配という考え方は、次の立憲主義という考え方と密接に関連します。

3 立憲主義と民主主義ってなんだったかな？

立憲主義とは、国家権力を法的に制限し、憲法に基づく政治をすることをいいます。そして、もともと立憲主義は、自由と人権を保障するために確立されてきたものなので、人権を保障する規定と、国家の権利の濫用を防ぐための権力分立の規定が必要であると考えられています。

この立憲主義は、自由と人権保障を確保するという目的をもちます。

次に、**民主主義**とは、国の政治は国民の意思に従って行われなければならないという基本的な考え方のもとに、国民の参政権をできるだけ広く認めようとする考え方をいいます。つまり、国がどのような政治を行うかは、国民の意思に従って行われなければならないという考え方をベースとして、国民が政治を行う代表者を選んだり、みずからが代表者として選ばれたりする権利は、できるだけ広く認めようとする考え

方だといえます。

　そして、この民主主義は、立憲主義（自由主義）と密接に結びついています。自由主義を達成するため、つまり、国民が自由であるためには、国民が積極的に国政に参加する必要があります。また、民主主義を達成するため、要するに、政治が国民の手によって行われるためには、国民1人ひとりが自由である必要があります。

　このように、自由主義と民主主義は密接に結びついています。この自由主義と結びついた民主主義のことを**立憲民主主義**といいます。

　日本では、この立憲民主主義という考え方を採用した最初の憲法として、戦前の明治憲法があります。しかし、この明治憲法は、国民ではなく、天皇を第一に考えている点で、立憲民主主義が徹底されているわけではありませんでした。

　そこで、戦後、GHQのマッカーサーが立憲民主主義を基本としたマッカーサー草案を日本政府に提示し、この草案をもとに日本国憲法がつくられました。

　このような成立過程により、日本国憲法は、徹底された立憲民主主義憲法として誕生したのです。

4 国民主権ってなんだったかな？

　自由主義と結びついた民主主義、すなわち立憲民主主義を実現するために、日本の憲法は、国民主権という体制をとることにしました。

　主権とは、国の政治の最高決定権のことをいい、これが国民にあることを、**国民主権**といいます。つまり、国の政治のあり方を最終的に決定する力が国民にあることを国民主権というのです。

　革命が起こる前のフランスでは、絶対王政のもと、王が絶対的な権力を行使する政治のかたちをとっていました。また、

戦前の日本は、国の政治の最終決定権は国民ではなく天皇にありました。このように、今ではあたり前のように思える国民主権も、実は近代で確立されたものであり、決してあたり前のものではありません。

5 平和主義ってなんだったかな？

　基本的人権の尊重、そして、4の国民主権と並んで、憲法の三原則の1つとされるのが、平和主義です。

　平和主義とは、自立した個人による幸福な社会の実現のために、戦争のない世の中をつくろうという理念をいいます。

　憲法が平和主義を掲げるのは、なぜなのでしょうか。

　現在の世界をみても、ほぼ絶え間なく戦争が起こっています。多くの兵士が命の危険にさらされ、家族や友人も、悲しみや恐怖、不安に苦しんでいます。戦争のために飢えや貧しい思いをしている人もいます。戦争によって苦しむのは一般市民、要するに個人なのです。**憲法の目的は個人の尊重**にあります。しかし、戦争による恐怖や苦しみのなかでは、決して個人の尊重を見出すことはできません。個人の尊重のためには、戦争のない平和な世の中でなければならないのです。つまり、憲法は、個人の尊重という目的を達成するために、平和主義を掲げているのです。

　憲法で平和主義が謳われているのは、憲法前文と9条です。①

　憲法前文2項には、「平和を愛する諸国民の公正と信義に信頼して、われらの安全と生存を保持しようと決意した」とあり、平和主義の理念が示されています。また、「平和のうちに生存する権利」（**平和的生存権**）も定められています。平和主義のもとでは、1人ひとりの個人にも平和のもとで生きる権利があることが示されています。

　9条には、①戦争の放棄、②戦力の不保持、③交戦権の否認が定められています。それぞれの意味をめぐってさまざまな

① 第9条
1　日本国民は、正義と秩序を基調とする国際平和を誠実に希求し、国権の発動たる戦争と、武力による威嚇又は武力の行使は、国際紛争を解決する手段としては、永久にこれを放棄する。
2　前項の目的を達するため、陸海空軍その他の戦力は、これを保持しない。国の交戦権は、これを認めない。

考え方があります。

9条（平和主義）に関して、もっと憲法を学習してみたいと思ったなら、プラスα文献にあるような本を読んでみてください。

プラスα文献

試験対策講座1章4節、3章2節、4章
条文シリーズ序章■1⑥・⑦、■2①、■3③、9条
ステップアップ No. 1、2
伊藤真の日本一やさしい「憲法」の授業（KADOKAWA）
伊藤真の憲法入門（日本評論社）
憲法の力（集英社新書）
憲法問題　なぜいま改憲なのか（PHP研究所）
安保法制違憲訴訟──私たちは戦争を許さない（日本評論社）

Topics

最後に、今もっともホットなトピック
憲法9条を考えてみよう！

1．憲法の恒久平和主義

　9条1項は、「日本国民は、正義と秩序を基調とする国際平和を誠実に希求し、国権の発動たる戦争と、武力による威嚇又は武力の行使は、国際紛争を解決する手段としては、永久にこれを放棄する」として、**戦争の放棄**を定め、9条2項は、「前項の目的を達するため、陸海空軍その他の戦力は、これを保持しない。国の交戦権は、これを認めない」として、**戦力の不保持および交戦権の否認**を定めています。つまり憲法は、戦争の放棄、戦力の不保持、交戦権の否認を通して徹底した恒久平和主義を宣言しています。

2．9条の構造

　9条1項には、「国際紛争を解決する手段としては」戦争を放棄するとあるため、一定の限定付きのようにも読めます。そのため、1項がどのよう

な戦争を放棄しているのかについてはさまざまな考え方があります。通説は、「国際紛争を解決する手段として」の戦争とは、国家の政策手段としての戦争、具体的には侵略戦争を意味すると考えます。つまり、1項は侵略戦争のみを放棄しているのであって、**自分たちの身を守るための戦争（自衛戦争）を放棄している**わけではないと考えるのです。

　実は、自衛戦争は1項ではなく2項によって放棄していると考えるのが通説です。つまり、2項前段は「前項の目的を達するため」戦力の不保持を宣言しているところ、「前項の目的」とは1項の「正義と秩序を基調とする国際平和を誠実に希求」することを意味するため、2項前段によって戦力の保持は無条件で禁止されていると考えられます。また、2項後段では戦いをする権利である交戦権まで否認されています。このように、無条件で戦力をもつことが禁止され、交戦権まで否定されていることからして、自衛戦争を行うことは事実上不可能です。したがって、**9条2項は、侵略戦争のみならず自衛戦争も禁止している**と考えるのです。

（9条1項の意味） ➡	（9条2項の意味）
「国際紛争を解決する手段として」の解釈 「国家の政策の手段として」と解釈する。 ⬇ 侵略戦争のみを放棄し、自衛戦争は放棄されていない。	「前項の目的」の解釈 「正義と秩序を基調とする国際平和を誠実に希求」することと解釈する。 ⬇ 侵略戦争のみならず自衛戦争も不可。

3．積極的非暴力平和主義

　憲法は、9条により徹底した平和主義を志向しています。しかし、それは戦争をしないだけという消極的な平和主義ではありません。憲法前文2項では、「われらは、全世界の国民が、ひとしく恐怖と欠乏から免れ、平和のうちに生存する権利を有することを確認する。」と述べ、全世界の国民、つまり人類が恐怖と欠乏を免れるように日本国民がさまざまな手段を講じていかなければならないことを示しているのです。このような考え方を積極的平和主義といいます。

私たちが講じるべき手段は、軍事力を戦地に派遣することではないはずです。日本には日本の得意とする手段、たとえば開発援助や復興支援、災害救助といったものがあり、そうした手段により紛争や戦争の原因となる飢餓や貧困それ自体を防ぐことができるはずです。このように、戦争や紛争が生じてからそこに自衛隊を派遣するのではなく、戦争や紛争の原因それ自体が生じないような国際貢献を果たすことこそが私たちの講ずべき手段ではないでしょうか。

　このように、自衛隊を派遣するといった武力以外で平和主義を実現する考え方のことを**積極的非暴力平和主義**といい、憲法はこの積極的非暴力平和主義こそをめざしているのだということができます。

４．集団的自衛権の違憲性

　９条２項では、戦力の不保持および交戦権の否認が定められていました。この９条２項との関係で最近議論が活発になっているのが集団的自衛権の違憲性に関するものです。**集団的自衛権とは、自国と密接な関係にある他国が武力攻撃を受けたときには、自国が直接攻撃されていないにもかかわらず武力を行使して阻止できるという権利です。**たとえば、A国と密接な関係にあるB国が、C国から違法に攻撃を受けたとします。このとき、集団的自衛権の行使が認められるならば、A国は自国が攻撃を受けたわけではありませんが、仲間が攻撃を受けていることを理由に、C国を攻撃することができるのです。

　このような集団的自衛権の行使を認める安全保障関連法案が平成27年9月19日に成立しました。しかし、前述のように、９条２項により戦力の不保持および交戦権の否認が定められているかぎり、**集団的自衛権を行使することは9条に背き違憲であると考えざるをえません。**現に、弁護士会や元最高裁判所裁判官、元内閣法制局長官に加えて9割以上の憲法学者など憲法に深く携わってきた人々が安全保障関連法案は違憲であると述べ、その是正を求めているのです。

　憲法を学んだ私たちとしても、憲法が無視され、憲法に反するような法案が成立してしまっている現状を黙って見逃すわけにはいかないのではないでしょうか。

事項索引

250　　事項索引

♠伊藤　真（いとう　まこと）

　1981年、大学在学中に1年半の受験勉強で司法試験に短期合格。同時に司法試験受験指導を開始する。1982年、東京大学法学部卒業。1984年、弁護士として活動しつつ受験指導を続け、法律の体系や全体構造を重視した学習方法を構築し、短期合格者の輩出数、全国ナンバー1の実績を不動のものとする。

　1995年、憲法の理念をできるだけ多くの人々に伝えたいとの思いのもとに15年間培った受験指導のキャリアを生かし、伊藤メソッドの司法試験塾をスタートする。

　現在は、予備試験を含む司法試験や法科大学院入試のみならず、法律科目のある資格試験や公務員試験をめざす人たちの受験指導をしつつ、「一人一票実現国民会議」および「安保法制違憲訴訟の会」の発起人となり、社会的問題にも積極的に取り組んでいる。

　「伊藤真試験対策講座」〔全15巻〕（弘文堂刊）は、伊藤メソッドを駆使した本格的テキストとして多くの読者に愛用されている。
（一人一票実現国民会議 URL：https://www2.ippyo.org/）

伊藤塾　　〒150-0031　東京都渋谷区桜丘町17-5　03（3780）1717
　　　　　　　　　　　https://www.itojuku.co.jp

憲法［第2版］【伊藤真ファーストトラックシリーズ1】

2014（平成26）年6月15日　　初　版1刷発行
2023（令和5）年4月15日　　第2版1刷発行

監修者　伊　藤　　真
著　者　伊　藤　塾
発行者　鯉　渕　友　南
発行所　株式会社　弘　文　堂　　101-0062　東京都千代田区神田駿河台1の7
　　　　　　　　　　　　　　　　TEL 03（3294）4801　　振替 00120-6-53909
　　　　　　　　　　　　　　　　https://www.koubundou.co.jp
装　丁　大森裕二
イラスト（扉・表紙・帯）　都築昭夫
印　刷　三報社印刷
製　本　井上製本所

© 2023 Makoto Ito. Printed in Japan
JCOPY　〈（社）出版者著作権管理機構　委託出版物〉
本書の無断複写は著作権法上での例外を除き禁じられています。複写を希望される場合は、そのつど事前に、（社）出版者著作権管理機構（電話 03-5244-5088、FAX 03-5244-5089、e-mail: info@jcopy.or.jp）の許諾を得てください。また本書を代行業者等の第三者に依頼してスキャンやデジタル化することは、たとえ個人や家庭内での利用であっても一切認められておりません。

ISBN978-4-335-31463-6

伊藤真ファーストトラックシリーズ

Fast Trackとは、重要で大切なものに速く効率よく辿り着くための他とは別扱いのルート（＝特別の早道、抜け道、追い越し車線、急行列車用の線路）のことです。わかりやすく、中味が濃い授業をユーモアで包むと、Fast Track になりました。初学者にとっての躓きの石を取り除いてくれる一気読みできる新シリーズ。圧縮された学習量、適切なメリハリ、具体例による親しみやすい解説で、誰もが楽しめる法律の世界へLet's Start!

▶法律学習の第一歩として最適の入門書
▶面白く、わかりやすく、コンパクト
▶必要不可欠な基本事項のみに厳選して解説
▶特に重要なテーマについては、具体的な事実関係をもとにしたCaseとその解答となるAnswerで、法律を身近に感じながら学習
▶判例・通説に基づいたわかりやすい解説
▶図表とイラスト、2色刷のビジュアルな紙面
▶側注を活用し、重要条文の要約、判例、用語説明、リファレンスを表示
▶メリハリを効かせて学習効果をあげるためのランク表示
▶もっと先に進みたい人のためのプラスα文献
▶知識の確認や国家試験等の出題傾向を体感するためのExercise
▶時事的な問題や学習上のコツを扱うTopics

1	**憲法**[第2版]	1900円
2	**民法**[第2版]	2000円
3	**刑法**[第2版]	1900円
4	**商法**[第2版]	1900円
5	**民事訴訟法**[第2版]	1900円
6	**刑事訴訟法**[第2版]	1900円
7	**行政法**	1900円

弘文堂

＊価格(税別)は2023年4月現在